des psaumes à distiller
retrouver la saveur de prières oubliées

textes : Xandi Bischoff
peintures : Nadine Seeger

avec le concours de : Béatrice Perregaux Allisson

Une initiative de la Communauté Don Camillo
www.montmirail.ch

Publié avec le soutien de :
– Stiftung Dialog zwischen Kirchen, Religionen und Kulturen
– Fondation d'édition des Églises protestantes romandes (FEEPR)

Version allemande :
Psalmen destillieren. Alte Gebete neu lesen
Friedrich Reinhardt Verlag, 2018

Tous droits réservés © 2022

OPEC Office protestant d'éditions, Lausanne
ISBN 978-2-580908-77-8
www.protestant-edition.ch

Éditions Olivétan, Lyon
ISBN 978-2-35479-603-7
www.editions-olivetan.com

Mise en page et fabrication : Reinhardt Verlag, Bâle

Textes bibliques tirés de la Traduction œcuménique de la Bible © 2010 Société biblique française - Bibli'O et Éditions du Cerf. La responsabilité de ces derniers est engagée uniquement sur les textes bibliques reproduits dans cet ouvrage.

Table des matières

Avant-propos 7

Les psaumes distillés 11

Notes 163

Postface 469

Abréviations 471

Références bibliographiques 473

Les auteurs 477

Avant-propos

Le psautier est une chambre des merveilles (Athanase d'Alexandrie † 373)
Le psautier est le grand interlocuteur (Jean Chrysostome † 407)
Le psautier est une grande maison (Jérôme † 420)
Le psautier est une pharmacie (Cassiodore † 585)
Le psautier est la bible en miniature (Luther † 1546)
Le psautier est l'anatomie de l'âme (Calvin † 1564)

Les psaumes sont une collection qui s'est constituée au cours des siècles, en couches successives. Des hommes et des femmes, individuellement ou en communauté, y ont puisé, les ont priés, chantés, adaptés, développés ou condensés.

Les psaumes sont polyvalents, polysémiques, multifonctionnels et multicolores. On ne peut les figer. Les capturer, c'est les manquer. En ce sens ils sont comme tout être vivant. D'une rencontre toutefois, l'on garde parfois une image, un son, une odeur, une saveur. Celle que l'on aimerait conserver, pour la retrouver, parce qu'elle condense l'essence de cette rencontre-là. La miniature et le texte inspirés par le psaume sont de tels distillats.

Les cent cinquante distillations qui suivent sont issues de la rencontre avec les psaumes. Chacun a été distillé jusqu'à se présenter sous la forme conjointe de quelques lignes et d'une miniature.

Les miniatures souvent sont composées de peintures et de collages successifs, comme se superposent les voix des psaumes et les voix de ceux et celles qui, de nos jours ou dans l'histoire, les ont médités. Chaque lecture, écoute ou prière, ouvre un nouveau texte, donne une nouvelle forme, crée un nouveau sens à ces textes anciens.

Les notes en deuxième partie rendent compte de quelques-unes de ces voix, strates accumulées à travers les siècles, voix après voix, référence par référence. Elles réagissaient aux psaumes et – paradoxalement – les psaumes à leur tour réagissaient à cette lecture. Leur lecture transforme les psaumes en quelque chose d'autre et de nouveau.

La lettre aux Hébreux parle de la *nuée des témoins*. Elle désigne ainsi tous ceux et celles qui ont répondu et réagi à l'appel de Dieu. Leurs traces sont mises en évidence par les nombreux commentaires aux psaumes. Mais le psautier en soi ne nous interpelle-t-il pas déjà comme une nuée de témoins de l'Ancien Israël qui expriment leur expérience de la rencontre avec le nom sans noms – YHWH qui se présente en disant « je suis qui je serai » ?

L'ouvrage que vous tenez en vos mains est lui aussi né de rencontres, œuvre collective à l'écoute du texte et les uns des autres. Témoin de cette expérience, il a pour seule ambition de vous faire re-découvrir ces anciennes prières et de vous inciter, à votre tour, à en méditer et transmettre en mots ou en œuvres la saveur que vous y aurez trouvée.

psaume 1

heureux

le chien qui ronge son os
l'humain qui rumine la parole
l'arbre qu'irriguent les ruisseaux

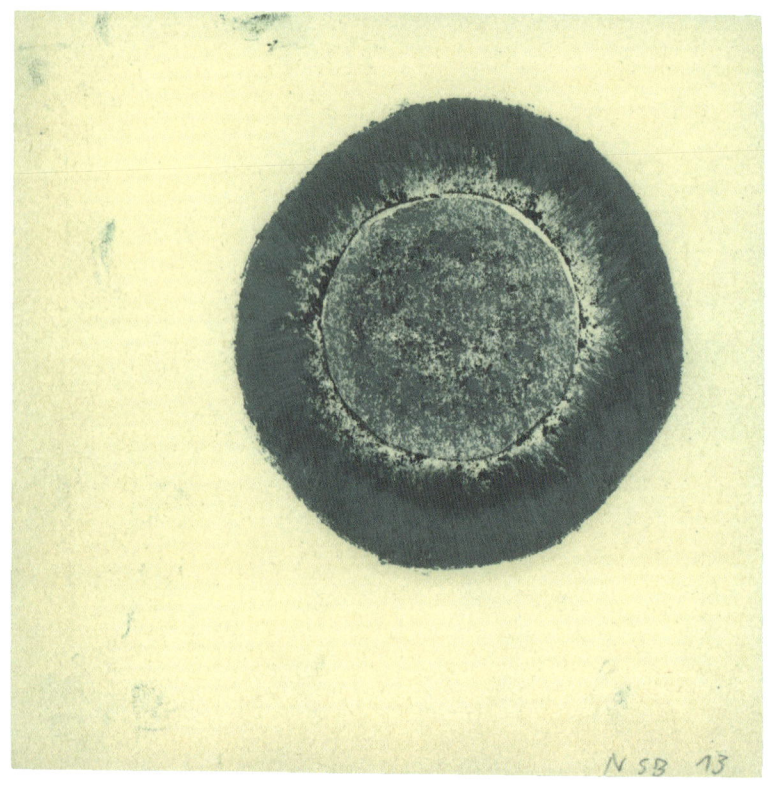

psaume politique

s'agiter râler rouspéter
les puissants le font
il en rit – lui qui règne
• nouvelle dimension •

dans l'étau des angoisses

tu me protèges [pause]
tu dis ma valeur [pause]
tu me relèves [pause]
par toi je respire

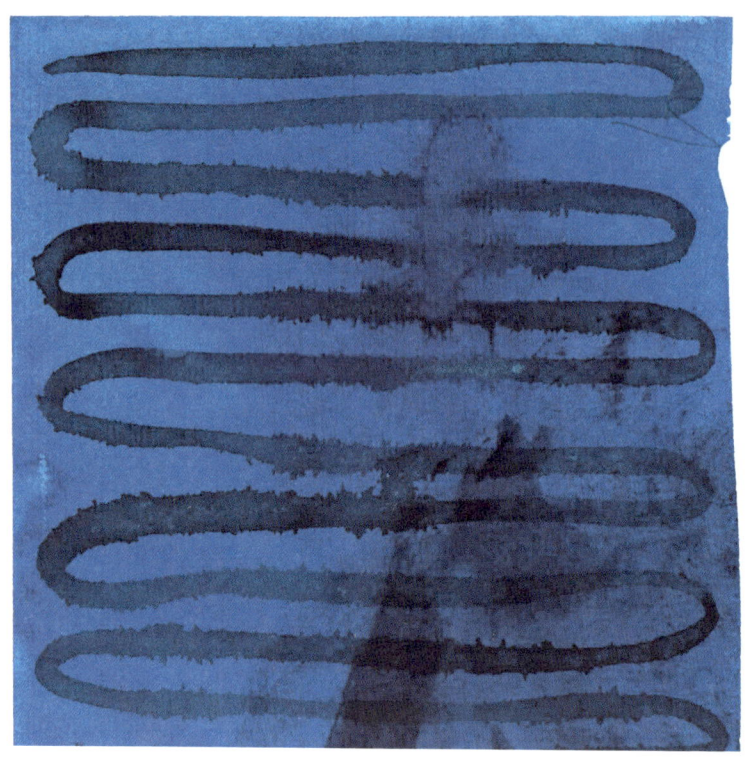

psaume avec effet calmant

j'étais angoissé [pause]
tu m'as mis au large [pause]
lieu
où je retrouve la paix

petit matin gris

comme une lourde machine
qu'il faut faire démarrer
relance mon être
et fais-moi exister

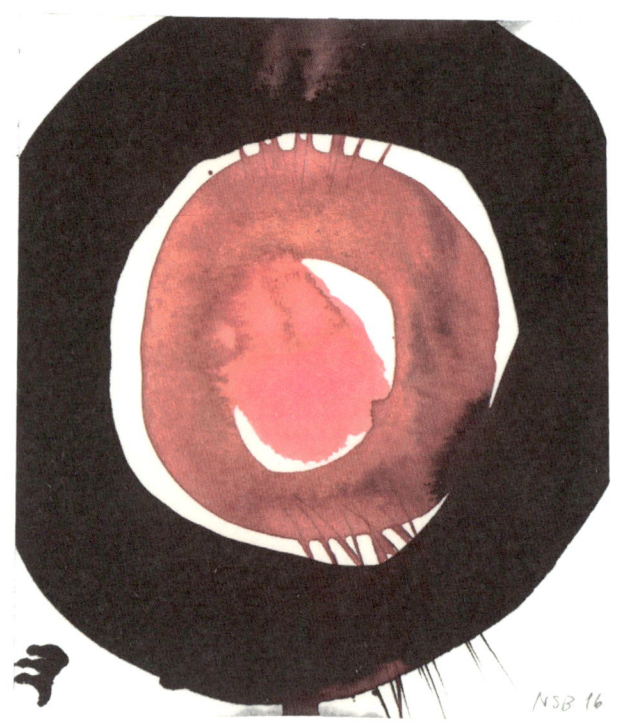

en pleine crise

je n'en peux plus
affermis-moi
héberge mes gémissements
toi qui entends
rends-moi consistant

contre les vieux démons

barrez-vous
cassez-vous
fichez-moi la paix
[pause]
et toi – juste juge – lève-toi

que ton nom est puissant

que ton règne
que ta volonté
par toute la terre
notre père qui es aux cieux

citadelle des méprisés

élève-toi Seigneur
place forte des fragilisés [pause]
dresse-toi Éternel [pause]
et que l'homme ne triomphe pas

psaume 10

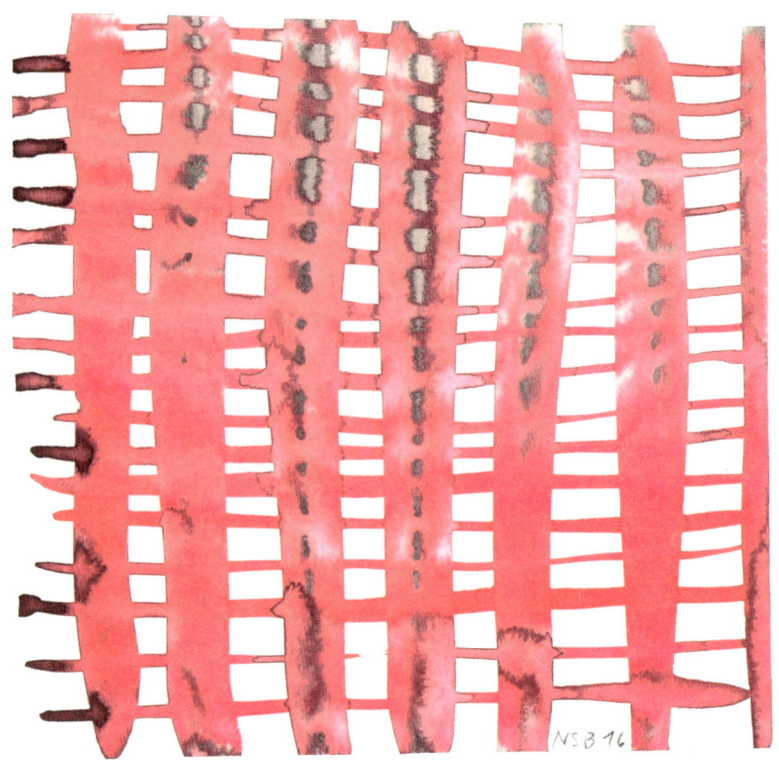

**contre les tyrans qui crachent
sur leurs opposants**

tu es le désir des humbles
tu es l'antidote à la solitude
tu es foyer pour les orphelins

éternel refuge

quand les bases sont détruites
les fondements érodés
il reste Dieu
en face-à-face

la langue arrogante est coupée

les humilieurs sont humiliés
toi c'est sans humilier
que tu enseignes l'humilité

désorienté réorienté

après tant de questions et d'attentes
je me dis
je suis sûr de ton amour
sûr de ta présence
sûr de ta proximité

psaume 14

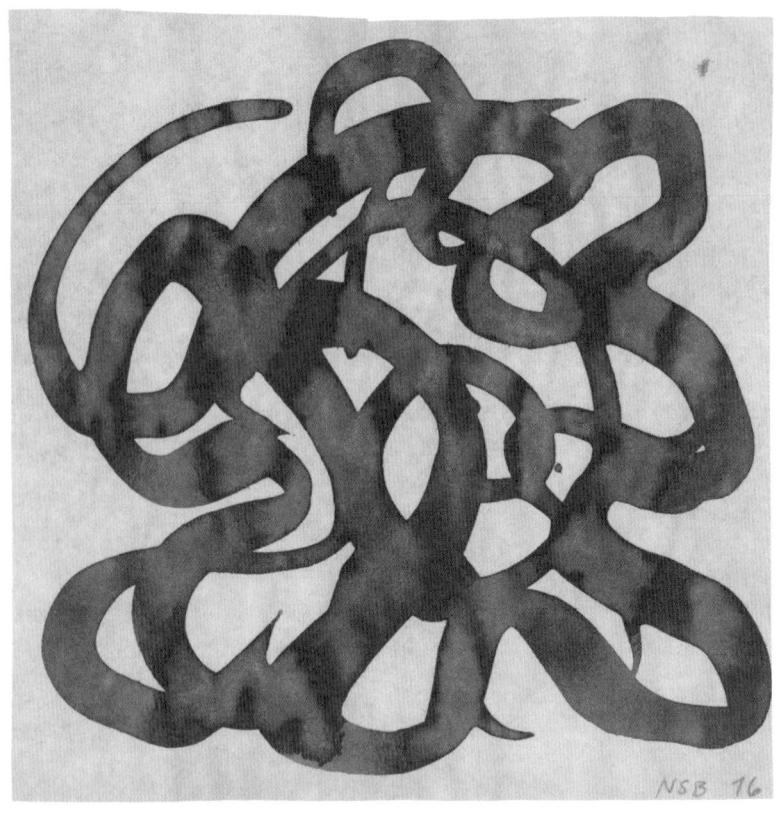

dis-leur que tu existes

l'homme creux déclare
que Dieu n'existe pas

qu'il retourne à son vide

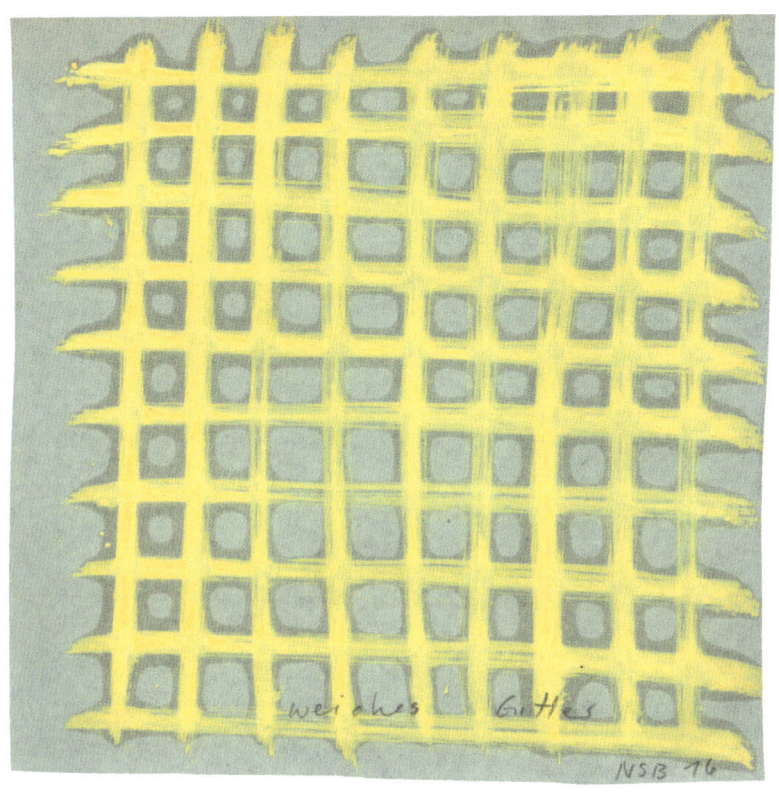

à l'ombre de ta tente

entrera qui sait
attendre
tendre les mains vides
se réjouir de l'imprévu

psaume 16

ton logiciel de navigation

me signale le sentier de la vie
non pas
l'autoroute embouteillée
ça m'agacerait trop

à l'abri

garde-moi
cache-moi
à l'ombre de tes ailes
soigne-moi
les yeux

je saute le fossé

il m'a libéré de mes peurs
il est tout cela pour moi :
roc source abri appui
libérateur plénitude horizon
et bien plus

les cieux – foncés ou clairs

racontent la gloire de Dieu
leurs harmonies retentissent
leurs couleurs éclatent
leurs mélodies s'inscrivent
noir sur blanc

certains comptent leur puissance en chevaux

notre force
est dans le nom du Seigneur [pause]
quel aplomb cela nous donne

tu lui as accordé le désir de son cœur

ton énergie
invite au poème
chantons celui-qui-est
pour qui il est
[pause]

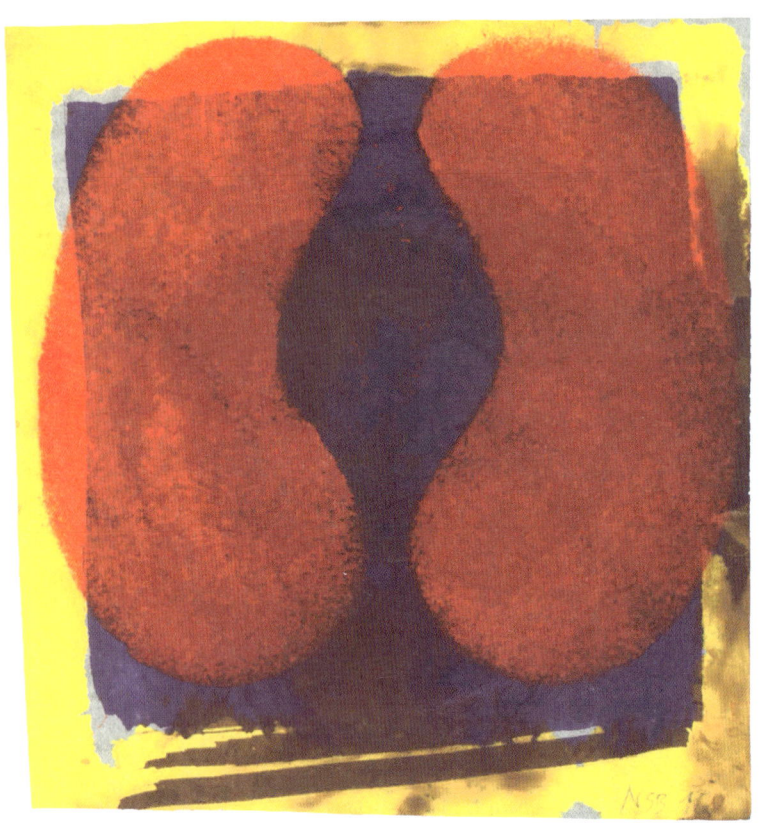

mon Dieu mon Dieu

abandonné
je m'abandonne
à toi
à qui d'autre ?

ce psaume est mon berger

je me pose sur un pré frais et vert
je retrouve les eaux de repos
il me ranime
je ne manque de rien

c'est lui le roi de gloire

à Dieu le monde et ceux qui l'habitent
[pause]
portails de l'éternité ouvrez-vous
[pause]
qu'entre la présence des présences

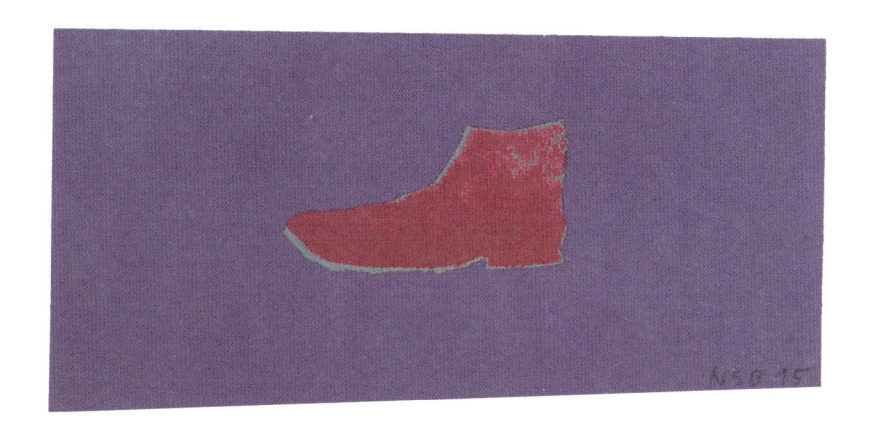

tendu vers toi

fais-moi sortir de mes angoisses
et connaître tes sentiers
rappelle-moi
ton amour

j'aime la beauté de ta maison

j'aime le lieu où séjourne ta gloire
sonde-moi
éprouve-moi
ta bonté est devant mes yeux

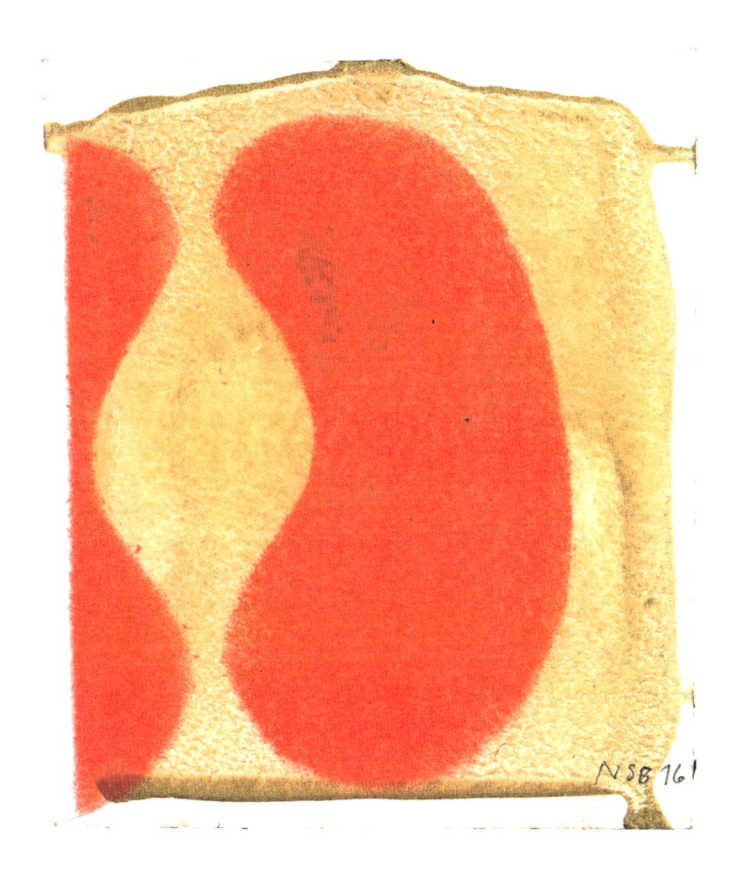

tu m'as cherché et tu m'as trouvé

je me suis perdu en cours de route
je me suis retrouvé dans l'ombre de la forêt
heureuses retrouvailles

par mon poème je te célèbre

aux malfaisants leurs méfaits
à toi ma foi
force de vie qui régénères

Dieu tu fais du bruit

ta voix casse fracasse et retentit
ta voix est sainteté et résilience
c'est ta voix dans la puissance

exaltar-te-ei porque tu me exaltaste

tu m'as sorti du trou
relevé sauvé ranimé guéri
un chant s'élève

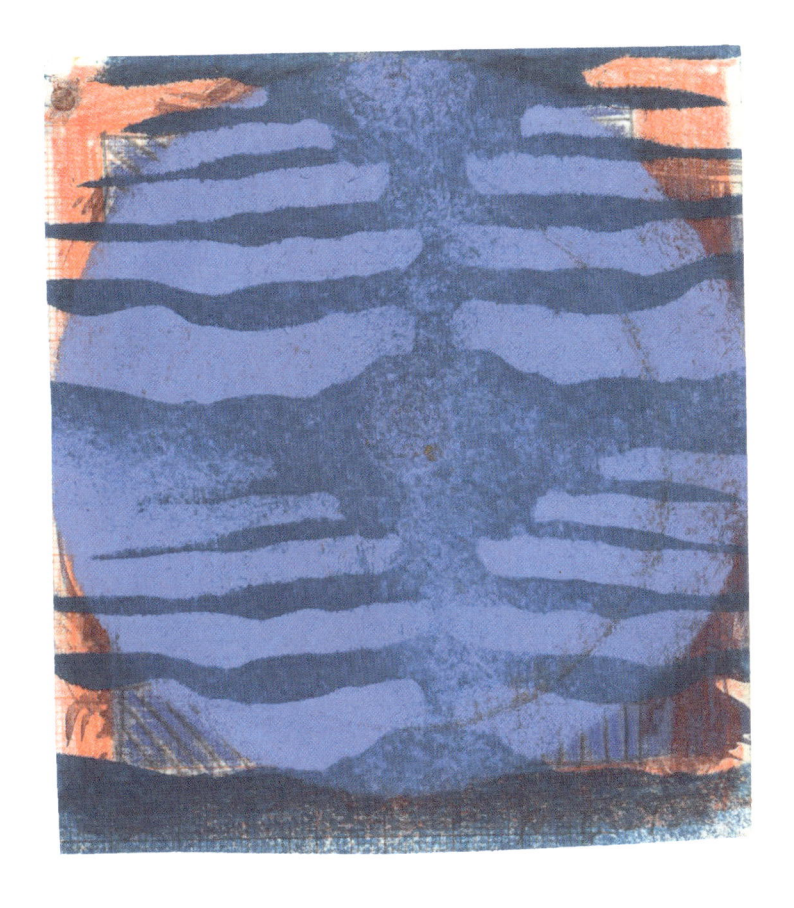

soupirs en diminution

entre tes mains je remets
mon esprit
et les pas qui me restent

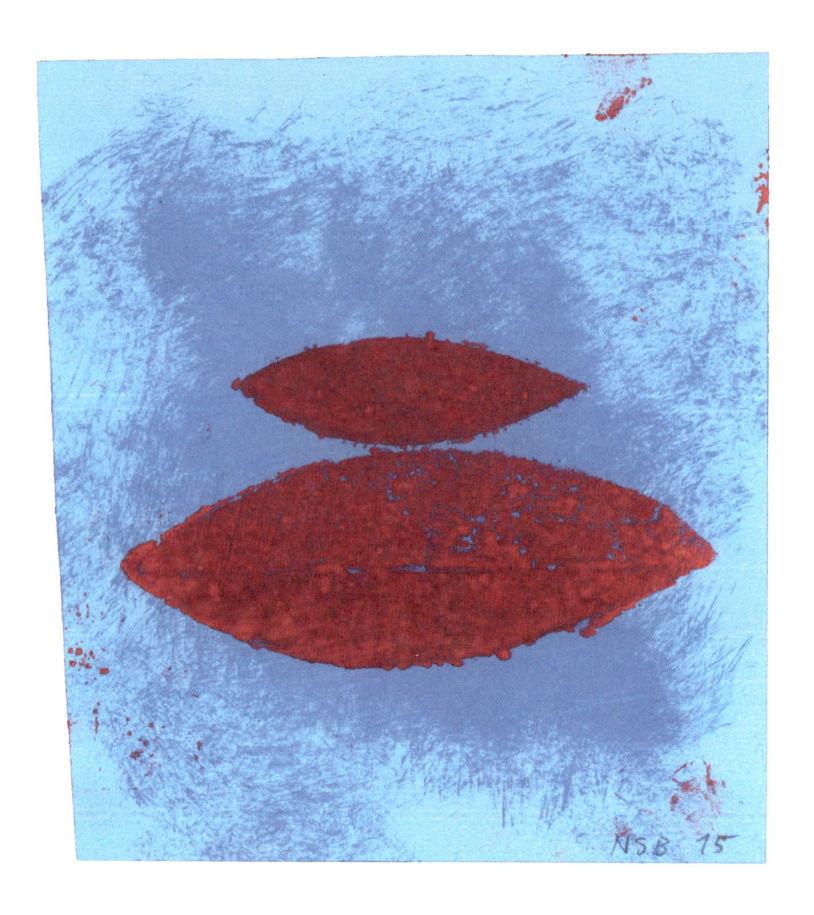

où déposer les bagages

heureux ceux dont la charge est enlevée [pause]
dont le fardeau est pris en compte [pause]
tu m'allèges [pause]
tu me préserves du découragement

explosent

océans réservoirs couleurs
natures univers réalités
abîmes collines citadelles
et ta fidélité

psaume 34

quelqu'un aime-t-il la vie ?

sors du mal agis bien
recherche la paix et poursuis-la
ne lâche pas

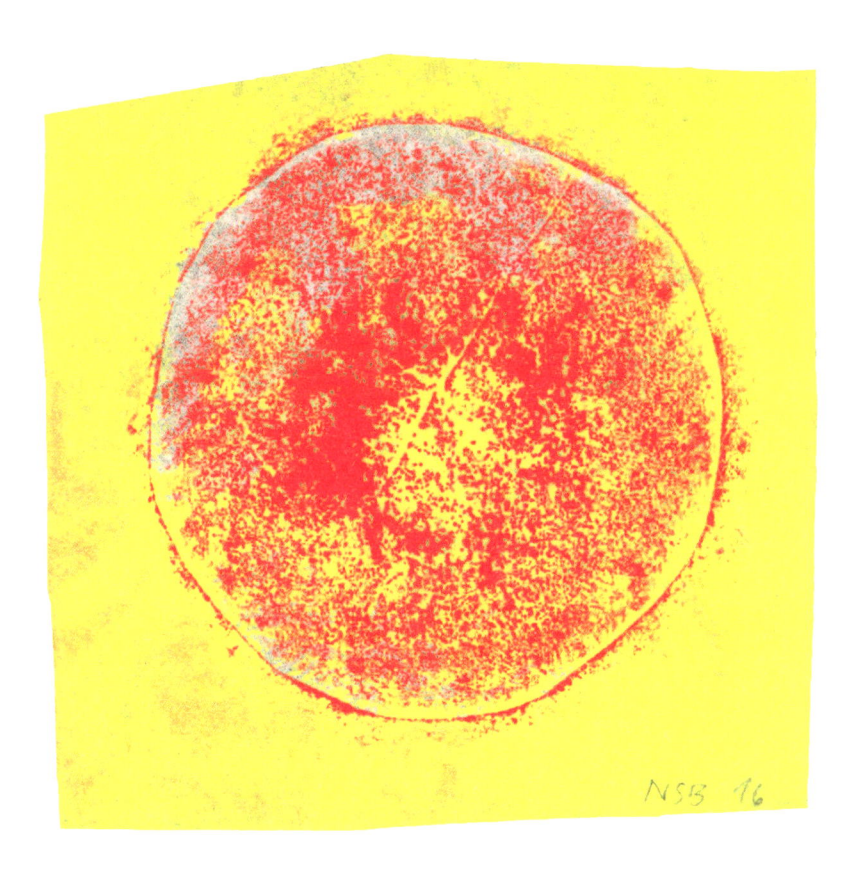

j'ai besoin de ton encouragement

dis-moi : je suis ton père
ton lieu et ton chemin
ton pain et ton pardon
dis-moi : je suis ton salut
et dis-moi : pardonne-toi

Deum de Deo – lumen de lumine

en toi
est la source de la vie
dans ta lumière nous voyons la lumière

laisse la colère

les manipulateurs ont vécu
leur date de péremption est proche
reste calme près du Seigneur
compte sur lui
il agira

psaume 38

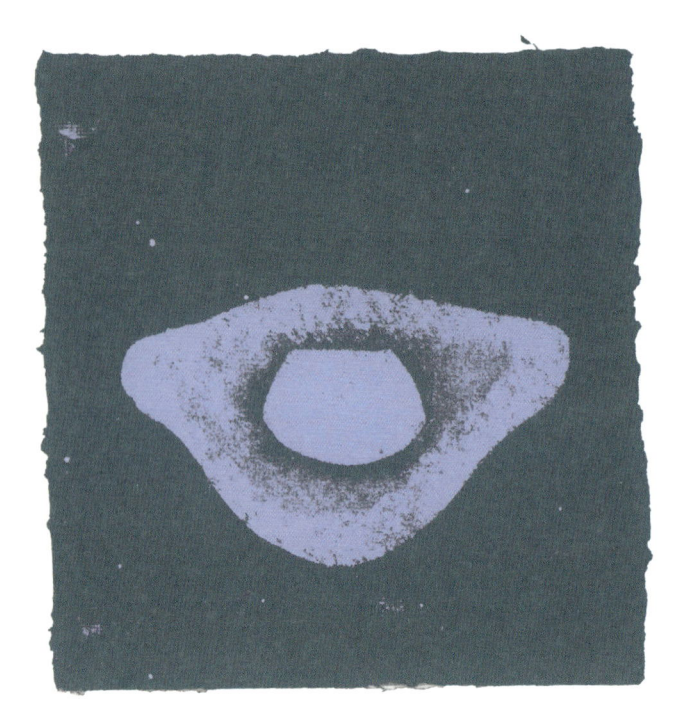

réduit

rien d'intact chez moi
mes plaies sont infectées
ma stupidité suppure
ne m'abandonne pas
ne t'éloigne pas
secours-moi
à l'aide
viens
vite

de l'eau très très tiède

ni froide ni chaude
futilité morne
agitations molles et demi-cuites
je déteste les gens qui disent
yaquà yaquà
[pause] [pause]

psaume 40

il m'a tiré du trou

```
    F           E
    O           S
    S           S
    S           O
    E  S  S  O  F
```

heureux ceux qui développent leur résilience

heureux qui pense aux faibles
heureux qui reconnaît ses faiblesses
heureux le malade qui prie : aie pitié de moi
il s'en sort transformé

psaume 42

permis de décoller

pourquoi te replier mon âme
ouvre ta soif de Dieu
pas besoin de réussir pour persévérer
attends cherche
cette soif te guide

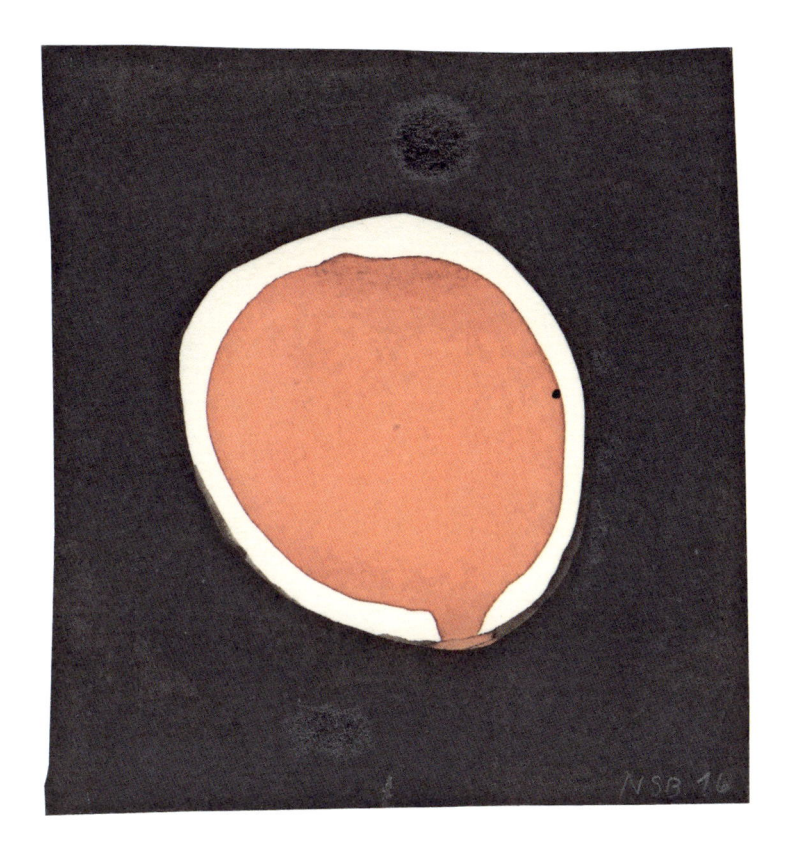

permis d'atterrissage

t'inquiète mon âme
pourquoi te renfermer
passe-moi un psaume dans l'attente
ça va finir en merci

psaume 44

menteurs

agresseurs massacreurs
accusateurs oppresseurs fraudeurs
malverseurs malmeneurs malfaiteurs
trop nombreux [pause]
je n'en peux plus
réveille-toi ô maître

adoration calligraphique

écrire un poème
une ligne de poésie par jour
•
éclats parallèles
psaume sur l'avenir de l'amour

c'est un rempart que notre Dieu

Dieu est [pause]
un abri un havre et un fort [pause]
lieu de secours offert dans la détresse [pause]
Dieu est entré dans l'histoire

psaume bien rangé

selon la fréquence des expressions
Dieu, Seigneur, roi (14x)
chantez, acclamez, battez des mains (7x)
peuples, nations (6x)
[pause] (2x)

psaume urbain

que Dieu soit tout en tous
espace lieu cité
[pause]
présence
et demeure fiable

psaume débile

ah je suis tellement bête
je n'ai aucune idée claire
ni de la vie ni même de toi [pause]
mes jours sont énigmatiques [pause]
je me sens tel un proverbe absurde

psaume de création

au début
obscurité creux silence [pause]
puis
Dieu se lève
Dieu resplendit
Dieu parle

veni creator spiritus

esprit saint
                crée en moi un cœur pur
esprit saint
                renouvelle en moi un esprit stable
esprit saint
                rends-moi un esprit généreux

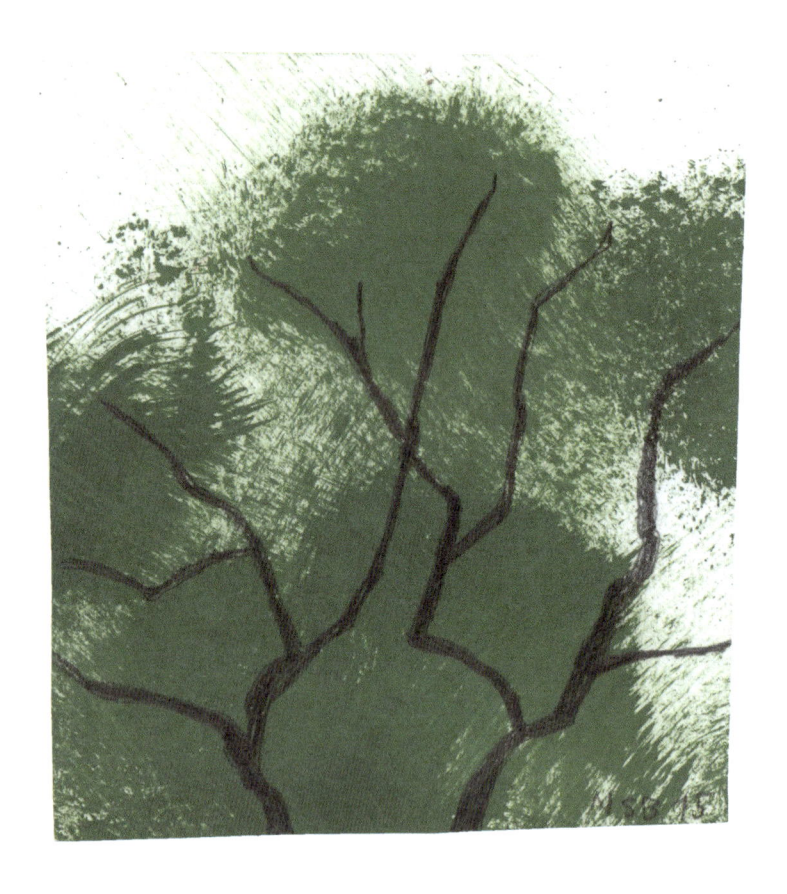

tant de mauvaises pensées

piquent et puent
m'affligent et bourdonnent [pause]
souffle-moi une seule bonne pensée [pause]
comme celle de l'olivier verdoyant

ubi caritas et amor

à la recherche de l'amour perdu
où le retrouver ? comment ?
peux-tu le réanimer ?
le réinitialiser ?

protège-moi des gens de mauvaise haleine

ton souffle remplit le ciel
quand je le vois je vais déjà mieux
louer c'est respirer mieux [pause]
la bouffée d'oxygène me réveille

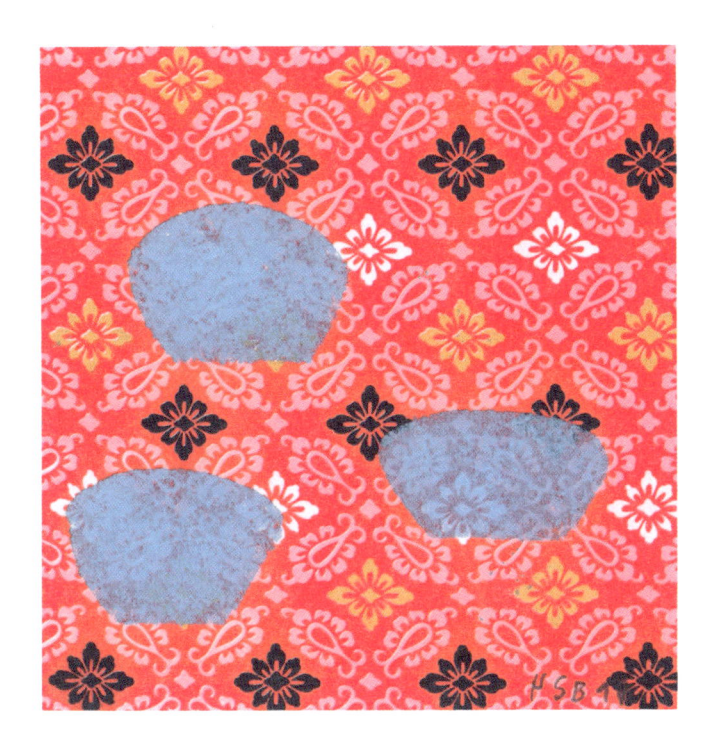

moi je fais appel à Dieu – il me sauvera

le soir le matin à midi
bouleversé je me plains
[pause]
le soir le matin à midi
il entend ma voix
[pause]
le soir le matin à midi
il me garde sain et sauf

sur la défensive

ils m'épient et me font peur
intimider – c'est trop facile
le jour où j'ai peur
je place ma confiance en toi

psaume à l'aurore

car c'est à toi [pause]
qu'appartiennent
le règne la puissance et la gloire [pause]
de matin en matin

psaume 58

casse la gueule

aux blasés aux obtus
aux désabusés aux cyniques
aux venimeux :
tels les limaçons qu'en bave ils s'en aillent

chiens dans la ville

pendant la nuit
ils aboient ils grognent [pause]
ils rôdent par la ville [pause]
où est la laisse obligatoire ?

psaume 60

reviens vers nous

tu as fait trembler la terre
tu l'as fendue
[pause]
guéris ses déchirures
soigne ses fractures

psaume 61

abri espéré du bout de la terre

protégé sous tes ailes
réfugié dans ta tente
[pause]
je te chanterai
toi mon château fort

pourquoi se heurter contre l'obstacle

se calmer
accepter l'aide
[pause]
pas plus simple
mais mieux
[pause]

où est l'eau

j'ai soif de toi
mes gourdes sont vides
mon âme desséchée et craquelée
eau quelle joie quand tu viens

le cœur dans l'abîme

malédiction ou bénédiction
entrailles de l'homme tréfonds du cœur
qui descendra dans nos abîmes ?
il les sonde celui qui scrute le fond humain

psaume 65

il dit : je suis la vie

AGTC CATG GCAT GCTA CGTA
TCAG CTGA ACTG GTCA AGCT
CTAG ACGT YHWH TCAG GTAG
GCAT GCAT GCTA ATCG TACG
TAGC TCGA GACT GCTA ACGT

Dieu n'a pas écarté de lui ma prière

ni son amour de moi [pause]
béni soit-il [pause]
tu m'as éprouvé ô Dieu [pause]
épuré comme on épure l'argent

abondance de bénédictions

bénir – c'est faire grandir [pause]
bénir – c'est faire chanter [pause]
bénir – c'est faire connaître son chemin
bénir – c'est encourager

père des orphelins

tout dépend de toi [pause]
nous dépendons entièrement de toi [pause]
pour le reste [pause]
nous serons indépendants

je m'enlise dans la bourbe

le marais m'engloutit
Dieu dans ta solide bonté

saisis ma main

psaume kaléidoscopique

viens vite aide
aide viens vite
vite aide viens

ne tarde pas

psaume 71

arbre centenaire portant ses fruits

jour après jour
de saison en saison
année après année
maintenant je suis vieux
tel le baobab rassasié de la plaine

prière pour le pouvoir politique

qu'il soit comme l'averse sur les regains
et que fleurissent justice et droit
végétation pour les forts et les faibles

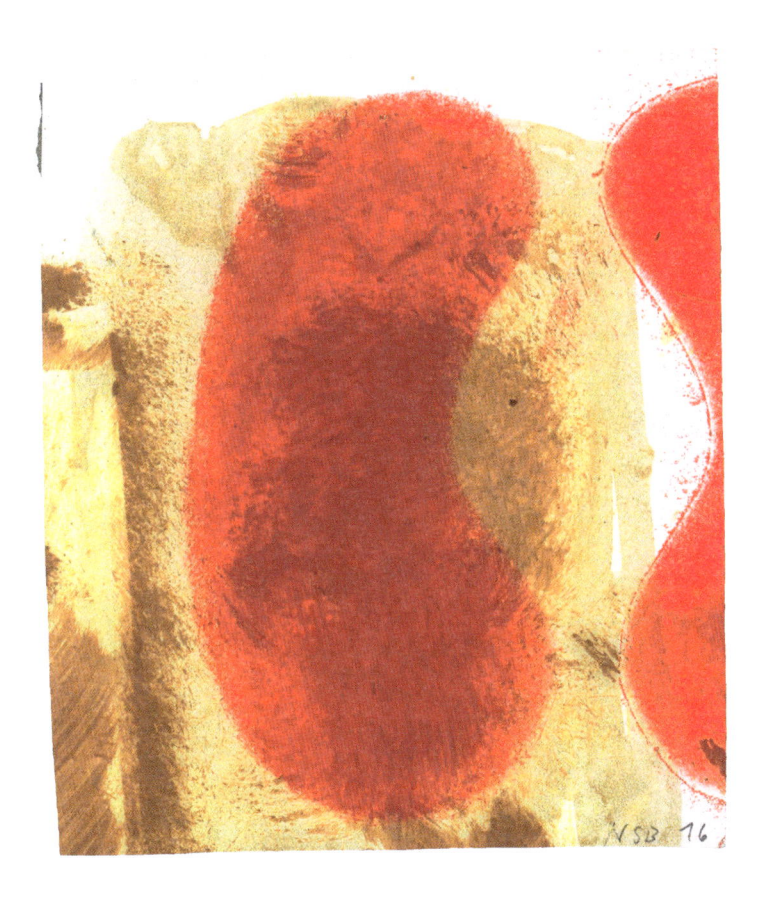

en constante recherche d'équilibre

j'ai failli trébucher – mais non
je ne te lâcherai pas que tu ne m'aies béni
se battre avec Dieu – mais oui
comprendre :
tu es toujours avec moi

psaume jurassique

voici le monstre marin
dangereux mais pas diabolique
puissant mais pas tout-puissant
pas la mort juste un dragon

nous célébrons ton nom car il est proche

mon bonheur à moi [pause]
c'est d'être près de notre père
son règne est proche
son pain est prêt

Dieu s'est fait connaître

ton nom est grand sur la terre comme au ciel
[pause]
toi qui fascines et terrifies
[pause]
ta volonté sera faite sur la terre comme au ciel

quand les doutes

te feraient sombrer [pause]
rappelle-toi
il a passé les eaux profondes [pause]
il a marché sur l'eau [pause]
tu ne couleras point

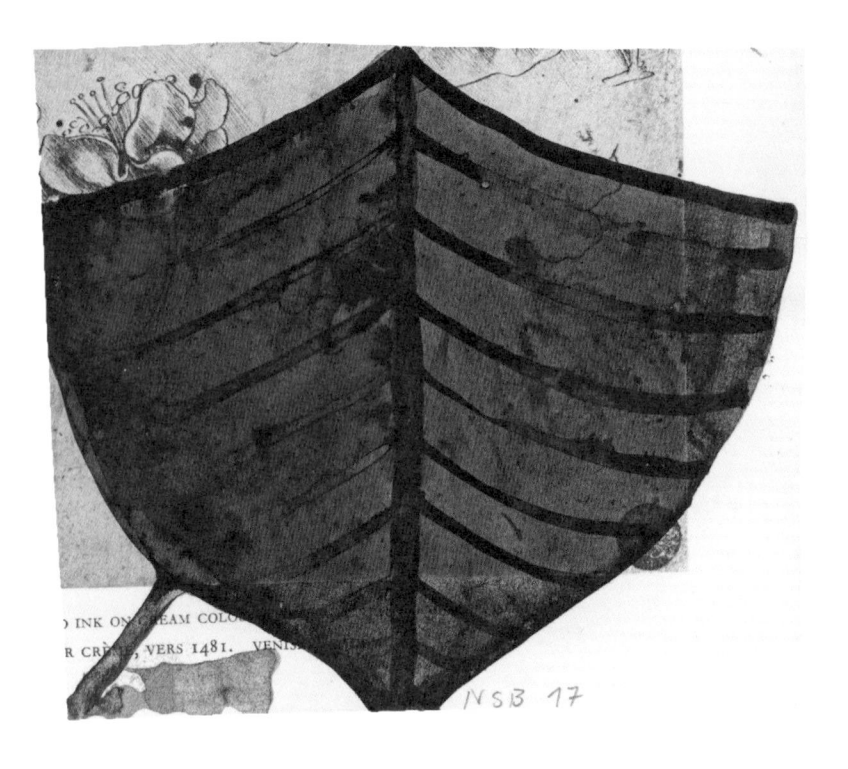

cheminement spirituel

trouve-moi
attends-moi
montre-moi
pardonne-moi
délivre-moi
guide-moi
garde-moi

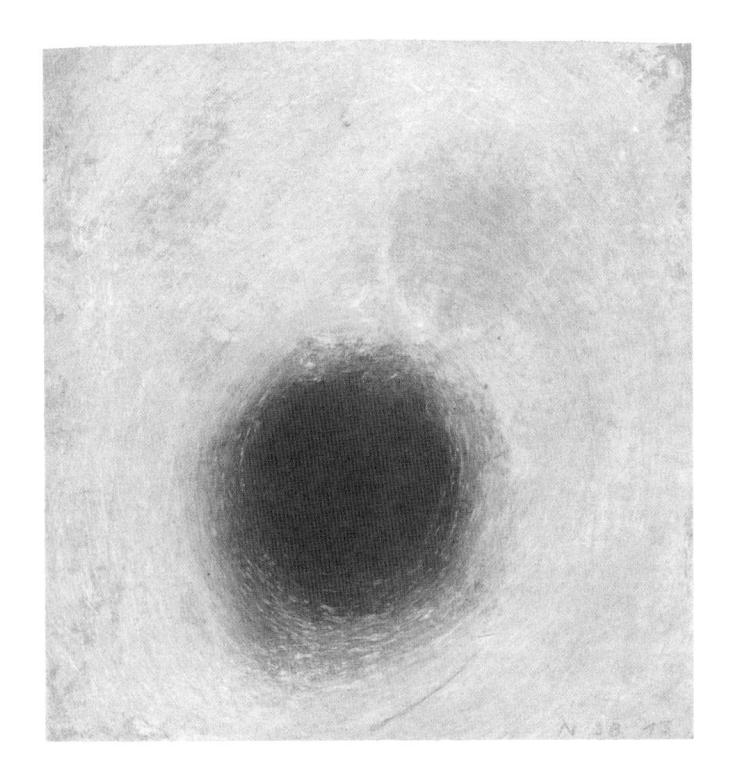

psaume lugubre

ils ont souillé ton temple
nourriture des vautours
les cadavres de tes serviteurs
entends les cris des otages

psaume 80

fais-nous vivre

reviens
et fais-nous revenir
que ton visage s'éclaire
et nous serons sauvés
à la rencontre de ton nom

psaume 81

j'entends un langage que je ne connais pas

j'ai ôté la charge de son épaule
ses paumes ont lâché le fardeau [pause]
quand tu criais sous l'oppression
je t'ai délivré

libère les faibles de la main des méchants

au milieu des dieux Dieu se lève
son patrimoine lui importe
il juge les juges
[pause]

triple demande à Dieu

sors de ton silence [pause]
ne reste pas immobile
ne reste pas muet
face aux ennemis qui grondent

heureux ceux dont la force est en toi

traversant la vallée de l'ombre [pause]
pas à pas – de force en force [pause]
ils en ont fait
sources et ressources sans fin

points de ravitaillements

énergie qui rassasie
prière au quotidien
donne-nous notre psaume de ce jour
[pause]

halte à l'éparpillement

je suis fragmenté
désintégré
unifie mon être
défragmente-moi
réintègre-moi

toutes mes sources sont en toi

tu es la source des sources [pause]
le rocher des rochers [pause]
l'origine de toute naissance

psaume 88

lueur d'espoir

noir noir noir noir noir noir noir
noir noir noir noir noir noir noir
noir noir noir noir noir noir noir
noir noir noir   noir noir noir
noir noir noir noir noir noir noir
noir noir noir noir noir noir noir
noir noir noir noir noir noir noir

[pause][pause]

trois fois gloire à celui qui va

être là [pause]
être avec [pause]
être pour [pause]
[pause]

psaume 90

d'âge en âge tu as été notre abri

mille ans • tu les balayes
mille jours • presque rien
mais cette heure • vivre l'aujourd'hui de Dieu

défenses immunitaires contre maladies transmissibles

peste fièvre bestioles et virus
sont inoffensifs et sans danger
puisque tu connais mon nom • utilise-le
je serai avec toi dans la détresse

psaume 92

la prière c'est la beauté de l'homme

chanter un psaume
penser à toi en pleine nuit
admirer un palmier

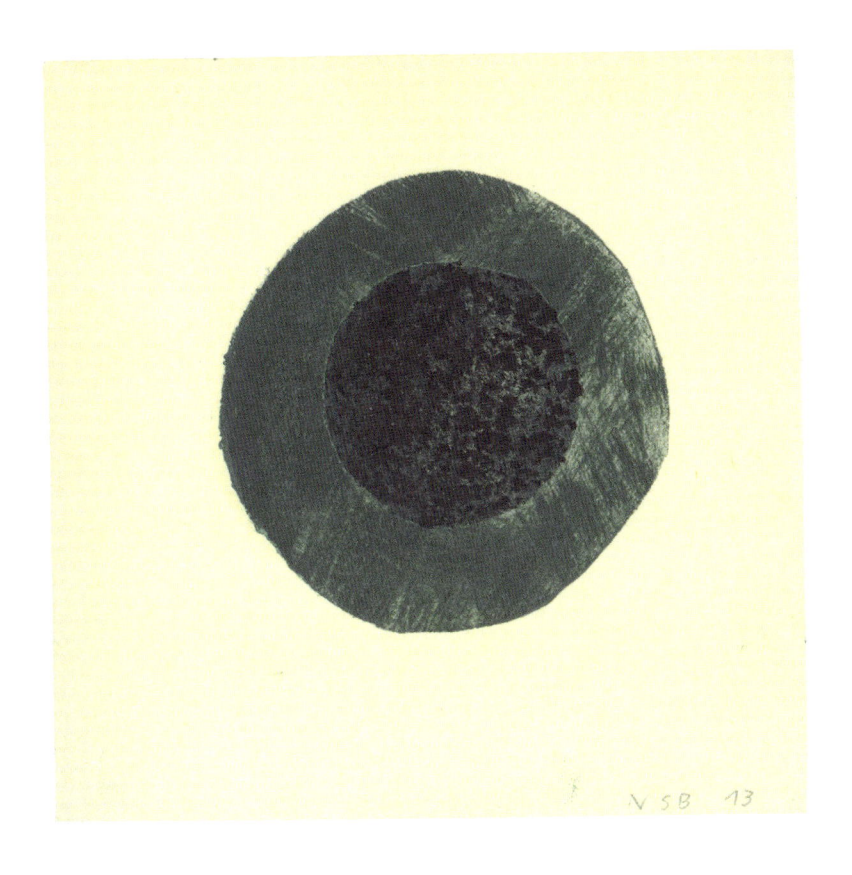

gloire éclat splendeur

gloire au prince de la paix
gloire à la sainte dynamique
gloire au père sur la terre comme au ciel

accroissement de l'appui divin

dans l'excès de soucis • plus de consolation
dans l'excès de travail • plus de renfort
dans l'excès de fardeaux • plus de soutien

s'offrir un psaume

célébrer sa présence –
meilleure prévention contre
amertume démence ou sclérose

renouveau

les choses anciennes ont passé
les nouvelles déjà germent
chant nouveau
vie nouvelle

je regarde le ciel

la lune le soleil et les planètes
je me sens si petite
et pourtant si grande
puisque le roi de l'univers pense à moi

l'Éternel

est est est
est est est
est est est
éternel

je suis celui qui suis

•••• l'Éternel est sagesse •• et sainteté
••••• l'Éternel est force ••• et sainteté
• l'Éternel est patience ••• et sainteté •

responsabilité première

c'est lui qui nous a fait
nous sommes à lui
tout ne dépend pas de moi
quel soulagement

quand viendras-tu vers moi

je veux progresser dans la plénitude
être intègre et m'orienter à toi
cultiver et arroser

psaume 102

comme l'oiseau solitaire sur un toit

que mon cri parvienne jusqu'à toi
penche-toi vers moi – j'attends
jusqu'à découvrir
notre père sait ce dont nous avons besoin

n'oublie pas

que tu es un enfant
que tu as un père
que son règne est proche
que son pain est là

psaume 104

tu envoies ton souffle et ils sont créés

le vent souffle où il veut

```
            R     R
         H     U
      A     A     A
   U     H     U     H
R                 R
```

à la recherche de Dieu

heureux ceux qui
cherchent Dieu qui
cherchent ses traces qui
cherchent sa face
tous les aujourd'hui

psaume 106

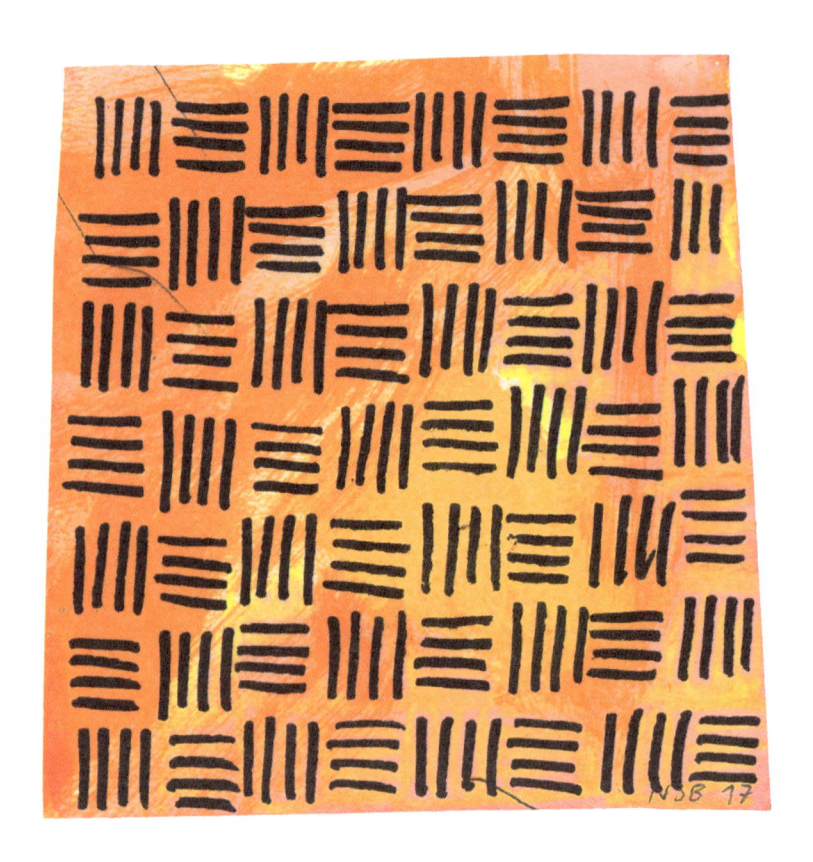

l'histoire de l'avenir de Dieu

passé passé passé passé passé passé
passé présence présence présence passé
passé présence avenir présence passé
passé présence présence présence passé
passé passé passé passé passé passé

refrain pour s'exercer à la reconnaissance

proches de perdre la vie
ils ont crié à toi
écoutés dans leurs angoisses
ils vivent en merci

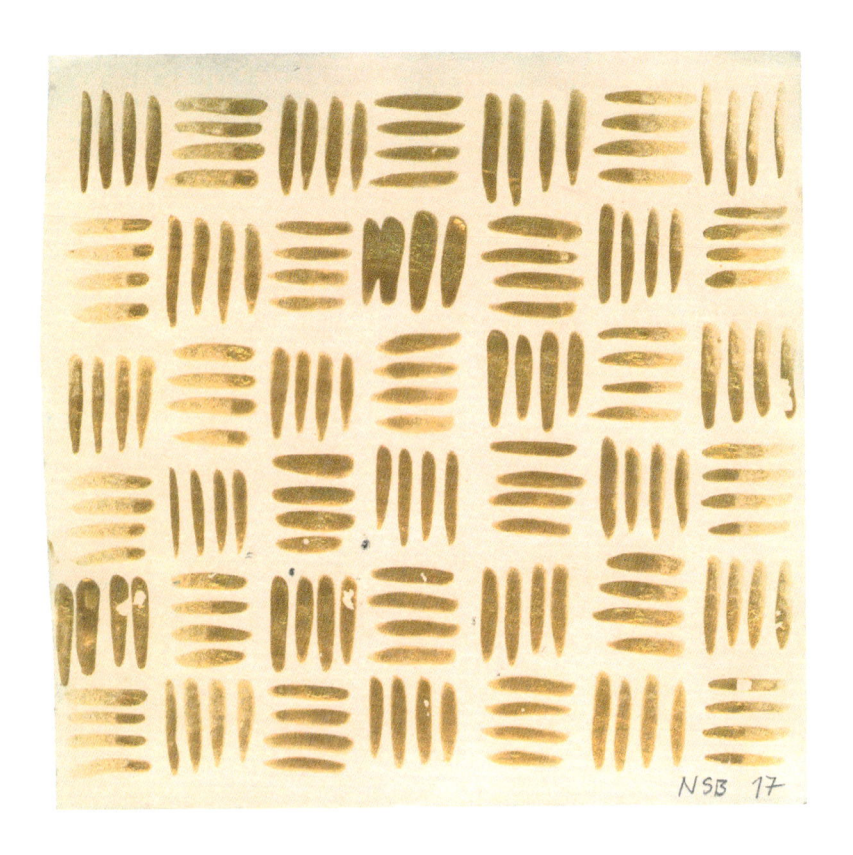

je veux réveiller l'aurore

tu m'offres un psaume
tu rassures mon cœur
mes pas s'affermissent
tu étends le ciel

exercices pour mieux gérer l'incertitude

ne te tais pas – lève la voix
contre ces bouches criminelles
langues de mensonge – paroles de haine
qui m'attaquent gratuitement

psaume 110

oracle du SEIGNEUR à mon seigneur

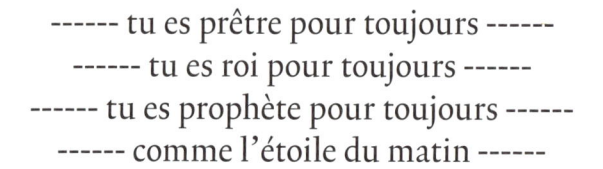

------ tu es prêtre pour toujours ------
------ tu es roi pour toujours ------
------ tu es prophète pour toujours ------
------ comme l'étoile du matin ------

**reconnaissance alphabétique –
formulaire à remplir**

les œuvres du Seigneur sont les suivantes
        a _____
        b _____
        c _____
        d _____
        e _____
           etc.
nous rendons grâce à Dieu – alléluia

comme si c'étaient trois personnes

la généreuse la juste et la bienveillante
nous rendent visite
nous quittent et
nous sommes transformés à jamais

psaume 113

alléluia sa gloire est au-dessus des cieux

il siège tout en haut
et regarde tout en bas
il tire le pauvre du tas d'ordures
il relève le faible de la poussière

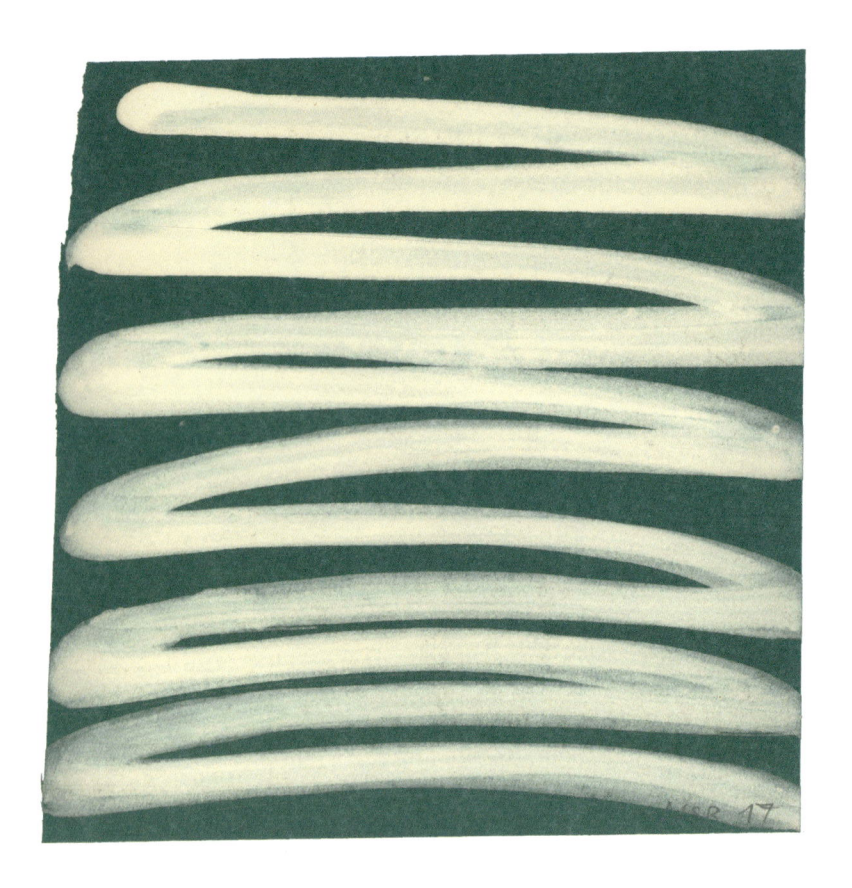

langues étrangères

les montagnes bondissent comme des béliers
les collines sautillent comme des cabris
les cailloux murmurent comme les étangs
le roc comme la mer

psaume 115

tu ressembles à ton mini-dieu

les idoles ont une bouche et ne parlent pas
des yeux et ne voient pas
des oreilles et n'entendent pas
des pieds et ne marchent pas

dans les angoisses et les peurs

j'aime le Seigneur
il me préserve
ce lien en moi est
repos de mon âme

doxologie en consonnes et en voyelles

Ntns, lz tts l SGNR. Ppls, glrfz-l ts.
Cr s fdlt ns dpss, t l lt d SGNR st pr tjrs. lll !

aio, oue oue e EIEU. eue, oiie-e ou.
a a iéié ou éae, e a oyaué u EIEU e ou ouou. Aéuia !

tu es mon psaume

l'âme	Dieu
invoque	répond
demande	exauce
erre	oriente
soupire	encourage
angoisse	élargit
cherche	apparaît
trouve	trouve

mystique de la parole

instructions – indications – décisions – dispositions
consignes – verbes – décrets – ordres – conseils
édits – lois – voies
et
toi

malheur à moi

je suis trop resté chez ceux qui haïssent la paix
langues à mensonge | fils barbelés | pièges électriques
moi la paix
et quand je parle eux sont pour la guerre

je lève mes yeux

son nom est garant • je ne trébuche pas
son nom est garant • je m'endors en paix
son nom est garant • je ne m'égare pas

le pèlerinage c'est

grimper une pente
marcher en paix
aller en confiance
vivre en communauté
accepter les compagnons
respirer la persévérance
trébucher et se redresser
apprendre l'humilité
ouvrir une porte
trouver un sens

oculi nostri ad Dominum nostrum

gavé du mépris des profiteurs
du sarcasme des criminels
j'ai levé les yeux
vers ta main

psaume au conditionnel

sans toi
nous resterions collés
nous boiterions sûrement
nous perdrions haleine
nous manquerions d'eau
nous mourrions de faim

les artisans de paix

confiants en Dieu ils sont stables
entourés de Dieu ils sont sûrs
ils sont en paix et la rayonnent

fini la captivité

rêve d'arriver
d'arriver en rires
rires de joie
joie dans les pleurs
pleurs en semailles
semailles en terre
terre de moisson
moisson de rêve
rêve d'arriver

lâcher prise

les mains cramponnées se détendent
je m'offre le cadeau de cette journée
m'abandonner à toi
que peut-il m'arriver de mieux

bénédictions domestiques

tu seras heureux
tu seras pèlerin
entouré des tiens
nourri de tes mains

en marche sur ses sentiers

une nuit en prison

le lendemain les pèlerins ont repris leur route
les forces de l'ordre avaient semé le désordre
la rançon payée a libéré les pèlerins

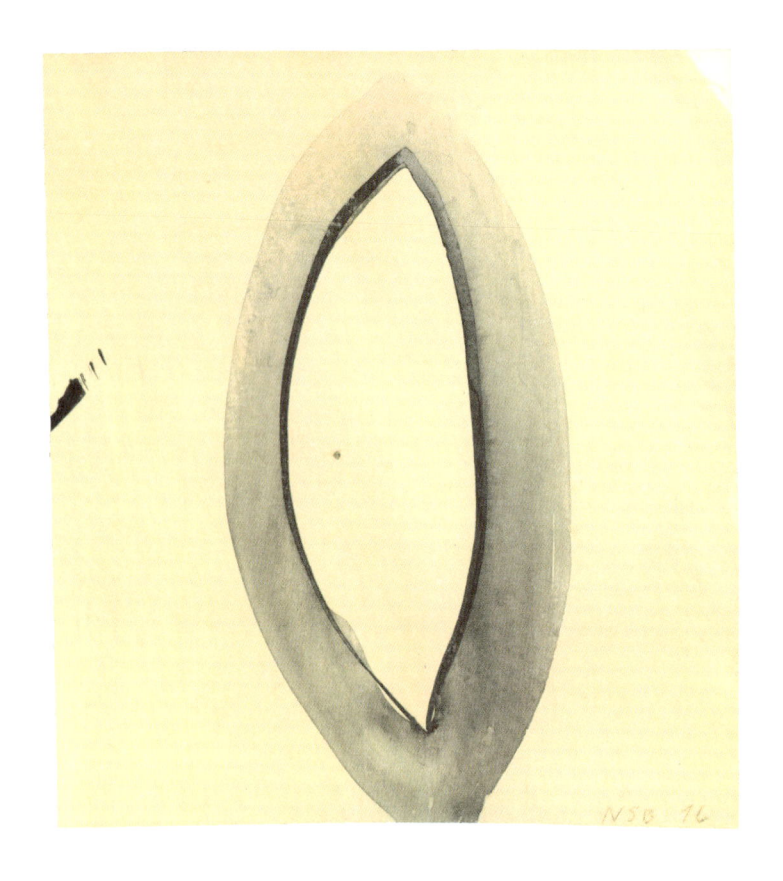

grands fonds

opacité totale
pression extrême
silence lourd
tu m'as fait remonter
et la lumière fut

le calme du pèlerin

finies les ambitions excessives
je retrouve le calme – mon âme son repos
comme l'enfant près de sa mère
mes désirs sont comblés

habite chez nous

nous habiterons chez toi
lieu de notre repos
espace sûr
maison de paix

psaume communautaire

bon & beau
frères & sœurs
ensemble & habiter
vie & bénédiction
rosée & parfum
tôt & tard

prier dans le noir

c'est être pèlerin
c'est être debout
c'est être serviteur
c'est avoir les mains nues
et attendre une bénédiction

chant historique

d'abord • le chaos domine partout
puis • le chaos est dominé partout
grâce • à l'auteur universel

psaume 136

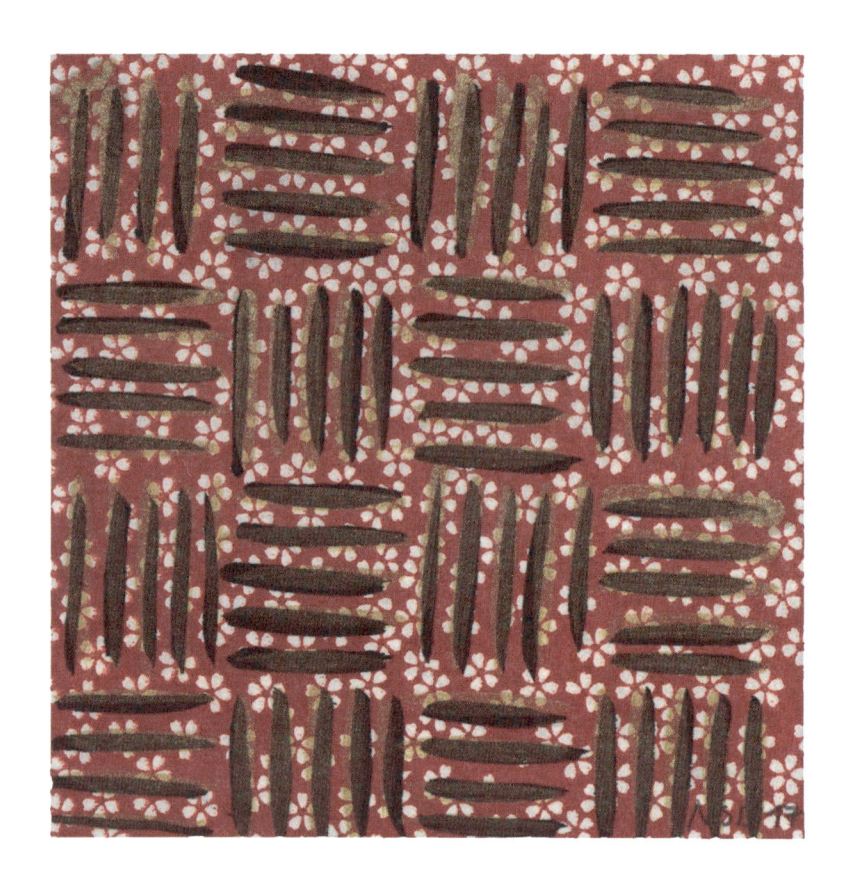

car sa bonté est pour toujours

chante la contrebasse
basse continue de notre histoire
•
car sa bonté est pour toujours

là-bas au bord du fleuve

nous étions assis abattus
exilés de notre lieu | exilés de notre dieu
aux saules des jardins
nous avions suspendu nos instruments

psaume 138

tu feras tout pour moi

j'ai appelé et tu m'as répondu
tu as stimulé mes forces
tu me fais revivre
n'abandonne pas ton œuvre que je suis

psaume 139

assis devant toi

je me calme
posé dans ton univers
retrouve le centre
maintenant je sais
où j'en suis

psaume 140

sollicitation de l'avocat des marginalisés

j'ai dit au Seigneur • tu es mon Dieu
[pause]
tu rends justice aux pauvres • tu fais droit aux malheureux
[pause]
énergie de ma lutte • force qui me sauve
[pause]

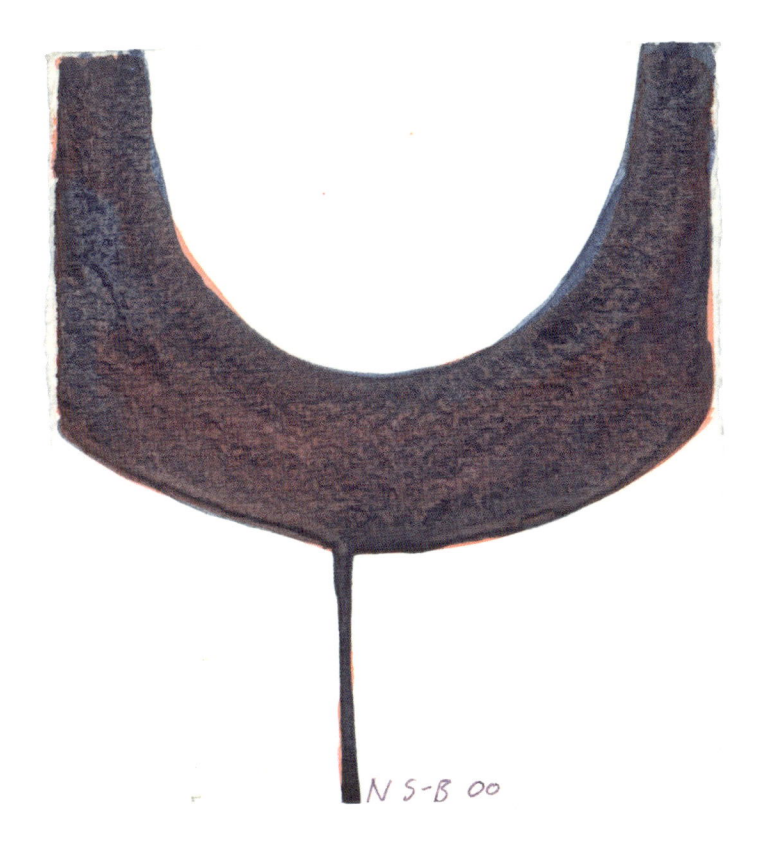

psaume aromatique

parfum agréable dans l'air
que ma prière monte
comme l'encens devant toi

c'est toi mon asile

à pleine voix je supplie le Seigneur
je répands devant lui ma plainte
quand je suis à bout de souffle
c'est lui qui sait où je vais

je me redis tout ce que tu as fait

apprends-moi à faire ta volonté
car tu es mon Dieu
ton esprit est bon
[pause]
j'aimerais entrer dans son mouvement

précis de chant combatif

reculer pour rebondir
désarmer les violents
croire à la victoire
écrire un psaume
gérer les conflits
s'entraîner
y aller

description de l'indescriptible

ô mon Dieu tu es inexprimable
insondable indéchiffrable immaîtrisable
inébranlable inépuisable ineffable
je dirais même plus : incroyable et inouï

psaume 146

je le célèbre tant que je vis

auteur du ciel et de la terre
défenseur des humiliés – libérateur des captifs
redresseur des courbés – protecteur des étrangers
et ophtalmologue

psaume hivernal

il envoie sa parole à la terre gelée
la glace se met à fondre

il envoie son souffle
et les eaux ruissellent

louez Dieu dans l'espace infini

louez-le louez-le louez-le louez-le louez-le
louez-le louez-le louez-le louez-le louez-le
louez-le louez-le louez-le louez-le louez-le
louez-le louez-le louez-le louez-le louez-le
louez-le louez-le louez-le louez-le louez-le
louez-le louez-le louez-le louez-le louez-le
louez-le louez-le louez-le louez-le louez-le
louez-le louez-le louez-le louez-le louez-le
louez-le louez-le louez-le louez-le louez-le
louez-le louez-le louez-le louez-le louez-le
louez-le louez-le louez-le louez-le louez-le

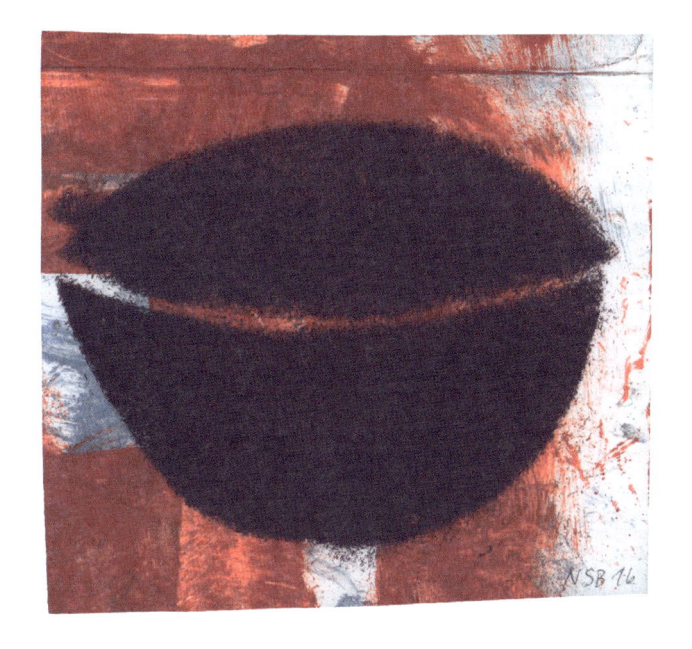

alléluia – louez et luttez

louer et lutter • contre les tyrans
louer et lutter • pour les pauvres
louer et lutter • contre les profiteurs
louer et lutter • pour les malheureux

orchestre universel

louez l'Éternel vous qui jouez
• des percussions
• des bois
• des cuivres
• des cordes
louez-le dans tous les styles
et que tout ce qui respire dise • alléluia

Notes

Cette partie contient, sous la miniature correspondante suivie de son titre original, des notes sur chaque psaume.

Ces notes peuvent accompagner les saveurs révélées dans la première partie.

On y trouve d'abord les versets choisis pour la distillation (cités d'après la TOB [1]). Ils sont suivis de brèves descriptions des caractéristiques du psaume, et finalement d'autres « voix » provenant pour la plupart de commentaires bibliques, de la littérature spirituelle, ainsi que poétique.

Voici les ouvrages principaux (commentaires ou autres types de publications) cités dans les notes :

- *De la vie communautaire* et *Le livre de prières de la Bible,* deux publications de Dietrich Bonhoeffer, pasteur luthérien, théologien, résistant au nazisme [2]
- *Ces Psaumes qui nous font vivre. Le spirituel au cœur de l'existentiel* de Thérèse Glardon, théologienne suisse [3]
- *Les Psaumes redécouverts – de la structure au sens* (3 volumes) : commentaires sur les psaumes avec une approche d'analyse structurelle, par Marc Girard, théologien et professeur d'herméneutique canadien [4–6]
- Les écrits de Daniel Bourguet, théologien, ermite, pasteur français [7–13]
- Les publications de la Communauté de Taizé [14–17]
- La littérature patristique [18–23]
- *Dr. Martin Luthers Psalmen-Auslegung* [24]
- *Réflexions sur les Psaumes* par C.S. Lewis, écrivain et universitaire britannique [25]
- *Sur la lyre à dix cordes – à l'écoute des Psaumes au rythme des Exercices de saint Ignace* par Blaise Arminjon, jésuite français [26]
- *Le psautier de Jésus – Les citations des Psaumes dans le Nouveau Testament* (2 volumes) par Jean-Luc Vesco, dominicain français [27, 28]
- *Méditations sur les Psaumes des montées,* par Eugene Peterson, théologien américain, poète et pasteur presbytérien [29, 30]
- *Psaumes pour tous les temps – lire, comprendre et prier,* par Jean-Pierre Prévost, théologien canadien [31]

Pour ce qui est des citations littérales, elles sont toujours mises entre guillemets (« … »), le numéro de la référence (avec le numéro de page parfois) renvoyant aux références bibliographiques en annexe.

Les textes de la Bible sont toujours en italique. Je cite habituellement la TOB [1], quelques fois aussi d'autres traductions comme la NFC (Nouvelle Français Courant), « La Bible – nouvelle traduction » (ou « Bible des écrivains ») [32], André Chouraqui [33], Henri Meschonnic [34], Calame & Lalou [35], ou encore les auteurs qui, tout en traduisant, réécrivent les psaumes, comme Stan Rougier [36], Alain Lerbret [37] ou Christian Vez (« une façon de se les approprier ») [38:13].

«Essaim»

À propos du Psaume 1

Versets distillés :
1. *Heureux l'homme*
   qui ne prend pas le parti des méchants,
   ne s'arrête pas sur le chemin des pécheurs
   et ne s'assied pas au banc des moqueurs,
2. *mais qui se plaît à la loi du SEIGNEUR*
   et récite sa loi jour et nuit !
3. *Il est comme un arbre planté près des ruisseaux :*
   il donne du fruit en sa saison
   et son feuillage ne se flétrit pas ;
   il réussit tout ce qu'il fait.

Le Psaume 1 est tout ceci :
- un portail qui mène aux psaumes ;
- une épigraphe qui en oriente la lecture ;
- en lui-même, il n'est pas une prière, mais il prépare à la prière ;
- simultanément introduction à la prière, introduction au psautier et introduction à la spiritualité des psaumes ;
- il n'a pas de titre ; il est le titre qui préside à l'ensemble des psaumes ;
- selon Basile de Césarée († 379), il est un bref préambule au psautier.

Hagah (« récite ») est le mot clé dans le psaume. Dans sa traduction intitulée « Gloires, traduction des psaumes », Henri Meschonnic, écrivain, essayiste, traducteur (1932–2009) commente le mot *hagah* comme suit : « Le verbe signifie à la fois méditer et murmurer, et lire à voix basse. C'est le murmure de la pensée. Sans doute une onomatopée à l'origine. » [34:367].

Pour savourer le mot, il faut s'imaginer un chien en train de ronger son os et entendre un faible grognement satisfait. Le même mot est utilisé par le prophète Esaïe *quand le lion grogne sur sa proie* (Es 31,4).

Autres voix
« Méditer, c'est comme mâcher la nourriture. Il y a un effort à fournir pour assimiler la parole : les lèvres la redisent, l'intelligence s'y applique, le cœur la retient. Il en va de même d'un mets très bon : on le mange lentement, avec soin et attention, on le goûte, on s'y arrête. Ainsi la parole se met-elle à nous habiter, à prendre vie en nous. » (Extrait du commentaire sur le verset *Je veux méditer sur tes préceptes et contempler tes voies,* Ps 119, 15, dans « La Grâce de ta Loi » de frère François et frère Pierre-Yves, Communauté de Taizé [17:45]).

« L'équivalent hébraïque de *heureux* n'est pas comme en français un qualificatif, comme si celui-ci était une qualité émanant de l'être, mais un substantif : les *bonheurs de* ... car ils sont bien un cadeau reçu. »
« Le terme au singulier *esher* vient d'une racine verbale qui signifie à la forme intensive *mener, guider* ou encore *proclamer heureux* et à la forme simple *marcher* – d'où la traduction de Chouraqui : *En marche!* (Ps 1, 1). Ce dernier rapprochement suggère non des bonheurs statiques ou des satisfactions béates, mais des bonheurs dynamiques, toujours à découvrir, toujours neufs, et qui nous mettent en mouvement : ‹ Félicitations, tu as réussi à trouver ... Continue sur cette voie ! › »
(Thérèse Glardon) [3:168]

« Le psautier est une sorte de grande maison. La porte principale de cette maison est le premier psaume. »
(Jérôme † 420)

« Celui qui n'a regard que pour Dieu seul, qui tend vers Dieu seul, qui est attaché à Dieu seul et qui est résolu de servir Dieu seul, qui est en paix avec Dieu et qui devient cause de paix pour les autres ». C'est la définition du croyant (du moine, selon Théodore Studite).
(Dom Lucien Regnault : *Les pères du désert, à travers leurs apophtegmes*) [22:182]

« Si l'amour se murmure / au jardin de ton cœur / tu seras fleur et fruit / arbre vivant / fête des sources »
(Alain Lerbret) [37:23]

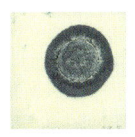

« Lumière du soleil gris »

À propos du Psaume 2

Versets distillés :
1   *Pourquoi cette agitation des peuples,*
    ces grondements inutiles des nations ?
2   *Les rois de la terre s'insurgent*
    et les grands conspirent entre eux,
    contre le SEIGNEUR et contre son messie :
3   *« Brisons leurs liens,*
    rejetons leurs entraves. »
4   *Il rit, celui qui siège dans les cieux ;*
    le Seigneur se moque d'eux.

Le Psaume 2, tout comme le Ps 1, ne porte pas de titre et n'est pas une prière, mais il prépare à la prière ; il parle de politique et de royaume.

Le message est le suivant : nous ne pouvons pas prier correctement sans tenir compte du contexte politique, social et prophétique. Cela fait partie de la spiritualité des psaumes ainsi que de l'éthique. C'est sans doute le sens de placer ces psaumes au début du psautier. Ils veulent préparer à la prière, la rendre possible. Qui veut prier ne doit négliger ni l'individu éthique (Ps 1) ni la dimension prophétique et politique (Ps 2). Le Ps 1 est silencieux, il nous invite au silence et à la concentration ; le Ps 2 est fort et puissant, il nous attire hors de notre repli et nous rend actif.

Ou, pour reprendre l'image du portail : les deux battants, ce sont la mystique et la politique. L'entrée en prière passe par l'un et l'autre.

Autres voix

« Le Créateur des mondes visibles et invisibles / sourit devant cette panique. / Il leur laisse une brûlure au cœur. » (V. 4 et 5, et il commente : « Littéralement ‹ la fureur de Dieu ›. Depuis Jésus Christ je la vois comme ‹ la colère de l'Agneau › dont parle l'Apocalypse. La colère d'un Agneau, c'est plutôt un cri pour toucher le cœur ! »)
(Stan Rougier) [36:22]

« Envolée d'images parlantes, le psaume souffle où Dieu veut. Il traverse en bourrasques toutes les classes sociales ... et le moindre berger, le roi d'Israël, la femme anonyme, le représentant du Temple se mettent à dire la Splendeur incréée à qui veut bien l'entendre. Les Chants du silence sont de cette veine-là, prophétiques eux aussi car ils ne censurent rien de ce qui monte de notre terre profonde, laissant le Souffle nommer l'innommable. »
(Lytta Basset) [37:17]

« Un vieillard dit : Lorsque tu es sans courage, prie, selon ce qui est écrit : Prie avec crainte et tremblement dans la tempérance et la veille. »
(Apophtegmes des pères) [20:211]

« Aucun dirigeant aussi puissant soit-il n'est le vrai Seigneur ; le vrai Seigneur est l'homme serviteur de Nazareth. Son œuvre est la puissance du salut et non le salut de la puissance. »
(Jan Milič Lochman, † 2004) [39]

« Le règne du Christ s'étend jusqu'au dernier coin de notre existence. Toute vie est indivisible comme l'est Dieu lui-même, et le chrétien réformé est conscient du règne du Christ dans la vie privée et publique, dans la sphère politique et économique, dans les sports et les arts, dans les sciences et dans les cultes. »
(Allan Boesak) [39]

« Parapluie et protection »

À propos du Psaume 3

Versets distillés :
2   *SEIGNEUR, que mes adversaires sont nombreux :*
    nombreux à se lever contre moi,
3   *nombreux à dire sur moi :*
    « Pas de salut pour lui auprès de Dieu ! »
4   *Mais toi, SEIGNEUR, tu es un bouclier pour moi ;*
    tu es ma gloire, celui qui relève ma tête.

Le Psaume 3 est la prière d'un homme en fuite.

Ce psaume est la première prière du psautier. Le ton est urgent.

Le psautier est plein de réalisme du premier jusqu'au dernier psaume (d'ailleurs, il est l'un des plus longs livres de la Bible). Il reconnaît toutes les tensions que la vie amène avec elle. C'est le point de départ. Et il est réconfortant de voir que la personne en prière trouve la vie difficile. Le priant est sur la défensive. Il a besoin d'aide.

D'autres voix disent : tout est illusion, il n'y a pas d'aide auprès de Dieu. Il est encourageant de constater que la première prière des Psaumes a cette tonalité sans fioritures ni poésie, et ce n'est pas un hasard si les psaumes de louange « purs » n'apparaissent que dans la dernière partie du psautier ; c'est alors seulement que les lamentations tarissent progressivement.

Paraphrase du v. 4 : *Tu es ma gloire (mon honneur, ma réputation, ce qui me donne du poids et de l'importance), celui qui relève ma tête (celui qui me redonne ma dignité).* (cf. Glardon [3:43])

Prier rassure. *Mais toi, Seigneur, tu es un bouclier pour moi, tu es mon honneur et tu me relèves :* Dieu offre protection, préservation, sécurité et soutien. C'est un baume pour les personnes peu sûres d'elles et celles dont l'estime de soi est rapidement ébranlée. *Tu es ma dignité* (NFC) : je fais l'expérience d'être honoré/e, je suis quelqu'un parce que le Seigneur a fait de moi ce que je suis ; je peux en être fier/ fière. *Dieu relève ma tête :* il lève ma tête, me redresse et me rend plus grand. Dans la *King James Version* (traduction classique en anglais) nous lisons : *You are the lifter up of mine head.*

Dans les Psaumes, nous découvrons encore et encore le mot *Sela*. Nous ne connaissons pas sa signification exacte. Ce doit être un signe qui concerne la communauté (donc pas seulement la prière individuelle). *Sela* structure le culte. *Sela* est une indication pour la liturgie. *Sela* veut que nous n'oubliions pas que la relation avec Dieu a toujours lieu dans un contexte communautaire. Et enfin, *Sela* signifie simplement « pause » (ce qu'a choisi la TOB) ; cela signifie rythme, respiration, inspiration, expiration. *Sela* serait donc une recommandation biologique : s'immerger dans les conditions du temps et du biorythme. « *Le sela* indique qu'il faut s'arrêter et bien méditer les paroles du psaume ; car il est besoin d'une âme calme et recueillie pour percevoir et comprendre ce que le Saint-Esprit propose et inspire. » (Martin Luther, † 1546) [2:112]

Autres voix
« Dans les Psaumes, les *ennemis* ne sont pas uniquement des adversaires extérieurs humains, mais tout ce qui amoindrit la vie : maladies, épreuves intérieures ou circonstances douloureuses … Pour nous aujourd'hui dans notre contexte, il est parfois nécessaire de prendre du recul, même si c'est d'abord pour constater avec le psalmiste : ‹ J'ai de nombreuses raisons d'être stressé … J'ai beaucoup de soucis, dans ma journée mille choses *me contrarient* › ! Le verbe utilisé ici dans le Psaume fait allusion à tout ce qui nous angoisse. *Beaucoup se dressent contre moi. (Tant de choses m'envahissent … j'ai l'impression d'étouffer.)* (v. 2b) »
(Glardon) [3:42]

« Même en danger mortel je suis allé me coucher normalement et j'ai dormi paisiblement comme un homme exempt de tout souci. Même quand je me suis éveillé, je me suis levé calmement, non pas comme un homme qui s'endort dans l'angoisse et s'éveille en sursaut, tout saisi et troublé des cauchemars qui l'assaillent. »
(Paraphrase du verset 6 par Radaq, rabbin et exégète du 13ᵉ siècle)

Le Psaume 3 figure depuis des siècles (cf. Règle de St. Benoît) dans le programme du matin de la liturgie des heures, parce qu'il aurait un caractère pascal, car il est dit au v. 6 : *Je m'allonge, je dors et je me réveille.* Cyprien († 258) écrit à ce propos : « Prions en ce début du jour pour célébrer la résurrection du Seigneur par une prière matinale ».

« Eau »

À propos du Psaume 4

Versets distillés :
2   *Quand j'appelle, réponds-moi, Dieu, ma justice !*
    Dans la détresse tu m'as soulagé ;
    par pitié, écoute ma prière.
8   *Tu m'as mis plus de joie au cœur*
    qu'au temps où abondaient leur blé et leur vin.
9   *Pareillement comblé, je me couche et m'endors,*
    car toi seul, SEIGNEUR, me fais demeurer en sécurité.

Le Psaume 4 est un appel à l'aide. Le soir, la détente et la tranquillité reviennent, parce que l'appel à l'aide semble être exaucé.

Le Ps 4 et le Ps 5 divisent le temps. Ils nous mettent en mouvement. Le début biblique du jour est le soir (*il y eut un soir, il y eut un matin – premier jour,* Genèse 1,5). Le Ps 4 est donc le premier chant au début de la journée.

Le psaume revient sur les heures passées, sur la lutte avec le thème dominant de nos vies – la peur. Le poète Wystan Hugh Auden (1907–1973) appelle notre époque « l'âge de l'anxiété ». Dans le psaume, surmonter l'anxiété semble être possible. Dieu conduit de l'étroitesse à l'étendue ; il a créé l'espace. Il devient possible de lâcher prise, d'abandonner la maîtrise. Nous nous calmons et pouvons maintenant nous endormir en paix.

Le Ps 4 est chanté quotidiennement aux Complies dans le cadre monastique. L'idée de base de prier les offices, c'est de vivre avec un rythme donné. Ce rythme nous calme. Il est en fait paradoxal qu'un rythme, incarnation du mouvement, puisse calmer. Le Ps 5, un psaume matinal, reprendra le rythme et nous aidera à nous lever et à nous mettre en route le matin.

Autres voix
« Quand le soleil se couche et que le jour touche à sa fin, il faut prier. Car le Christ est le vrai soleil et le vrai jour. Maintenant, quand le soleil visible et le jour sont partis, et quand nous prions et implorons qu'il redevienne lumière sur nous, alors nous prions pour la venue du Christ, qui donnera la grâce de la lumière éternelle. » (Cyprien † 258).

« Le chant du psaume rythme l'âme. »
(Athanase † 373)

« En nous abandonnant à l'Esprit Saint, nous allons trouver la voie qui va de l'inquiétude à la confiance. »
(Frère Roger de Taizé, 1915–2005, *Prier dans le silence du cœur*) [15:9]

« Ah, dans quel état me mettait ce psaume … J'aurais voulu qu'ils (les adversaires hérétiques) soient là, quelque part près de moi, pendant que je lisais ce psaume 4. » (St Augustin racontant son expérience avec ce psaume lors d'un conflit grave, *Confessiones* IX, 4.9) [26:42]

« *Je suis un, parce qu'en Toi se réalise mon unité.* » Mannati, rendant ainsi le v. 9 : *En paix, uni (à toi), je me couche et je m'endors.*

« Et par-dessus pousse l'herbe »

À propos du Psaume 5

Versets distillés :

2   *Prête l'oreille à mes paroles, SEIGNEUR ;*
    perçois mes gémissements.
3   *Sois attentif à ma voix et à mes cris,*
    mon roi et mon Dieu, c'est toi que je prie.
4   *SEIGNEUR, le matin, tu entends ma voix ;*
    le matin, je prépare tout pour toi et j'attends … !
9   *SEIGNEUR, conduis-moi par ta justice*
    malgré ceux qui me guettent ;
    aplanis devant moi ton chemin.
12 *Et tous ceux qui t'ont pour refuge se réjouiront,*
    toujours ils exulteront ; tu les abriteras,
    tu feras crier de joie ceux qui aiment ton nom.
13 *C'est toi, SEIGNEUR, qui bénis le juste ;*
    tu l'entoures de ta faveur comme d'un bouclier.

Le Psaume 5 est la prière d'un accusé devant le tribunal.

Le Ps 5 est un chant matinal. Il nous aide à être réceptifs et attentifs à la présence de Dieu. Prier le matin est un avantage : vous ne pouvez rien faire, et nous n'avez rien à faire. Attendre suffit. Être prêt – ce n'est pas rien. Parce que la journée a déjà commencé la veille au soir, je l'espère, se lever n'est pas si difficile.

Aplanis devant moi ton chemin (v. 9) : C'est une prière de dévotion qui ressemble un peu à la prière *que ta volonté soit faite.* La prière n'est pas égocentrique, sinon elle dirait : aplanis devant toi mon chemin, ce qui reviendrait à dire : « Que ma volonté soit faite ». Non seulement le v. 9, mais aussi le v. 12 évoquent des demandes du

Notre Père ; en fait tout le psautier est rempli d'échos de la prière que Jésus a enseignée à ses disciples (Mt 6,9–11).

Autres voix
« Le Notre Père contient tout ce qui se conçoit comme prière. Ce qui s'intègre aux suppliques du Notre Père est prière juste. Ce qui est en dissonance avec elles n'est pas prière. Toutes les prières de l'Écriture sainte sont résumées dans le Notre Père et trouvent place dans son ampleur incommensurable. Le Notre Père ne les rend pas superflues ; elles en sont au contraire l'inépuisable richesse, de même que le Notre Père en est le couronnement et l'unité. Luther dit à propos du Psautier : ‹ Le Psautier comme le Notre Père s'imprègnent mutuellement de part en part, au point que l'on peut fort bien comprendre l'un à partir de l'autre et y trouver d'étonnantes consonances ›. Ainsi, telle une pierre de touche, le Notre Père permet de savoir si nous prions au nom de Jésus Christ ou en notre propre nom. C'est donc une bonne chose que le livre des Psaumes soit la plupart du temps publié conjointement à notre Nouveau Testament. Il est la prière de l'assemblée de Jésus Christ. Il appartient au Notre Père. »
(Dietrich Bonhoeffer, 1906–1945) [2:110]

« Nous devenons, pour ainsi dire, les auteurs du Psaume, pénétrés dans nos cœurs par les humeurs d'où le Psaume est chanté ou écrit. Nous trouvons toutes les humeurs dans les psaumes. Comme dans un miroir lumineux, nous voyons très clairement ce qui nous arrive à nous-mêmes, et arrivons ainsi à une vision qui est efficace en profondeur. L'esprit devient notre professeur et notre éducateur pour ce que nous n'entendons pas seulement, mais que nous expérimentons intuitivement. »
(Jean Cassien † 432)

« Mon Dieu de haute joie
Dès le matin je T'aime
Tu tends l'oreille au moindre mot
Qui monte de mes lèvres
À mon plus fin silence
Tu veilles sur ma nuit
Comme un guetteur au rempart
Et tu m'éveilles au jour

Pour que j'attende encore
Cette Pâque qui te ressemble »
(Alain Lerbert) [37:27]

« Esprit Saint, Esprit consolateur,
Nous tenir en ta présence
Dans un silence paisible,
C'est déjà prier.
Tu comprends tout de nous,
Et parfois même un simple soupir
Peut être prière »
(Fr. Roger) [15:44]

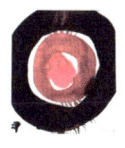

« Tracer des cercles »

À propos du Psaume 6

Versets distillés :
3   *Pitié, SEIGNEUR, je dépéris ;*
    guéris-moi, SEIGNEUR, je tremble de tous mes os,
4   *je tremble de tout mon être.*
    Alors, SEIGNEUR, jusqu'à quand … ?
5   *Reviens, SEIGNEUR, délivre-moi,*
    sauve-moi à cause de ta fidélité !
6   *Car chez les morts, on ne prononce pas ton nom.*
    Aux enfers, qui te rend grâce ?
7   *Je suis épuisé à force de gémir.*
    Chaque nuit, mes larmes baignent mon lit,
    mes pleurs inondent ma couche.

Le Psaume 6 est la prière d'une personne gravement malade.

C'est un psaume tourmenté. La personne qui prie est dans une crise profonde. Aujourd'hui, peut-être parlerait-on de traumatisme. Nous n'en connaissons pas le déclenchement. S'agit-il d'une blessure due à une relation (référence aux *adversaires* v. 8 ou aux *ennemis* v. 11) ? D'une maladie de quelque origine qu'elle soit ? Le psaume parle d'infirmité et d'alitement. *Guéris-moi,* prie la personne. Ou est-ce le péché qui rend malade ? Ou alors un manquement dans le passé qui n'a pas été surmonté, réconcilié ou pardonné ? Ce n'est pas impossible non plus.

Ce n'est certainement pas par hasard qu'un tel psaume apparaît tôt dans le Psautier. Les situations de crise ne sont pas inhabituelles – c'est la première leçon à tirer de ce psaume. Apprendre qu'il est possible de les surmonter, c'est la deuxième leçon. Les crises ne se terminent pas forcément dans la résignation et l'apathie totales. Ce psaume dit : Il y a peut-être un moyen de sortir de ces situations qui nous font souffrir. Prier les mots du psaume peut avoir un effet thérapeutique.

Le Psaume 6 est le premier des sept « psaumes pénitentiels » de l'Église ancienne. Les autres sont les Ps 32, Ps 38, Ps 51, Ps 102, Ps 130 et Ps 143 ; les *psalmi poenitentiales* remontent à St Augustin ; c'est surtout pendant le jeûne et le temps de la Passion qu'ils ont été – et sont encore – médités. Ces sept psaumes parlent de faute et de réorientation.

Autres voix
Christian Vez, dans « Les Psaumes tels que je les prie » [38:13] : « J'ai commencé par le psaume 6. Je travaillais alors comme aumônier à l'université et il m'arrivait de remplacer des collègues lors de cultes dominicaux. Pourquoi avais-je choisi de prêcher sur le psaume 6 ce dimanche-là ? Je ne saurais le dire. Mais je me souviens que j'avais été frappé par le fait que, dans ce psaume, au verset 5, l'auteur demande à Dieu de se convertir, ni plus ni moins. Mais les traductions ne rendaient à mon avis pas bien compte de cette demande iconoclaste. La Traduction Œcuménique de la Bible (TOB) traduit en effet : *Reviens, Seigneur, délivre-moi !* Dans la traduction en français courant, on lit : *Reviens me délivrer, Seigneur*. Et André Chouraqui a choisi quant à lui : *Retourne, renfloue mon être !* Même si elles sont toutes justifiables, aucune de ces traductions ne me satisfaisait. Je n'y retrouvais pas l'audace que je voyais dans cette prière, demandant à Dieu lui-même de se convertir. Alors j'ai dé-

cidé de me lancer et d'écrire ma propre version de ce psaume, ce qui a donné pour ce fameux verset : ‹ Convertis-toi bon sang ! Plutôt que de m'accabler, aide-moi ! › »

Traduction des premiers versets par Vez [38:24] :
« *Qui que tu sois, toi que je ne sais comment nommer et qui me dépasses, même si je ne suis pas blanc comme neige, je t'en prie, n'ajoute pas de malheur à ma peine ! Tu vois que je vais déjà bien assez mal comme ça. Aide-moi à m'en sortir plutôt que de m'enfoncer davantage. Je suis tout sec, au-dehors comme au-dedans. Un rien suffit à me briser. Toi seul pourrais me redonner des forces. Tout en moi est sens dessus dessous. Je n'ai plus aucune cohérence. Je ne suis plus qu'un énorme chaos.* »

« C'est merveilleux comme mes idées changent quand je les prie », disait Georges Bernanos. Et Stan Rougier de compléter : « Nos souffrances, elles aussi, changent de signe lorsque nous les posons devant Dieu ». [36:27]

« De la Croix : Quand tu pleures sur les autres, es-tu bien sûr que tu ne pleures pas sur toi ? (Un jour d'angoisse) »
(Madeleine Delbrêl, 1904–1964, *Alcide – guide simple pour simples chrétiens*) [40:38]

« Maison de serre »

À propos du Psaume 7

Versets distillés :
2   SEIGNEUR *mon Dieu, tu es mon refuge ;*
    sauve-moi de tous mes persécuteurs et délivre-moi !
3   *Sinon, comme des lions, ils m'égorgent,*
    ils arrachent, et nul ne délivre.
7   *Lève-toi,* SEIGNEUR, *avec colère !*
    Surmonte la furie de mes adversaires.

Le Psaume 7 est une prière en position défensive. La personne qui prie est assaillie par des persécuteurs de tout genre.

Les psaumes sont impitoyablement honnêtes. Les ennemis sont une réalité. « L'homme qui prie et ses ennemis – c'est simplement le thème dominant du psautier » s'exclame Erich Zenger (1939–2010) [41]. Il y a d'ailleurs 94 termes différents pour parler des ennemis dans le Psautier hébreu.

Un psaume comme le numéro 7 peut nous enseigner l'autodéfense.

Evagre le Pontique († 399) a, dans plusieurs écrits, développé des stratégies face à des pensées de persécution. Il a développé cette idée d'autodéfense dans son livre *Antirrhetikon, le contre-parler* et a identifié de nombreux versets dans les psaumes pour contrer une attaque.

Le Psaume 7 est un bon exemple de la stratégie du contre-parler. C'est une manière pour la personne en prière de se défendre contre des prises de pouvoir par le langage, contre des paroles suggestives qui enferment, contre des ragots qui rendent malade. De façon inattendue, ce psaume défensif et refermé sur soi devient alors un psaume offensif et ouvert.

Quelqu'un qui aimerait suivre un cours d'introduction à la spiritualité des psaumes n'a qu'à prendre les premiers psaumes et à les intégrer dans un « *crash course* » d'une semaine. Nous proposerions le schéma suivant.

- Dimanche : Le Ps 1 prépare à la prière en rappelant le lien de la spiritualité avec le comportement.
- Lundi : Le Ps 2 prépare à la prière en rappelant le lien de la spiritualité avec son propre contexte politique.
- Mardi : Le Ps 3 propose un premier modèle de prière.
- Mercredi : Le Ps 4 propose une prière du soir et un modèle pour traiter nos angoisses.
- Jeudi : Le Ps 5 propose une prière du matin et nous aide à bien démarrer la journée.
- Vendredi : Le Ps 6 montre « le spirituel au cœur de l'existentiel » (Thérèse Glardon) et nous aide à affronter conflit, crise et mal-être.
- Samedi : Le Ps 7 nous met à disposition les outils d'autodéfense contre toutes sortes d'adversaires.

Le couronnement de cette introduction à la spiritualité psalmique serait, le dimanche suivant, le Ps 8, à méditer comme un hymne sur le Créateur et la création.

Autres voix
« Peut-être bien qu'un ennemi, c'est une espèce d'ami qu'on n'a pas assez regardé ni découvert encore. »
(Marie Noël) [26:43]

« Les frères interrogèrent Abba Agathon : Quelle est parmi les bonnes œuvres, la vertu qui comporte le plus d'effort ? Il leur dit : Pardonnez-moi, je crois qu'il n'y a pas d'effort comparable à celui de prier Dieu. Chaque fois, en effet, que l'homme désire prier, les ennemis veulent l'en arracher, car ils savent qu'ils n'entraveront sa marche qu'en le détournant de la prière. Pour tout autre œuvre bonne qu'un homme entreprend, en y persévérant, il acquiert de la facilité. Mais pour la prière, jusqu'au dernier soupir il a besoin de lutter. »
(n° 91 des Apophtegmes des Pères) [11:59]

« **Pleine lune** »

À propos du Psaume 8

Versets distillés :
2   SEIGNEUR, *notre Seigneur,*
    Que ton nom est magnifique par toute la terre !
    Mieux que les cieux, elle chante ta splendeur !
3   *Par la bouche des tout-petits et des nourrissons,*
    tu as fondé une forteresse contre tes adversaires,
    pour réduire au silence l'ennemi revanchard.
4   *Quand je vois tes cieux, œuvre de tes doigts,*
    la lune et les étoiles que tu as fixées,
5   *qu'est donc l'homme pour que tu penses à lui,*
    l'être humain pour que tu t'en soucies ?

Le Psaume 8 est un hymne qui exprime la conscience de vivre dans une création de Dieu.

Le Ps 8 et d'autres chantent le Créateur de l'univers. Ces psaumes attestent de la force de la vie et nous encouragent.

« L'Écriture proclame Dieu comme créateur du ciel et de la terre. De nombreux psaumes nous invitent à lui rendre honneur, louange et grâce. Mais aucun ne parle de la création seulement. Le Dieu qui doit être connu comme créateur du monde est toujours le Dieu qui s'est déjà révélé à son peuple par sa parole. C'est parce que Dieu nous a parlé et parce que son nom nous a été révélé que nous pouvons croire en lui comme Créateur. Sinon nous ne pourrions pas le connaître. La création est un reflet de la puissance et de la fidélité que Dieu nous a témoignées dans sa révélation en Jésus Christ. C'est le Créateur qui s'est révélé à nous comme Rédempteur que nous adorons. Le psaume 8 célèbre le nom de Dieu et son action bienfaisante

vis-à-vis de l'être humain comme le couronnement de ses œuvres, incompréhensible à partir de la seule création. Le psaume 19 ne peut parler de la merveille du mouvement des astres sans, dans un nouvel élan, subit et inattendu, rappeler la merveille plus grande encore de la révélation de la Loi, et inviter à faire pénitence. Le psaume 29 nous fait admirer dans l'orage la redoutable puissance de Dieu, dont le but réside pourtant dans la force, la bénédiction et la paix que Dieu donne à son peuple. Le psaume 104 englobe la plénitude des œuvres de Dieu tout en les considérant comme néant face à lui dont seul l'honneur est éternel et qui en fin de compte doit anéantir les pécheurs. »
(Dietrich Bonhoeffer) [2:114]

Dans son introduction (« Le livre de prières de la Bible »), Bonhoeffer énumère dix thèmes récurrents dans les psaumes [2:114]. Le premier, la création, est le thème du psaume 8. Les autres thèmes sont : la Loi, l'histoire du salut, le Messie, l'Église, la vie, la souffrance, le péché, les ennemis, et la fin. Ils seront présentés au fur et à mesure qu'ils apparaissent de manière caractéristique dans d'autres psaumes.

Autres voix
« Ce NOM est invoqué dans toutes les modalités, avec tous les instruments, sous toutes les formes littéraires, mélangé à toutes les questions de la vie. Dans le seul livre des Psaumes, il est prié et répété, ruminé et invoqué, chanté et crié plus de 630 fois ! Prier les Psaumes, c'est pénétrer le mystère du Nom de Dieu. Il s'agit de permettre au mystère de ce Nom de nous impliquer, de nous ‹ infiltrer › et de nous sanctifier. Jésus nous ordonne de prier : *Que ton nom soit sanctifié* (Mt 6, 9). Marie a prié : *Saint est son Nom* (Lc 1, 49). »
(Carlos Mesters) [42]

« Dieu de l'univers / au centre de tout / au-delà de tout / ton nom pour l'homme / n'est qu'amour »
(Alain Lerbret) [37:31]

« Le psalmiste le sait bien déjà : ce ne sont ni les philosophes ni les savants qui glorifient le mieux le Seigneur. Le petit enfant ne saurait, lui, se glorifier de rien ; mais jusqu'en sa fragilité il manifeste la Vie de l'Amour de Dieu. On verra Jésus, à cette pensée, être rempli de joie : Je te loue, Père, Seigneur du ciel et de la terre, d'avoir

caché ces choses aux sages et aux intelligents et de les avoir révélées aux tout-petits. Oui, Père, tel est le choix de ta bonté (Lc 10, 21). »
(d'après Marc Girard) [4:55]

« N'est-il pas d'ailleurs paradoxal que dans un poème où l'homme est tellement exalté, Dieu se trouve être le sujet de presque tous les verbes ? »
(Noël Quesson) [4:62]

« La gloire de Dieu, c'est l'homme vivant. La vie même de l'homme, c'est la vision de Dieu. »
(St Irénée) [4:63]

« Je voudrais être / humble flaque d'eau / pour refléter le ciel. »
(Dom Hélder Câmara, 1909–1999, « Mille raisons pour vivre ») [43:23]

« Édifice »

À propos du Psaume 9

Versets distillés :
10 *Que le SEIGNEUR soit une citadelle pour l'opprimé,*
   une citadelle pour les temps de détresse !
11 *Qu'ils comptent sur toi, ceux qui connaissent ton nom,*
   car tu n'abandonnes pas ceux qui te cherchent, SEIGNEUR !
20 *Debout, SEIGNEUR ! Que l'homme ne triomphe pas !*
   Que les nations soient jugées devant ta face !

Le Psaume 9 est une bonne nouvelle pour les pauvres et les humiliés, et un baume pour ceux que la situation politique opprime.

Le Psaume est aussi une bonne nouvelle parce que tout peut être dit dans la prière. Il est possible de se plaindre, de pleurer, de faire des reproches à Dieu et même de le défier. Et en même temps, il est possible de ne pas en rester là : le Ps 10, également une bonne nouvelle pour les pauvres, est une suite au Ps 9, comme une réponse qui débouche sur la détente et la paix. Dans la Bible hébraïque, les Pss 9 et 10 sont un seul psaume : les premières lettres des versets forment un alphabet qui commence au Ps 9 et se termine au Ps 10.

La confession *Qui connaît ton nom …* (v. 11) nous rappelle la première demande du Notre Père. Bonhoeffer ne cesse d'attirer l'attention sur le lien entre les psaumes et le Notre Père : « Il ne serait guère difficile de situer tous ces thèmes à l'intérieur même du Notre Père et de montrer ainsi comment le Psautier tout entier est intégré dans la prière de Jésus. […] Il suffirait d'adapter l'ordre un peu. Mais la seule chose importante est que nous commencions à prier les Psaumes à nouveau et avec fidélité et amour au nom de notre Seigneur Jésus Christ. » [2:114]

Autres voix
Stan Rougier, dans ses « variations sur les psaumes » rend ainsi le début du Psaume 9 : « *Mon cœur déborde de gratitude, / merci, mon Dieu ! / Je n'aurai jamais fini d'en raconter à Ton sujet ! / Je tressaille de joie. / Et ma joie, c'est Toi. / Je chante Ton Nom sur tous les chemins, / Toi l'au-delà de Tout.* » [36:32]

« En regardant les chèvres / la chaîne au cou / pour qu'elles ne sortent pas de leur enclos / et n'envahissent la plantation, / j'ai trouvé le symbole que je cherchais / de tout un monde maintenu à l'écart, / le monde sous-développé … »
(Dom Hélder Câmara) [43:74]

« On ne peut pas se permettre la haine. L'autre est le reflet de moi-même. Vous agissez et réagissez avec la même énergie. »
(Richard Rohr).

« Tissage »

À propos du Psaume 10

Versets distillés :
2   *L'arrogance de l'impie consume les malheureux,*
    ils sont pris aux ruses qu'il a combinées.
9   *Il est à l'affût, bien caché comme un lion dans son fourré ;*
    il est à l'affût pour attraper le malheureux ;
17 *SEIGNEUR, tu as exaucé le désir des humbles,*
    tu rassures leur cœur, tu prêtes une oreille attentive,
18 *pour faire droit à l'orphelin et à l'opprimé ;*
    et plus un mortel sur terre ne se fera tyran.

Le Psaume 10 est la suite du Psaume 9 ; les deux psaumes sont un poème sur l'exaucement d'une plainte.

Le tourment des pauvres continue. Mais il n'est pas sans fin. La disposition et l'ordre des psaumes fait sens, comme le montre aussi le double Psaume 9/10 : dans le Ps 9, la tension monte de plus en plus, dans le Ps 10, elle se dissout progressivement.

Heureusement, le psaume ne se termine pas dans le noir. Il y a une prière au v. 14 : *C'est toi qui viens au secours des orphelins* (NFC). Dieu adopterait-il des orphelins ? Cela semble bien être le cas. Le Psaume 68,6 l'indique aussi : *Dans la demeure qui lui appartient, Dieu est un père pour les orphelins, un justicier qui défend les veuves* (NFC). En termes du Nouveau Testament : À Pâques (et pour l'Église ancienne, Pâques signifie le moment du baptême), le Ressuscité ouvre l'accès au Père et fait de nous des enfants, des enfants adoptés. Paul l'explique avec force dans le chapitre 8 de l'Épître aux Romains (v. 14–16), parce qu'il aimerait que tous réalisent ce miracle. *En effet, ceux-là sont fils de Dieu qui sont conduits par l'Esprit de Dieu : vous n'avez pas reçu un esprit qui vous rende esclaves et vous ramène à la peur, mais un Esprit qui fait de vous des fils adoptifs et par lequel nous crions : Abba, Père. Cet Esprit lui-même atteste à notre esprit que nous sommes enfants de Dieu* (TOB).

La résurrection du Christ ôte clairement tout pouvoir à la violence humaine, parce que son instrument le plus puissant est la mort. Mais puisque la puissance de la mort est brisée, aucune violence humaine n'a plus de pouvoir définitif. En humains qui vivons sous le signe de la résurrection du Christ, nous pouvons, dans ce monde de violence, prier : *le cri que jettent les pauvres a retenti auprès de toi, ô Dieu* (v. 17).

Autres voix
Le soir de Pâques, l'Église chante : « *Huius igitur sanctificatio noctis … curvat imperia.* La gloire de cette nuit sainte … plie les pouvoirs ».
(Liturgie de la nuit de Pâques)

« Tu ne donnes pas aux pauvres ce qui est à toi, tu leur donnes seulement ce qui est à eux. Vous vous êtes approprié ce qui a été donné pour que tous l'utilisent. La terre appartient à tous et pas seulement aux riches. »
(Ambroise de Milan † 397)

« Un jour que Rabbi Meir, harcelé par ces voisins, priait pour qu'ils disparaissent, son épouse lui dit : Prie donc que la méchanceté disparaisse du monde et tu n'auras plus d'ennuis avec tes voisins. » [36:35]

« Échafaudage »

À propos du Psaume 11

Versets distillés :
1   *J'ai fait du SEIGNEUR mon refuge.*
    Comment pouvez-vous me dire :
    Filez dans votre montagne, petits oiseaux !
5   *Le SEIGNEUR apprécie le juste ;*
    il déteste le méchant et l'ami de la violence.
7   *Car le SEIGNEUR est juste ;*
    il aime les actes de justice,
    et les hommes droits le regardent en face.

Le Psaume 11 est le credo d'un persécuté. Un psaume pour les périodes d'instabilité. Devrions-nous rester, ou fuir ? Comment nous défendre contre ceux qui nous rendent la vie difficile ? Comment faire face aux adversaires ? À une incertitude ou à une menace générale ? Comme les psaumes précédents (Pss 2, 3, 6, 7, 9, 10), ce psaume est aussi une introduction au « contre-parler », un psaume qui développe la capacité de résistance.

Comment puis-je me défendre ?
- Je peux riposter, trouver un antidote à la toxicité des adversaires. En médecine, cautériser est un moyen de stopper les hémorragies.
- Je peux m'échapper. Ce n'est pas forcément de la lâcheté ; cela peut être une bonne option.
- Je peux chercher refuge auprès de Dieu. Quand le psalmiste commence par les mots *C'est auprès du Seigneur que je trouve refuge* (v.1), soit il décide de le faire, soit il l'a déjà vécu.
- Je peux contredire la voix qui suggère : *fuis dans les montagnes comme un oiseau* (v. 1, PDV). Celui qui a trouvé refuge auprès de Dieu *peut voir son visage* (v. 7). Vient

alors le grand calme et une grande paix. Voir le visage de Dieu est un motif fréquent dans la Bible. Voir, par exemple, la bénédiction dans Nombres 6, 25s : *Que le Seigneur fasse rayonner sur toi son regard et t'accorde sa grâce ! Que le Seigneur porte sur toi son regard et te donne la paix* ; ou dans les Béatitudes, Mt 5,8 : *Heureux ceux qui ont le cœur pur, ils verront Dieu.*

Autres voix
« Voir le visage de Dieu – c'est là qu'est placé sa confiance, l'espoir le plus profond de tout croyant. Être vus de Dieu et voir que nous sommes vus de lui, voilà ce que veut dire voir le visage de Dieu. Il n'y a rien à espérer ni rien à craindre au-delà de cela. »
(Robert Spaemann)

« *Fuyez dans les montagnes comme un oiseau* : David (le psalmiste) se compare souvent à un oiseau, un aigle (Ps 103,5), un hibou (Ps 102), un pélican (Ps 102), un oiseau solitaire qui se lamente (Ps 102), une perdrix (1 Samuel 26,20) ou une colombe (Ps 55). Mais comment est-il possible que des oiseaux d'espèces si différentes puissent tous servir l'image d'un homme ? La réponse est que deux personnes ne peuvent pas être plus différentes que l'a été ce serviteur à des moments différents. »
(d'après Thomas Fuller † 1661)

« Accepte les surprises qui dérangent tes plans, anéantissent tes rêves, donnent un tour totalement différent à ta journée et peut-être même à ta vie. Ce n'est pas le hasard. Donne au Père la liberté de bâtir Lui-même la trame de tes jours. »
(Dom Hélder Câmara) [43:96]

« Pistache sauvage »

À propos du Psaume 12

Versets distillés :
4   *Que le SEIGNEUR coupe toutes ces lèvres flatteuses*
    et la langue arrogante
5   *de ceux qui disent :* « *Par notre langue nous vaincrons ;*
    nos lèvres sont avec nous ; qui sera notre maître ? »
6   « *Devant l'oppression des humbles et la plainte des pauvres,*
    maintenant je me lève, dit le SEIGNEUR,
    je mets en lieu sûr celui sur qui l'on crache. »
8   *Toi, SEIGNEUR, tu tiens parole.*

Le Psaume 12 est l'appel à l'aide d'un accusé.

« *Ninguém é maldade concentrada. Personne n'est malice concentrée.* » *(Dom Hélder Câmara, O deserto é fértil.* Le désert est fertile [44]). Nous n'avons pas à avoir peur du mal. Pas besoin de diaboliser les autres.

Il y a de l'espoir pour les méprisés. Le psaume est du côté des pauvres et des sans-défense ; l'évêque brésilien aussi : ils prennent position contre l'oppression et contre l'abus de pouvoir. La devise de l'action de Hélder Câmara était : Donner une voix aux plus pauvres. Ses pensées et ses poèmes, qu'il écrivait surtout la nuit en silence, ne sont pas différents des psaumes comme celui-ci. Il avait besoin de ce temps de silence la nuit qu'il ne trouvait pas de jour dans l'engagement en faveur des méprisés. Celui qui a défendu les méprisés a dû lui-même lutter contre le mépris (de la part des puissants, de l'État, de l'establishment de l'Église). Le psalmiste pourrait avoir vécu la même chose. Et les deux auront entendu avec un immense soulagement la voix de Dieu qui dit : *Maintenant je me lève, j'apporte le salut à ceux qui sont méprisés* (v. 6). (Cf. José de Broucker, préface de *Mille raisons pour vivre*) [43:8]

Autres voix
« Ce psaume met en mots l'amour en colère que nous appelons le zèle pour le Seigneur. »
(Martin Luther)

« *Pour l'humilié que l'on dépouille, pour le pauvre dans son tourment, maintenant Je me lève, dit le Seigneur. Si vous ne pensez pas au malheureux, il faudra bien que Je m'en occupe Moi-même. J'abrite celui sur qui l'on crache. ... Toi, Seigneur, Tu parles vrai. Tu gardes les humiliés sous Ta protection.* »
(Stan Rougier) [36:38]

« Fleurs de pieds »

À propos du Psaume 13

Versets distillés :
2   *Jusqu'à quand, SEIGNEUR ? M'oublieras-tu toujours ?*
    Jusqu'à quand me cacheras-tu ta face ?
3   *Jusqu'à quand me mettrai-je en souci,*
    le chagrin au cœur tout le jour ?
    Jusqu'à quand mon ennemi aura-t-il le dessus ?
6   *Moi, je compte sur ta fidélité :*
    que mon cœur jouisse de ton salut,
    que je chante au SEIGNEUR pour le bien qu'il m'a fait !

Le Psaume 13 est une prière de lamentation.

Beaucoup de psaumes sont nés dans la détresse. Celui-ci aussi, comme tout l'ensemble des Pss 3 à 14 qui méditent la confiance en Dieu au milieu des peines les plus diverses. On entend parfois : « La misère mène à la prière ». La prière du Ps 13 commence par un appel de détresse et se termine par un étonnement reconnaissant de la façon dont Dieu a transformé le besoin.

Dans son livre intitulé *Praying the Psalms*, Walter Brueggemann [45] dit que les psaumes reflètent deux mouvements fondamentaux dans la vie de tout un chacun. Le premier mouvement est la descente dans la « fosse ». Cela se produit lorsque notre monde s'effondre autour de nous et que nous sentons qu'il n'y a pas moyen de sortir du trou dans lequel nous nous sommes enfoncés. Le deuxième est le mouvement de sortie de la fosse vers un endroit agréable. Nous comprenons alors ce qui s'est passé et ce qui nous a fait sortir de la fosse. C'est une autre façon de capturer ce mouvement de la vie à la mort, de la croix à la résurrection.

Brueggemann suggère que les êtres humains se retrouvent régulièrement dans l'un des trois temps (il dit *seasons*) suivants :
– un temps d'orientation, où tout a un sens dans notre vie ;
– un temps de désorientation, dans lequel nous avons l'impression d'être plongés dans la fosse ;
– un temps de nouvelle orientation, durant lequel nous nous rendons compte que Dieu nous a sortis de la fosse et que nous sommes dans un nouveau lieu plein de gratitude et de conscience de notre vie et de notre Dieu.

Autres voix
Dans ses « Variations sur les psaumes », Stan Rougier traduit ainsi les v. 4 et 6 :
« *Regarde-moi, réponds-moi, Seigneur ! Ouvre mon regard, moi qui, au bord de la tombe, ferme déjà les yeux ! Mais moi, je suis sûr de Ton Amour. Un chant a jailli pour Toi dans mon cœur. Je sais que Tu ne peux pas m'oublier. C'est dans Ta délivrance que mon cœur trouve sa joie.* » (Rougier) [36:39]

« Pour ma part, je suis d'avis que toute la vie humaine, tant les attitudes spirituelles que les émotions et pensées qui leur sont liées, est contenue et englobée dans les mots de ce livre des psaumes. Rien de plus ne peut être trouvé chez les humains. »
(Athanase † 373)

Les Psaumes pourraient être appelés « à juste titre une anatomie de toutes les parties de l'âme ».
(Jean Calvin, 1509–1564)

« Dieu n'a d'autre pouvoir que d'aimer et de nous adresser une parole utile quand nous souffrons. »
(Paul Ricœur, 1913–2005)

« Traces de mouvements »

À propos du Psaume 14

Versets distillés :
1   *Les fous se disent :*
    « Il n'y a pas de Dieu ! »
    Corrompus, ils ont commis des horreurs ;
    aucun n'agit bien.
4   *Sont-ils ignorants, tous ces malfaisants*
    qui mangeaient mon peuple, en mangeant leur pain,
    et n'invoquaient pas le SEIGNEUR !
6   *Vous bafouez les espoirs du malheureux,*
    mais le SEIGNEUR est son refuge.

Le Psaume 14 est une plainte sur la stupidité des méchants.

Ce psaume est le dernier de l'ensemble 3–14 des psaumes qui tous luttent pour la confiance en Dieu dans une situation de détresse. Le psaume reproche à Dieu de ne pas intervenir. L'homme qui prie ne comprend pas que personne ne comprenne que Dieu est là. Le Ps 14 n'est pas une prière. Ce sont les mots de quelqu'un qui se débat avec le fait que personne n'agit bien ni cherche à se mettre au diapason de

Dieu. Les pauvres continuent à souffrir, les riches et les puissants n'ont pas besoin de Dieu et vivent dans un « athéisme pratique ». Mais malgré le désespoir, le psaume dit un désir : *Ah, si seulement Dieu venait en aide* (v. 7), exclamation qui ressemble tout de même un peu à une prière.

Le Ps 14 est un formulaire dans lequel je peux inscrire mon désespoir, ma colère et mon désir. Le psaume devait déjà être populaire dans l'ancien Israël, car il est reproduit de manière très similaire dans le Ps 53. Paul lui-même le cite abondamment dans Romains 3 pour décrire la culpabilité et l'injustice que l'Évangile du Christ vient habiter de sa présence.

Autres voix
« Il y a trois sortes de gens, dont aucun ne fait le bien. Il y a ceux qui ne comprennent ni ne cherchent Dieu ; ils sont morts. Alors viennent ceux qui comprennent Dieu mais ne le cherchent pas ; ils sont sans Dieu. Et enfin, il y a des gens qui cherchent Dieu mais qui ne le comprennent pas ; ce sont des imbéciles. »
(Bernard de Clairvaux † 1153)

« Ah si le ciel se déchirait, si jusqu'à nous tu descendais ... Laissant ton ciel et ses splendeurs, console ô Christ un monde en pleurs, délivre-nous, rends-nous plus forts dans la souffrance et dans la mort. » : Écho en musique et en texte au temps de l'Avent.
(Friedrich Spee, 1591–1635, « *O Heiland reiss die Himmel auf* »)

« Grille souple »

À propos du Psaume 15

Versets distillés :
1   SEIGNEUR, *qui sera reçu dans ta tente ?*
    Qui demeurera sur ta montagne sainte ?
2   *L'homme à la conduite intègre,*
    qui pratique la justice
    et dont les pensées sont honnêtes.
5   *Il n'a pas prêté son argent à intérêt,*
    ni rien accepté pour perdre un innocent.
    Qui agit ainsi reste inébranlable.

Le Psaume 15 est une méditation sur le pèlerinage.

Qui peut habiter dans la tente de Dieu ? demande le Psaume. Comment y entrer ? Comment entrer dans la communauté pour vivre avec Dieu et son peuple ? Le Psaume énonce les conditions d'entrée. Si vous faites ceci et cela, vous avez accès au sanctuaire. Si vous suivez les instructions du Psaume, vous pouvez habiter la maison de Dieu, même si vous êtes encore en chemin. C'est le paradoxe de vivre dans une tente, c'est le paradoxe de la sécurité dans le provisoire.

Le Ps 15 ouvre un autre ensemble de psaumes (Pss 15–24), qui médite sur le thème de la justice. Le Ps 24, dernier de cet ensemble, reprend le thème des conditions d'accès.

Autres voix
On t'a fait connaître, ô homme, ce qui est bien,
ce que le SEIGNEUR exige de toi :
Rien d'autre que respecter le droit, aimer la fidélité
et t'appliquer à marcher avec ton Dieu.
Michée 6,8 (TOB)

« Dieu immigre dans l'âme, et l'âme émigre en Dieu. »
(Origène † 253)

« Seigneur, qui pourra demeurer en Ta présence ? Qui sera accueilli sous Ta tente ?
Qui s'abreuvera à Ton silence ? »
(Rougier) [36:41]

« Chaque foi a son propre rythme et sa propre vitesse. »
(d'après John Irving dans son roman *Owen Meany*)

« À plein bras »

À propos du Psaume 16

Versets distillés :
2   *Je dis au SEIGNEUR : « C'est toi le Seigneur !*
    Je n'ai pas de plus grand bonheur que toi ! »
9   *Aussi mon cœur se réjouit, mon âme exulte*
    et ma chair demeure en sûreté,
10 *car tu ne m'abandonnes pas aux enfers,*
    tu ne laisses pas ton fidèle voir la fosse.
11 *Tu me fais connaître la route de la vie ;*
    la joie abonde près de ta face,
    à ta droite, les délices éternelles.

Le Psaume 16 est une prière jubilatoire.

Tu me montres le sentier de la vie (v. 11). Il y a un chemin dans la jungle des possibilités, pas une route large et bien goudronnée, mais un chemin étroit. Ce verset du psaume nous rappelle le Sermon sur la montagne (Mt 5–7), où Jésus parle du chemin étroit qui mène à la vie. Dans les zones infranchissables, impossible de rouler, il faut aller à pied, et ceci souvent très lentement. Le priant est heureux et reconnaissant de trouver le chemin de la vie, que la vie réussisse et qu'il ait un interlocuteur personnel (v. 2 NFC : *Je dis au Seigneur :* « *Tu es mon maître souverain ; je n'ai pas de bonheur plus grand que toi !* »)

« *Ô Dieu, veille sur moi : je me blottis en toi* (littéralement : *j'ai fait de toi mon refuge*) ! Cette dernière expression se retrouve conjuguée 21 fois dans tout le Psautier, signe de son importance pour celui qui prie. » (d'après Thérèse Glardon) [3:29]

Thérèse Glardon commente : « Tu me feras *connaître* ce qui conduit à la vie, et même d'après la signification hébraïque, tu me le feras *expérimenter*. Tu me donneras de le sentir et de le goûter moi-même intimement. Il ne s'agit pas seulement d'une indication donnée par Dieu, mais aussi d'une capacité qu'il nous accorde pour pouvoir suivre ce chemin. » [3:33]

Le Ps 16 est une invitation incessante à la méditation et à la prière. On peut y entendre quantité d'encouragements et de défis. D'après l'Église Ancienne, c'est un psaume mystique, parce qu'il révèle la résurrection du Christ.

Autres voix
Astérius († 262) écrit, presque en s'excusant parce qu'il interprète le texte d'un point de vue si clairement christologique [47] : « Il ne faut pas s'aliéner que nous ayons interprété le psaume actuel comme une référence à la résurrection du Christ, car dans les Actes des Apôtres, le psaume est cité en détail. Dans le sermon de la Pentecôte, Pierre déclare sa foi au Ressuscité, au Père qui est aux cieux et au Saint Esprit : *J'ai le Seigneur devant moi en tout temps, car il est à ma droite, afin que je ne sois pas secoué. C'est pourquoi mon cœur se réjouit, et ma langue se réjouit ; mon corps aussi reposera dans l'espérance. Car tu ne laisseras pas mon âme au royaume de la mort.* » (Actes 2, 25–28).

« Le psaume se focalise sur le Christ qui parle en lui. C'est la voix de notre Roi qu'il fait entendre, et le Psaume fait référence à sa souffrance. »
(Jérôme † 420)

« Notre roi parle dans ce psaume de la nature humaine qu'il a adoptée lors de sa souffrance. »
(Augustin † 430)

« Je L'avise et Il m'avise ! » « Je suis attentif à Lui et Lui à moi ! »
(Un paysan qui demeurait en silence à l'église, des heures durant, d'après Jean Marie Vianney, le Curé d'Ars, † 1859)

« *Je n'ai pas de plus grand bonheur que toi !* (v. 2). Une assurance monte du plus profond de lui-même, lui donne de voir clair et le met en mesure de faire un choix. Comblé dans son besoin fondamental, confirmé dans son identité, le psalmiste se sent de taille à rejeter ce qui le détruit, ce qui lui prend son énergie sans qu'il s'en aperçoive. Dès qu'il se sent en sécurité, il est à même de discerner entre ce qui l'étouffe et ce qui le met au large. »
(Glardon) [3:30]

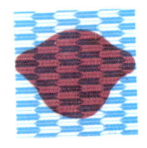

« **Ovni** »

À propos du Psaume 17

Versets distillés :
7   *Fais éclater ta fidélité, sauveur des réfugiés*
    qui, par ta droite, échappent aux agresseurs.
8   *Garde-moi comme la prunelle de l'œil,*
    cache-moi à l'ombre de tes ailes,
15 *Moi, et c'est justice, je verrai ta face ;*
    au réveil, je me rassasierai de ton image.

Le Psaume 17 est la prière d'un accusé.

Le psalmiste demande trois choses : l'écoute, la grâce et l'intervention directe de Dieu.

Le psaume brille sur un fond sombre : les ennemis, la nuit et l'oppression. La prière est sur la défensive. En priant, le psalmiste trouve des images de sécurité qui le réconfortent. Connaissait-il déjà ces images fortes et pouvait-il ainsi les convoquer ou lui sont-elles venues dans la prière ? Nous ne le savons pas (et le psalmiste ne le sait peut-être pas non plus).

Il semble que le réconfort maternel de Dieu le remplit de confiance et qu'il désire se repaître de « l'image » de Dieu. Comme le Ps 16 qui précède, cela se termine aussi par une profession de confiance, et le soutien qu'il a expérimenté devient une sorte d'état permanent : *La joie abonde près de ta face ; à ta droite, les délices éternelles* (Ps 16,11), *je me rassasierai de ton visage* (Ps 17,15).

Autres voix
« Tu ne devrais pas tant poursuivre l'objectif de trouver immédiatement une réponse à tes demandes, ni être aussi obstiné en le faisant. Le Seigneur voudra peut-être te donner un cadeau plus grand que ce que tu as demandé. ... Y a-t-il quelque chose de mieux qu'un contact intime avec Dieu et de plus élevé que de vivre pleinement en sa présence ? »
(Evagre le Pontique)

« Je remets mon sort entre tes mains. / Je te laisse le soin de dire le dernier mot sur ma vie. / Inspecte-moi de fond en comble, / même mes côtés les plus sombres ! / Tu m'as passé à ton scanner, sans rien trouver. »
(Vez) [38:35]

« Comme tu veux et comme tu sais, il sait bien, lui, les choses qui conviennent et il nous fait miséricorde. »
(Macaire, dans : *Les Pères du Désert – à travers leurs apophtegmes*) [22 :134]

« Armature »

À propos du Psaume 18

Versets distillés :
2   Il dit : Je t'aime, SEIGNEUR, ma force.
3   Le SEIGNEUR est mon roc, ma forteresse et mon libérateur.
    Il est mon Dieu, le rocher où je me réfugie,
    mon bouclier, l'arme de ma victoire, ma citadelle.
30 C'est avec toi que je saute le fossé,
    avec mon Dieu que je franchis la muraille.
31 De ce Dieu, le chemin est parfait,
    la parole du SEIGNEUR a fait ses preuves.
    Il est le bouclier de tous ceux qui l'ont pour refuge.
32 Qui donc est dieu sinon le SEIGNEUR ?
    Qui donc est le Roc hormis notre Dieu ?
33 Ce Dieu me ceint de vigueur,
    il rend mon chemin parfait.

Le Psaume 18 est une « cantate royale » (Seybold). La cantate se compose de trois mouvements : le premier mouvement est le chant d'action de grâce d'un homme sauvé, le deuxième est un hymne qui chante une apparition divine (« théophanie »), et le troisième un psaume du roi (du roi David).

Avec Dieu je saute par-dessus la muraille (v. 30). Muraille : ça veut dire obstacle, restriction, ralentissement. La relation avec Dieu facilite le franchissement d'une muraille. La relation avec Dieu enseigne le saut. Sauter : c'est un signe de vitalité, un signe d'une spiritualité vivante. La spiritualité des psaumes n'est pas si difficile. Beaucoup peut en être compris sans aucune aide. On peut prendre conscience de beaucoup en les méditant, les priant ou les chantant, seule ou à plusieurs. C'est la beauté particulière de cette spiritualité avec son langage terre-à-terre, simple, poétique, humain, parfois enfantin, toujours créatif, réaliste, radical et pourtant « élastique ». Cette spiritualité elle-même parle un langage qui peut sauter par-dessus les murs.

Le Ps 18 est aussi un « Psaume de David ». Près de la moitié (73) des 150 psaumes sont attribués à David. Ils ne viennent pas directement de David, mais incitent à réfléchir : pourquoi David aurait-il pu prier ce psaume ? Intéressants sont les détails biographiques : Un Psaume de David, quand il fuyait son fils Absalom (Ps 3), quand il se tenait fou devant Abimélec qui le chassa (Ps 34), quand les Philistins l'avaient saisi à Gat (Ps 56), quand il fuyait Saül dans la grotte (Ps 57), quand Saül envoya et fit garder sa maison pour le tuer (Ps 59), et le Ps 18, 1 : *Du serviteur du SEIGNEUR, de David. Il adressa au SEIGNEUR les paroles de ce chant, le jour où le SEIGNEUR le délivra de la poigne de tous ses ennemis et de la main de Saül* (TOB).

L'artiste japonais Hokusai (1760–1849) disait : « Il faut aussi représenter le général d'une manière personnelle ». De manière analogue, on pourrait dire : les psaumes représentent de manière générale l'habileté d'un priant dans ses persécutions et ses conflits personnels. En la personne de David, nous pouvons alors nous reconnaître et découvrir comment faire face à une situation menaçante.

Autres voix
« Abba Antoine dit : ‹ Je ne crains plus Dieu, mais je l'aime, car l'amour chasse dehors la crainte ›. »
(Apophtegmes des Pères) [13:36]

« Interviewé sur le secret de son ministère, le cardinal Carlo Maria Martini répondait simplement : l'intériorité ! Invoquer le Nom divin n'est pas répéter mécaniquement une formule magique, mais venir se placer en sa Présence. Face aux menaces bruyantes de l'Attaquant au-dehors comme au-dedans, la parade est de revenir inlassablement à la forteresse imprenable du Nom silencieux car imprononçable : *Le nom du Seigneur est un puissant bastion ; le juste y accourt et s'y trouve en sécurité* (Pr 18, 10). »
(Glardon) [3:97]

« La prière elle-même devient notre joie, à tel point que la vraie prière ne peut naître que là où il y a de la joie, mais la joie pour rien de moins que Dieu Lui-même.

Seule la prière fait de toi un être humain à part entière et c'est seulement par la prière que tu découvres ta pleine dignité. Mais surtout la prière approfondira ton amour pour Dieu. Elle deviendra de plus en plus forte jusqu'au jour où tu verras ce que tu as désiré dans la prière. »
(Evagre le Pontique)

« Ce n'est pas le chemin qui est difficile, ce qui est difficile c'est [de prendre] le chemin. »
(Sören Kierkegaard, 1813–1855)

« Tout pousse »

À propos du Psaume 19

Versets distillés :
2   *Les cieux racontent la gloire de Dieu,*
    le firmament proclame l'œuvre de ses mains.
4   *Ce n'est pas un récit, il n'y a pas de mots,*
    leur voix ne s'entend pas.
5   *Leur harmonie éclate sur toute la terre*
    et leur langage jusqu'au bout du monde.
    Là-bas, Dieu a dressé une tente pour le soleil :
6   *c'est un jeune époux sortant de la chambre,*
    un champion joyeux de prendre sa course.
7   *D'un bout du ciel il surgit,*
    il vire à l'autre bout,
    et rien n'échappe à sa chaleur.

Le Psaume 19 est un poème sur la révélation de Dieu.

Le psaume décrit trois formes sous lesquelles Dieu se manifeste : dans le cosmos, dans la Parole écrite de Dieu – sous la forme de la Torah (« loi ») – et comme une Parole spécifiquement adressée à un individu.

Pourquoi donner tant d'importance au soleil ? Le soleil, un marié ? Le psalmiste n'est pas intéressé à déifier le soleil. La déclaration pourrait plutôt être un conseil contre les religions qui font du soleil leur dieu. Le message est probablement celui-ci : n'adorez pas le soleil ; le soleil aussi est une créature, il fait partie d'un contexte plus large, que Dieu a arrangé d'une telle manière. Le soleil, qui apparaît d'un côté et descend de l'autre, rappelle le Grand Théâtre Mondial (Calderón De La Barca, 1600–1681), dans lequel diverses figures (beauté, sagesse, pauvre, riche, etc.) ont leurs chances de vivre et de bouger, chances qu'elles doivent utiliser si elles ne veulent pas les perdre (ou se perdre).

C'est l'effet de la bonté profonde de notre Dieu :
grâce à elle nous a visités l'astre levant venu d'en haut.
Il est apparu à ceux qui se trouvent dans les ténèbres et l'ombre de la mort,
afin de guider nos pas sur la route de la paix.
(Lc 1, 78s)

Autres voix
« Que le discours de ma bouche te plaise et la conversation de mon cœur devant toi, Seigneur, mon rocher et mon Rédempteur. Mais pour moi personnellement, le verset 15 est d'une importance inégalée, car je le murmure chaque fois que je chuchote les dix-huit prières et que j'espère qu'IL entende les prières de mon cœur. »
(Andreas Nachama, Grand Rabbin à Berlin) [48]

« Les trois psaumes (1, 19, 119) qui font de la Loi de Dieu l'objet privilégié de leurs actions de grâce, de leurs louanges et de leurs supplications veulent avant tout nous montrer le bienfait de cette Loi. Par ‹ Loi › on entend le plus souvent toute l'œuvre rédemptrice de Dieu et l'orientation pour une nouvelle vie dans l'obéissance. La Loi, les commandements de Dieu nous comblent de joie dans la mesure où Dieu a donné un grand tournant à notre vie grâce à Jésus Christ. Que Dieu puisse un jour me cacher sa Loi (Ps 119,19), qu'il puisse permettre que je ne reconnaisse pas sa volonté, telle est la grande peur de la vie nouvelle. »
(Bonhoeffer) [2:116]

« Le Ps 19 opère donc une synthèse bipolaire d'une densité théologique très forte. Le Dieu créateur est en même temps le législateur d'Israël. La Loi écrite sur papyrus et qui commande l'obéissance est en continuité parfaite avec les lois cosmologiques auxquelles obéit le mouvement des astres. Et le chant audible des fidèles qui psalmodient les textes sacrés est en continuité parfaite avec le chant inaudible du cosmos tout entier. En relecture postpascale, le Ps 19 prend un sens christologique très fort. Dans le Christ s'opère la synthèse du Dieu de la création et du Dieu de l'alliance. Dans un diptyque hymnique absolument sublime, saint Paul ne présente-t-il pas Jésus comme le ‹ premier-né de toute créature › en qui tout le cosmos subsiste, et comme le ‹ premier-né d'entre les morts › qui réconcilie en lui tout le cosmos et toute l'Église, peuple de l'alliance nouvelle (Col 1,15–20) ? »
(Girard) [4:178]

« Je le considère comme le plus grand de tous les psaumes et comme l'un des plus beaux poèmes du monde. La plupart des lecteurs se souviennent de sa structure : six versets sur la nature, cinq sur la Loi et quatre sur la prière personnelle. Les mots en eux-mêmes ne fournissent aucune connexion logique entre le premier et le deuxième mouvement. De cette manière, sa composition ressemble à la plupart des poésies modernes. Un poète contemporain passe avec la même brusquerie d'un thème à l'autre et laisse au lecteur le soin d'établir le lien entre les deux par lui-même. »
(C. S. Lewis, *Réflexions sur les psaumes*) [25:92]

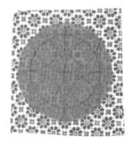

« Motif du monde »

À propos du Psaume 20

Versets distillés :
5   Qu'il te donne ce que tu veux,
    et qu'il accomplisse tout ton projet !

7   *Maintenant je le sais :*
    le SEIGNEUR donne la victoire à son messie ;
    il lui répond de son sanctuaire céleste,
    par les prouesses victorieuses de sa droite.
8   *Aux uns les chars,*
    aux autres les chevaux,
    mais à nous le nom du SEIGNEUR notre Dieu :
    c'est lui que nous invoquons.

Le Psaume 20 est un chant face à une bataille imminente.

Le Ps 20 et le Ps 21 forment un « diptyque », c'est-à-dire une œuvre d'art en deux tableaux ; d'un côté se trouve une demande *avant* un conflit armé, et de l'autre une prière de reconnaissance *après* le conflit.

Ces psaumes avec leurs rois, leurs batailles, leurs couronnements et leurs trônes sont pour nous aujourd'hui un monde plutôt étrange et éloigné, peu attirant. Mais après l'effondrement du royaume d'Israël et la déportation de la population de Jérusalem (587 av. J.-C.), ce psaume fut interprété comme une prière adressée au roi messianique. Plus tard, les théologiens de l'Église Ancienne interprétèrent le Ps 20 comme une prophétie sur le Christ-Roi. C'est de cette manière que le diptyque des Pss 20 et 21 forme dans la liturgie une « mémoire de résurrection ».

Autres voix
« Qui attendons-nous, sinon Celui qui inscrit dans le présent sa volonté ? Le labeur très quotidien de notre obéissance et le combat presque invisible de notre fidélité : voilà qui permet à l'attente de garder sa vraie qualité et rester ce qu'elle était au départ : une expectative, une tension vers le but. Attendre ne se réduit jamais à laisser venir mais suppose beaucoup d'amour. »
(*La Grâce de ta Loi*) [17:291]

Prière de frère Roger (Prier dans le silence du cœur) [15:93]
« Jésus, espérance de nos cœurs,
Toujours tu nous habites,
Et par ton Évangile
Tu dis à chacun de nous :
Ne crains pas, je suis avec toi. »

Lorsqu'ils approchèrent de Jérusalem et arrivèrent près de Bethphagé, au mont des Oliviers, alors Jésus envoya deux disciples en leur disant : « Allez au village qui est devant vous ; vous trouverez aussitôt une ânesse attachée et un ânon avec elle ; détachez-la et amenez-les-moi. Et si quelqu'un vous dit quelque chose, vous répondrez : « Le Seigneur en a besoin », et il les laissera aller tout de suite. » Cela est arrivé pour que s'accomplisse ce qu'a dit le prophète : Dites à la fille de Sion : Voici que ton roi vient à toi, humble et monté sur une ânesse et sur un ânon, le petit d'une bête de somme.
(Matthieu 21,1–5 TOB)

Éclate de joie, Jérusalem ! Crie de bonheur, ville de Sion !
Regarde, ton roi vient à toi, juste et victorieux,
humble et monté sur un âne, sur un ânon, le petit d'une ânesse.
(Zacharie 9,9 NFC)

Soleil rouge

À propos du Psaume 21

Versets distillés :
3   *Tu as satisfait le désir de son cœur,*
    tu n'as pas repoussé le souhait de ses lèvres.
4   *Tu prends les devants pour le bénir de bienfaits ;*
    tu poses sur sa tête une couronne d'or.
5   *Il t'a demandé la vie, tu la lui as donnée :*
    de longs jours qui ne finiront pas.
14 *Dresse-toi, SEIGNEUR, dans ta force !*
    Chantons ta prouesse par un psaume !

Le Psaume 21 est le pendant du Psaume 20, ou l'autre pan du diptyque Ps 20/21 ; c'est un chant après la bataille.

Au regard du Nouveau Testament, l'explication du Psaume pourrait ressembler à ceci : « Car seule la foi qui s'appuie sur Dieu peut chanter le chant triomphal *avant* la victoire et pousser un cri de joie *avant* que le secours n'arrive, car la foi est pleinement autorisée à tout faire. Car elle croit en Dieu, et ainsi elle a vraiment ce qu'elle croit, parce que la foi ne trompe pas ; il lui arrive comme elle croit. »
(Martin Luther 1519)

Autres voix
« La volonté de Dieu est notre paix »
(Grégoire de Nazianze, † 390)

Selon Bonhoeffer, le Messie (après la Création et la Loi) est le troisième des dix thèmes du psautier. Pss 20 et 21 thématisent le Messie ; tout comme les Pss 2, 72, 110. « Nous prions dans ces psaumes pour la victoire de Jésus-Christ dans le monde, nous rendons grâce pour la victoire remportée et nous demandons que puisse s'établir le règne de justice et de paix sous le Roi Jésus-Christ ».
(Bonhoeffer) [2:119]

« Une relecture pascale (cf. v. 2–7) et eschatologique (cf. v. 8–14) est à peu près seule susceptible de conférer au Ps 21 l'actualité qui l'empêche de vieillir, par-delà la désuétude générale des systèmes politiques de type monarchique. La seule royauté qui subsistera à jamais est aussi la seule qui n'est pas de ce monde (cf. Jn 19,36). »
(Girard) [4:187]

« Heureux celui dont le cœur se met à brûler en méditant le Psautier, car le Christ est en train de lui ouvrir l'esprit. Avec le Christ les psaumes s'ouvrent enfin et s'éclairent d'une indicible lumière. Sans lui le Psautier reste fermé et notre cœur aussi. »
(Daniel Bourguet, *Prions les Psaumes*) [9:46]

« Radiologie des reins »

À propos du Psaume 22

Versets distillés :
2   Mon Dieu, mon Dieu, pourquoi m'as-tu abandonné ?
    J'ai beau rugir, mon salut reste loin.
3   Le jour, j'appelle, et tu ne réponds pas, mon Dieu ;
    la nuit, et je ne trouve pas le repos.
11 Dès la sortie du sein, je fus remis à toi ;
    dès le ventre de ma mère, mon Dieu, c'est toi !
12 Ne reste pas si loin,
    car le danger est proche
    et il n'y a pas d'aide.

Le Psaume 22 est la lamentation et la confession en louange d'un homme condamné à mort.

Jésus lui-même a utilisé ce psaume pour prier (Mt 27,46 ; Mc 15,34).

Au pire instant de sa vie, au moment le plus solitaire et le plus désespéré, Jésus est capable de prier. On est tenté de dire : il peut prier parce qu'il a les psaumes. Il peut s'en tenir à quelque chose. C'est réconfortant pour nous de savoir que même Jésus en avait besoin. Grâce à la prière du Psaume, il peut maintenir la relation avec son Père.

Jésus prie le psaume parce qu'il a peur. Tout le monde a peur, les bons et les mauvais, les victimes et les auteurs, les non-violents et les violents. Mahatma Gandhi disait : « Je sais que j'ai peur, mais je fais face à la peur ». Si quelqu'un avait vraiment raison d'avoir peur, c'était Jésus ; peur de l'abandon, de la mort, de l'absurdité. Jésus saisit l'énergie de sa peur et la transforme en action : il crie et prie. *Eli, Eli, lama sabaqhtani, c'est-à-dire : Mon Dieu, mon Dieu, pourquoi m'as-tu abandonné ?* (Mt 27,46).

En priant ce psaume, Jésus n'est plus abandonné. Le psaume est la possibilité de sortir de l'isolement total. Ce n'est pas non plus le cri des pleurs : je suis abandonné, personne ne m'aime. Non, c'est une prière adressée à quelqu'un : *mon Dieu, mon Dieu*. Il peut s'adresser à un « tu » : *pourquoi m'as-tu abandonné ?* Ce « tu » a un pouvoir incroyable, une force vitale, un pouvoir mystique. En priant ce psaume, Jésus devient acteur, son cheminement prend une direction, un sens. Jésus devient le directeur de sa vie et – grâce à cela – de celle des autres.

Jésus prie avec les mots des psaumes. Il connaissait ces psaumes, les apprenait par cœur, les pratiquait. Un tel verset de Psaume ne nous vient pas à l'esprit (surtout pas dans une situation où la vie est en danger), sans pratique préalable. Il a dû y consacrer du temps pour cela : les longues années passées dans l'atelier de menuiserie de son père Joseph ; sur l'établi, jour après jour ; grandissant dans la routine d'une petite famille, avec peu de variété et de stimulation ; les longues années derrière les planches. Ce furent les années silencieuses et cachées où il n'y avait rien à prêcher, rien à annoncer, mais simplement à travailler et à faire face à la vie quotidienne.

Autres voix
C'est la vie cachée à Nazareth que Charles de Foucauld voulait vivre comme petit frère de Jésus. Lors d'une retraite spirituelle, il a écrit une méditation dans laquelle il cherchait à rejoindre la prière de Jésus sur la croix.

« Mon Père,
Je m'abandonne à toi,
fais de moi ce qu'il te plaira.
Quoi que tu fasses de moi, je te remercie.
Je suis prêt à tout, j'accepte tout.
Pourvu que ta volonté
se fasse en moi, en toutes tes créatures,
je ne désire rien d'autre, mon Dieu.
Je remets mon âme entre tes mains.
Je te la donne, mon Dieu,

avec tout l'amour de mon cœur,
parce que je t'aime,
et que ce m'est un besoin d'amour
de me donner,
de me remettre entre tes mains, sans mesure,
avec une infinie confiance,
car tu es mon Père. »

« Mon Dieu ma vie / ô mon silence nu / viens / Fais écho à mon cri / plante un soleil / au centre de ma nuit / ouvre à mes jours / leur fête neuve. »
(Lerbret) [37:45]

« Une paire »

À propos du Psaume 23

Versets distillés :
1   Le SEIGNEUR est mon berger,
    je ne manque de rien.
2   Sur de frais herbages, il me fait coucher ;
    près des eaux du repos, il me mène,
3   il me ranime.
    Il me conduit par les bons sentiers,
    pour l'honneur de son nom.
4   Même si je marche dans un ravin d'ombre et de mort,
    je ne crains aucun mal, car tu es avec moi ;
    ton bâton, ton appui, voilà qui me rassure.

Le Psaume 23 est un poème sur la confiance et une métaphore de Dieu comme berger.

Ce psaume, un condensé de réconfort, s'adapte à toutes les situations de vie. Les représentations romantiques d'idylles alpines (comme si le berger décrit dans le psaume avait vécu ici et non dans le désert stérile d'Israël) s'évaporent rapidement dans la chaleur d'une période difficile. Mais ce qui reste est encore très réconfortant. En hiver, quand je regarde l'un des rares bergers errant de champ en champ avec ses moutons dans le Seeland, une grande tranquillité et un puissant silence émanent de lui, et des brebis aussi. Les mouvements se font lentement, sans agitation et sans peur.

Jésus dit de lui-même : *Je suis le bon berger* (Jean 10). Le passage du psautier au Nouveau Testament invite à méditer le psaume avec Jésus en arrière-fond. Dans la plupart des psaumes grégoriens, l'antienne est richement décorée et s'offre comme une sorte de « berger de la musique » qu'écoutent les nombreuses pensées intérieures et vers lequel elles peuvent s'orienter.

Tu es avec moi ! (v. 4). C'est un verset très court qui peut devenir une mélodie qui reste dans la tête, un « *jingle* », un chant en chemin ou une prière du cœur.

Autres voix
« Loué sois-tu, ô fils du berger de tous qui a délivré ses troupeaux des loups invisibles qui les dévoraient, du diable et de la mort. »
(Éphrem le Syrien † 373)

« Quand il est dit au Psaume 23 qu'il est lui le vrai Berger de notre vie, ou selon le terme hébreu, *l'accompagnateur* de mes journées, alors je prends conscience qu'il peut guider le troupeau de mes actions hésitantes ou débordantes, susciter et canaliser mes énergies intérieures pour les conduire et les mener au repos. Et c'est alors, selon ce même Psaume, le *bonheur* lui-même *qui* me *poursuit* (v. 6). Ce bonheur n'est plus l'objet inatteignable de ma quête, mais imperceptiblement c'est lui qui finit par me rejoindre et m'attire vers son invisible Donateur. »
(Glardon) [3:21]

« Mais quiconque a commencé de prier les psaumes, sérieusement et régulièrement, ne tardera pas à abandonner ces autres petites prières, faciles et pieuses, en avouant : elles n'ont pas la saveur, la force, la chaleur et le feu que je trouve dans le Psautier ; elles sont trop froides et dures au goût. »
(Martin Luther) [2:113]

« Contempler, c'est plutôt boire. Le regard se livre, s'abandonne, se repose, attend … La contemplation, elle, exprime une liberté, une familiarité : on se repaît des voies de Dieu, on se laisse conduire. Le regard se détourne de soi et pénètre dans ce qui est plus grand, plus vaste, il se porte vers ce qui toujours s'ouvre devant lui. »
(Frère François) [17:46]

« Projection »

À propos du Psaume 24

Versets distillés :
7   *Portes, levez la tête !*
    élevez-vous, portails antiques !
    qu'il entre, le roi de gloire !
8   *Qui est le roi de gloire ?*
    Le SEIGNEUR, fort et vaillant,
    le SEIGNEUR, vaillant à la guerre.
9   *Portes, levez la tête !*
    levez-la, portails antiques !
    qu'il entre, le roi de gloire !
10 *Qui est-il, ce roi de gloire ?*
    Le SEIGNEUR de l'univers,
    c'est lui le roi de gloire.

Le Psaume 24 est un chant pour des gens qui sont en route. Ou, pour le dire autrement : le Ps 24 est un psaume de Formule 1 : rapide, en mouvement, avec beaucoup de virages. Il est souvent utilisé comme psaume d'invitation au début d'un office grégorien.

Ou encore : le Ps 24 est un psaume graphique. Trois formes peuvent être repérées dans le psaume : un cercle, un triangle et un carré.

Le cercle est le cercle terrestre. Les gens sont dans le cercle et dans la création. Nous sommes entourés par la création, et tout appartient à Dieu. Cela donne de la sécurité. Nous lui appartenons, nous appartenons à Dieu le Créateur, et nous sommes des créatures. *Car il l'a fondée sur les mers, l'a fortifiée sur les eaux* (v. 2) : une inquiétude peut demeurer. Fondée sur l'eau ? Un risque subsiste. Il n'y a aucune garantie. Nous ne pouvons que nous confier au Dieu de la création. Et voir qu'avec Jésus l'eau tient ; lui peut même marcher dessus.

Le triangle est la montagne. Nous devons *monter à la montagne du Seigneur* (v. 3), au lieu où Dieu habite. Cette partie traite des conditions d'admission : action éthique, action correcte, pèlerinage et prière. L'ascension d'une montagne exige de grimper, d'escalader, de souffler ; il est donc judicieux de ne pas se charger de trop de bagages ni de poids. C'est pourquoi les conditions d'admission sont : un cœur pur, libre, léger (sans mensonges ni tromperies) et des mains pures qui ne s'accrochent pas aux biens illicites. *Les gens qui le demandent, à la recherche de votre visage* (cf. v. 6) : c'est une autre condition d'admission. La recherche de l'homologue personnel, de son visage, c'est ce qui aide sur le chemin. Emmanuel Lévinas a construit toute sa philosophie sur deux expressions : Altérité et Visage. Il y a la bénédiction, il y a le salut.

Le carré est la porte. Quel genre de porte s'ouvrira ? Une porte ancienne, fermée depuis longtemps, couverte de mousse. Et comment s'ouvre-t-elle, cette porte ? Comme une porte de château, une porte tombante, une porte avec des chaînes à cliquetis ? Des portes qui s'ouvrent latéralement ? Là où l'on voyait un accès bouché se trouve soudain une ouverture. Comme il est difficile de le croire, le psaume le répète plusieurs fois. Le Roi de Gloire arrive. Quel roi ? Le Roi de la Paix, combatif, luttant pour la paix. *Prince de Paix, Conseiller merveilleux, Père Éternel, Héros de Dieu* (Isaïe 9,5).

Autres voix
« Tout est en Lui / et par Lui et pour Lui / l'arc de l'univers / la tendresse de la terre / et l'harmonie et le secret / du chant des hommes / Portes d'éternité / ouvrez sur l'invisible »
(Lerbret) [37:49]

« Relu dans cette perspective, le Ps 24 est non seulement contemplation mystique de l'Ascension du Christ-Roi entrant au ciel et partageant le pouvoir du Père (cf. v. 1–2.3.7.9), mais souci de rester moralement intègre (cf. v. 4.6) dans l'attente impatiente de la Parousie (cf. v. 7.9). »
(Girard) [4:209]

« Red shoe »

À propos du Psaume 25

Versets distillés :
1   *SEIGNEUR, je suis tendu vers toi.*
2   *Mon Dieu, je compte sur toi ; ne me déçois pas !*
    Que mes ennemis ne triomphent pas de moi !
4   *Fais-moi connaître tes chemins, SEIGNEUR ;*
    enseigne-moi tes routes.
5   *Fais-moi cheminer vers ta vérité et enseigne-moi,*
    car tu es le Dieu qui me sauve.
    Je t'attends tous les jours.
6   *SEIGNEUR, pense à la tendresse et à la fidélité*
    que tu as montrées depuis toujours !
14 *Le SEIGNEUR se confie à ceux qui le craignent,*
    en leur faisant connaître son alliance.
15 *J'ai toujours les yeux sur le SEIGNEUR,*
    car Il dégage mes pieds du filet.

Le Psaume 25 est une chaîne de courtes prières et d'énoncés de foi. La première lettre de chaque verset suit l'ordre alphabétique (hébreu).

Life is difficult. C'est par cette courte phrase que commence le best-seller de plusieurs années de Scott Peck, un psychiatre américain. Le livre porte le beau titre de « *The Road less traveled* » : Le chemin le moins fréquenté.

Le psaume contient une mini-prière : *Fais-moi connaître tes chemins, SEIGNEUR* (v. 4). Le psaume donne des pistes : Si tu fais ça et ça, la vie devient plus facile. Dieu veut nous faciliter la vie (et certainement pas la rendre plus difficile). C'est un de ses cadeaux. Car notre Dieu est miséricordieux (un refrain dans les psaumes).

Les versets du Ps 25 sont autonomes et peuvent être médités seuls. Et pourtant, ils sont connectés, comme l'indique la suite des lettres de l'alphabet. Il y a plusieurs psaumes « alphabétiques » dans le psautier (voir aussi Pss 9/10, 34, 37, 119). C'est une des formes de la littérature de sagesse, un moyen mnémotechnique pour les apprendre, ou comme l'exprime bien la langue française, pour les « apprendre par cœur » : à travers la réflexion et le cœur.

Le Ps 25 aide à pratiquer l'art de vivre. Trois éléments de cette sagesse du « savoir-vivre » :

Le SEIGNEUR se confie à ceux qui le craignent, en leur faisant connaître son alliance (v. 14). Être les confidents du Seigneur est une réalité incroyable. Avoir la confiance de quelqu'un, c'est un honneur, une valeur qui nous est accordée. En faire partie nous fortifie.

J'ai toujours les yeux sur le SEIGNEUR (v. 15). C'est l'art de vivre : cette concentration sur Dieu. La personne qui prie est certainement consciente de sa dépendance et attend tout du Seigneur. Quand la mer est agitée et que le bateau oscille, il n'y a qu'une chose à faire pour ne pas avoir le mal de mer : fixer l'horizon. Ce n'est qu'ainsi, en regardant fermement la ligne entre le ciel et la mer, que l'on évite le mal de mer.

Mes angoisses m'envahissent ; dégage-moi de mes tourments ! (v. 17). La peur est le thème dominant de nos vies. Sors-moi de la situation d'enfermement où je ne peux pas bouger. La dernière requête de notre père est exactement celle d'être libéré de l'enfermement et de pouvoir bouger. La peur n'est pas dans l'amour (1 Jean 4,17).

Ce psaume, entre autres, contient plusieurs mini-prières, prières brévissimes, composées d'un impératif à la deuxième personne, adressé à Dieu, fréquemment avec un pronom (-moi, ou -nous). Exemples :

- fais-moi connaître (v. 4)
- enseigne-moi (v. 4)
- fais-moi cheminer (v. 5)
- pense à la tendresse (v. 6)
- pense à moi dans ta fidélité (v. 7)
- pardonne ma faute (v. 11)
- tourne-toi vers moi (v. 16)
- aie pitié (v. 16)
- dégage-moi de mes tourments (v. 16)
- vois ma misère (v. 18)
- garde-moi (v. 20)
- délivre-moi (v. 20)

Les Pères du désert privilégiaient ces prières brévissimes. En fait, c'était leur stratégie (pour ainsi dire) pour atteindre un rythme de prière continue (1 Th 5,17), et rester connecté dans la prière sans interruption.

C'est sans doute la popularité de ces prières brévissimes qui a été à l'origine de plusieurs courants et spiritualités, dont la prière du cœur, la prière de Jésus, le « monologistos » (une seule parole) et l'hésychasme ou encore la méthode antirrhétique pour se défendre contre des insinuations destructrices. Par rapport à cette dernière, Augustin parle de prières flèches jetées (en latin : *iaculatae*) contre un « ennemi ».

Jésus raconte ceci dans la parabole du pharisien et du collecteur d'impôt (Luc 18, 9–14) : *Le collecteur d'impôts, se tenant à distance, ne voulait même pas lever les yeux au ciel, mais il se frappait la poitrine en disant* : O Dieu, prends pitié du pécheur que je suis. Cette prière brévissime qui ressemble à un verset d'un psaume est devenu dans l'Église orthodoxe la version classique de la prière du cœur ou « prière de Jésus ».

Autres voix

« Ne fais pas le savant. N'essaie pas de dire beaucoup de paroles pour que ton esprit ne se dissipe pas en recherche de paroles. Une seule parole du publicain a rendu

Dieu propice ; un seul mot prononcé avec foi a sauvé le larron. La ‹ polylogie › dans la prière entraîne souvent l'esprit dans la divagation et la dispersion, tandis que souvent la ‹ monologie › comme il est dans sa nature, recueille l'esprit. Quand tu trouves dans un mot de prière douceur ou componction, restes-y. »
(Jean Climaque, † 649) [22:115]

« Structure simple, mais fort élégante. Le Ps 25 n'a guère vieilli. La prise de conscience du péché, loin de dégonfler l'espérance du croyant, peut et doit la stimuler. Qui se reconnaît ‹ ani ›, pauvre, se trouve en fait à ouvrir la porte de ses ‹ yeux › (cf. v. 15a) et de son ‹ cœur › (cf. v. 17a) : le Seigneur s'y fraye un ‹ chemin › par le truchement de sa Loi, en mettant à profit les ressources inépuisables de sa divine pédagogie. »
(Girard) [4:214]

Rein gauche ou droit

À propos du Psaume 26

Versets distillés :

2 *Examine-moi, SEIGNEUR, soumets-moi à l'épreuve,*
   passe au feu mes reins et mon cœur.
3 *Ta fidélité est restée devant mes yeux ;*
   je me suis conduit selon ta vérité,
7 *en clamant l'action de grâce,*
   et en redisant toutes tes merveilles.
8 *SEIGNEUR, j'aime la maison où tu résides,*
   et le lieu où demeure ta gloire.

Le Psaume 26 est la simple prière d'un accusé.

La personne accusée est tourmentée. Elle est sur la défensive et si oppressée intérieurement qu'elle le ressent même dans ses reins. Le Ps 26 est une affirmation d'innocence et une prière en même temps. La personne en prière demande la grâce et la libération – et elle est entendue. Elle n'est plus à la merci de ses ennemis. Finalement, elle retrouve le sol sous ses pieds et se tient ferme et stable.

Le Ps 26 est aussi un psaume de lamentation. Se plaindre ne signifie pas nécessairement être sans espoir, au contraire : celui qui se plaint devant Dieu s'attend à ce que la situation s'améliore. N'oublions pas qu'une grande partie du psautier (presque la moitié) est constituée de ce type de psaumes.

Autres voix
« Plus on s'assoit pour méditer, plus on veut s'asseoir. Je suis arrivé à penser parfois que, pour l'homme, la chose la plus naturelle c'est précisément de méditer. Certes, au début tout me paraissait plus important que méditer, mais le moment est venu où m'asseoir et ne rien faire qu'être en contact avec moi-même, présent à mon présent, m'a paru plus important que tout. Habituellement, nous vivons dispersés, c'est-à-dire hors de nous-même. La méditation nous concentre, nous fait rentrer chez nous, nous enseigne à vivre avec notre être. Sans cette cohabitation avec soi, sans ce recentrement sur ce que nous sommes réellement, je trouve très difficile pour ne pas dire impossible, une vie qui puisse être qualifiée d'humaine et de digne. »
(Pablo d'Ors, *Biographie du silence – Petit essai sur la méditation*) [49:33]

« Dans la grâce de Dieu chacun peut faire un pas, à sa mesure, à son rythme, et c'est ce pas-là que le Christ invite à faire. Accomplissons ce à quoi tout humain est invité : laisser la présence de Dieu l'habiter, permettre à l'Esprit d'inspirer, de féconder, d'assainir son expérience humaine, afin que celui à qui appartient la terre et tout ce qu'elle contient ne soit absent de rien. »
(Simone Pacot, 1924–2017) [50:56]

Le rein dans la maison

À propos du Psaume 27

Versets distillés :
1   *Le SEIGNEUR est ma lumière et mon salut,*
    de qui aurais-je peur ?
    Le SEIGNEUR est la forteresse de ma vie,
    devant qui tremblerais-je ?
4   *J'ai demandé une chose au SEIGNEUR, et j'y tiens :*
    habiter la maison du SEIGNEUR
    tous les jours de ma vie,
    pour contempler la beauté du SEIGNEUR
    et prendre soin de son temple.
8   *Je pense à ta parole :*
    « Cherchez ma face ! »
    Je cherche ta face, SEIGNEUR.
9   *[...] Toi qui m'as secouru,*
    ne me quitte pas, ne m'abandonne pas,
    Dieu de mon salut.

Le Psaume 27 est le poème d'un requérant d'asile.

Quelqu'un refuse d'avoir peur. Il est sous pression, comme cela est décrit dans les psaumes précédents, mais il résiste à la pression et *cherche la face de Dieu* (v. 8), parce qu'il a reçu une parole de Dieu : « *Cherchez ma face* » (v. 8).

Par deux fois, au v. 9, deux impératifs avec négation (ne pas, ne pas) sont suivis d'une affirmation ; deux craintes sont suivies de l'expression d'une confiance « tu m'as secouru » et « Dieu de mon salut ». Quelle force dans ces quelques mots !

« Toi qui m'as secouru » ou littéralement « tu as été mon secours » : une phrase brève qui recèle tant d'expériences que le priant pourrait avoir vécues :

- *Tu es devenu mon aide.* C'est ma prière d'action de grâce : Merci, Père céleste, de ton aide. Merci d'être venu m'aider dans cette situation où j'en avais vraiment besoin.
- *Tu es devenu mon aide.* C'est ma confession, oui, mon credo : c'est toi qui m'a aidé. Personne d'autre ne peut aider comme toi. L'aide est déjà présente dans ton nom : Jésus, *Jehoschuah* en araméen : « Le Dieu qui aide ». Nous croyons en toi, nous croyons en ton aide, nous croyons en ton nom.
- *Tu es devenu mon aide.* C'est mon histoire, une histoire que l'on peut très brièvement résumer. Quelque chose est arrivée, il s'est passé quelque chose. Et de l'aide est venue. Il n'y a ici rien de statique, il s'agit d'une dynamique ; il n'en va pas d'une essence immuable, mais d'un mouvement ; pas d'un immobilisme, mais d'une transformation.
- *Tu es devenu mon aide.* C'est ma biographie, mon histoire de vie. Au début, c'était différent : je vivais sans ton aide. Puis quelque chose a changé dans ma vie. Tu es entré dans ma vie. Tu es devenu une aide pour moi. Et c'est avec cette aide que je vis aujourd'hui. Tu vis en moi, toi qui es l'aide en personne.
- *Tu es devenu mon aide.* Il y a là un souvenir, l'expression d'une découverte, d'un savoir que je vais rechercher, une re-connaissance à retrouver. J'en ai besoin maintenant. Maintenant, Seigneur, j'ai besoin de toi ; maintenant j'ai besoin de ton aide, et j'en ai besoin de toute urgence. Tu m'as déjà aidé. Redeviens cette aide, oh mon Dieu.
- *Tu es devenu mon aide.* Le verbe de cette expression est au passé. Tu es devenu aide – l'effet se réalise du passé au présent. Oui, encore plus : quand je le dis aujourd'hui, et que je t'en remercie, cela va encore plus loin dans le futur. Tu es devenu mon aide, tu es mon aide, et tu seras mon aide à l'avenir, toi, mon Dieu, *celui qui est et qui était et qui vient* (Apocalypse 1,8).
- *Tu es devenu mon aide.* Il y a une transition. Ce qui ne l'était pas l'est devenu. Il y a une transition de quelque chose d'ancien à quelque chose de nouveau. Si vous *ne le voyez pas, vous ne l'entendez pas : le nouveau est devenu* (Esaïe 43,19). Une nouvelle forme de relation, d'expérience, d'affection pour vous. Notre relation avec toi, Seigneur, devient quelque chose de nouveau, change, se transforme, devient plus intense et plus profonde.

Autres voix
« Plusieurs psaumes parmi les plus mystiques du psautier – les psaumes 23 ; 27 ; 63 et 139 par exemple – montrent clairement que l'intimité avec Dieu ne s'offre jamais comme une évasion hors de la réalité. Même si elle a été éprouvée intensément, cette intimité reste menacée du dehors comme du dedans. Elle se vit au cœur des combats et des périls. Elle ne se préserve jamais de ce qui pourrait la mettre en question. Celui qui en fait l'expérience se verra même plus exposé encore. Si Dieu ne lui accordait pas sa grâce de la lumière, il croirait périr. »
(Frère François) [17:233]

L'Église est le quatrième thème dont parlent les psaumes selon Bonhoeffer :
« Les psaumes 27, 42, 46, 48, 63, 81, 84, 87, entre autres, célèbrent Jérusalem, la Cité de Dieu, les grandes fêtes du peuple de Dieu, le Temple et ses belles liturgies. C'est la présence du Dieu du salut au milieu de son assemblée qui est ici l'objet de notre action de grâce, de notre joie et de notre désir ardent. Ce que furent pour les Israélites le mont Sion et le Temple, voilà ce qu'est pour nous l'Église de Dieu répandue dans le monde entier, partout où Dieu prend demeure, par sa parole et son sacrement, auprès de son assemblée. Cette Église va demeurer en dépit de ses ennemis (Ps 46), et sa captivité sous les puissances du monde sans Dieu va prendre fin (Ps 126 ; 137). Le Dieu qui fait grâce en Christ, présent au sein de l'assemblée, est l'accomplissement de toute action de grâce, de toute joie et de toute nostalgie exprimée par les psaumes. Tout comme Jésus – en qui pourtant habite Dieu – ressentait le désir de communier avec Dieu, car il était un être humain comme nous (Lc 2,49), il prie aussi avec nous pour que Dieu soit proche et pleinement présent au milieu des siens. »
(Bonhoeffer) [2:121]

« Il y a en nous-mêmes un espace où nous pouvons nous sentir en sécurité. Un ermitage, une cachette où nous abriter parce qu'elle a été préparée à cet effet. Plus on y pénètre en profondeur, plus on découvre combien elle est spacieuse et comme elle est bien équipée. Là, en vérité, il ne manque rien. C'est un endroit où l'on peut très bien demeurer. »
(Pablo d'Ors) [49:193]

« Reins et veines »

À propos du Psaume 28

Versets distillés :
*3 Ne me traîne pas avec les méchants
ni avec les malfaisants :
aux autres ils parlent de paix,
mais le mal est dans leur cœur.
6 Béni soit le SEIGNEUR,
car il a écouté ma voix suppliante.
7 Le SEIGNEUR est ma forteresse et mon bouclier ;
mon cœur a compté sur lui et j'ai été secouru.
J'exulte de tout mon cœur
et je lui rends grâce en chantant :
8 Le SEIGNEUR est la force de son peuple,
la forteresse qui sauve son messie.*

Le Psaume 28 est une prière pour la protection et le refuge qui a été entendue.

Ce psaume est (tout comme le Ps 26) une prière d'une personne sur la défensive. Ici aussi, la personne qui prie peut se lamenter, prier et se frayer un chemin à travers l'adversité jusqu'à ce qu'elle redevienne plus lumineuse, et puisse le dire avec confiance (comme dans le Ps 27) : *J'ai été secouru* (v. 7).

Avec ce psaume se termine une série de psaumes sur les thèmes de l'adversité et de la protection (Pss 2–28).

Autres voix

« Ils ne les (les ennemis) nient pas, ils ne s'illusionnent pas à leur propos par de pieux discours, ils les laissent subsister comme dure mise à l'épreuve de la foi ;

parfois même ils ne voient pas par-delà la souffrance (Ps 88), mais ils s'en plaignent tous à Dieu. »
(Bonhoeffer) [2:123]

« Qui est exaucé ne doit pas interrompre du coup toute supplique. Délesté de ses problèmes personnels, il est plus libre pour porter sur ses épaules les grandes intentions de prière de l'Église universelle (cf. v. 9). Le roi-orant du Ps 28 n'est-il pas un modèle encore stimulant de ces Atlas spirituels dont le monde a besoin, profondément conscients de leur solidarité avec l'humanité tout entière ? »
(Girard) [4:233]

« *Ne me mets pas dans le même sac que ceux qui s'évertuent à pourrir la vie des autres.* »
(paraphrase d'une partie du Psaume 28 « tel que je le prie » par Christian Vez) [38:49]

« La méditation fissure la structure de notre personnalité au point qu'à force de méditer, la fissure s'agrandit, l'ancienne personnalité se brise et, comme une fleur, commence à se métamorphoser, à renaître. Méditer c'est assister à ce fascinant et terrible processus de mort et de renaissance. »
(Pablo d'Ors) [49:183]

« Ondes sonores »

À propos du Psaume 29

Versets distillés :
3   *La voix du SEIGNEUR domine les eaux*
    le Dieu de gloire fait gronder le tonnerre
    le SEIGNEUR domine les grandes eaux.

*4 La voix puissante du SEIGNEUR,
la voix éclatante du SEIGNEUR,
5 la voix du SEIGNEUR casse les cèdres,
le SEIGNEUR fracasse les cèdres du Liban.
8 La voix du SEIGNEUR fait trembler le désert,
9 La voix du SEIGNEUR dénude les forêts.
Et dans son temple, tout dit : « Gloire ! »*

Le Psaume 29 est un hymne mythique sur l'orage.

Ce psaume est méditation du Dieu puissant et tonitruant. Cette voix forte est décrite sept fois dans un rythme de rock. Le psalmiste n'a pas peur de Dieu. Au contraire, l'énergie forte semble aussi déteindre sur lui. Le Dieu à la voix forte et puissante balaie tout le monde : *Et dans son temple, tout crie : Gloire !* (v. 9) Ce Dieu donne la force, il bénit et fait la paix.

Du glossaire de « la bible – nouvelle traduction » (ou « la bible des écrivains ») : « Gloire » traduit un terme hébreu *kawod* dont la racine veut dire « être lourd, avoir du poids ». « Parler de *Kavod* c'est donc aussi parler de poids. Donner du *kavod* à autrui c'est lui donner une densité, le faire exister et lui montrer dans les faits que son existence nous est chère. Rendre gloire à Dieu, chanter le Gloria ce n'est donc pas uniquement proclamer Sa magnificence, Son éclat et Sa renommée, c'est lui dire avec ferveur notre désir de le faire exister dans nos pensées, nos paroles et nos actions, c'est mettre Sa présence dans notre histoire. » [32 :3121]

« Gloires » : C'est ainsi que Henri Meschonnic intitule sa traduction du psautier. Gloires au pluriel ! Il dit dans son introduction : « Curieusement, Gloires peut prendre place dans une continuité liturgique de l'hébraïsme au latin avec *gloria in excelsis deo.* » (Henri Meschonnic, 1932–2009) [34:27]

Dans l'office hebdomadaire monastique, ce psaume occupe une place importante : il est chanté comme premier psaume le premier jour ouvrable de la semaine. C'est un réveil, un coup de tonnerre. Il faut imaginer les priants fatigués le matin se lever électrifiés par le psaume bruyant. Un psaume d'invitation d'un autre genre !

Autres voix
« *It's always like that, you can't keep him; it's not as if he were a tame lion.* C'est toujours comme ça, tu ne peux pas le garder ; ce n'est pas comme s'il était un lion apprivoisé. »
(C.S. Lewis, 1898–1963, *The Voyage of the Dawn Treader*)

« Tout, dans le Ps 29 tel qu'il nous est conservé, atteste l'art consommé d'un maitre-styliste mû, probablement à son insu, par une Voix intérieure et transcendante qui préludait déjà à la révélation de Jésus Logos, vainqueur des eaux, c'est-à-dire du mal et de la mort (cf. v. 3), seigneur universel (cf. v. 10) et dispensateur des biens messianiques (cf. v. 11). Si les Anciens pouvaient intuitionner le langage indéchiffrable de Dieu à travers la force du tonnerre, après Jésus, nous sommes en mesure de déchiffrer le langage de Dieu puisqu'en Jésus, la ‹ voix de YHWH › a adopté la fréquence d'une voix humaine bien audible. Cette perspective peut marquer et enrichir notre relecture du psaume. »
(Girard) [4:241]

« Moi, naturellement, je ne sais pas bien ce qu'est la vie, mais je me suis décidé à la vivre. De cette vie que l'on m'a donnée, je ne veux rien perdre. Non seulement je ne veux pas qu'on me prive des grandes expériences, mais aussi et surtout des plus petites. Je veux apprendre le plus possible, je veux goûter la saveur de qui se présente à moi. »
(Pablo d'Ors) [49:179]

« Rêve »

À propos du Psaume 30

Versets distillés :
2   *Je t'exalte, SEIGNEUR, car tu m'as repêché ;*
    tu n'as pas réjoui mes ennemis à mes dépens.
3   *SEIGNEUR mon Dieu,*
    j'ai crié vers toi, et tu m'as guéri ;
4   *SEIGNEUR, tu m'as fait remonter des enfers,*
    tu m'as fait revivre quand je tombais dans la fosse.
6   *Pour un instant sous sa colère,*
    toute une vie dans sa faveur.
    Le soir s'attardent les pleurs,
    mais au matin crie la joie.

Le Psaume 30 est un psaume de remerciement.

Quelqu'un était gravement malade et s'est rétabli ; il était « au fond du trou » et il en a été « remonté/ressorti ».

João Ferreira de Almeida († 1691), le premier traducteur de la Bible en portugais, traduit le v. 2 comme suit : *Exaltar-te-ei porque tu me exaltaste*. Étonnamment, il utilise deux fois le même verbe : *exaltar* signifie élever, et une fois c'est l'homme qui élève Dieu, et l'autre fois c'est Dieu qui a élevé l'homme. Pourquoi Almeida a-t-il pris le même verbe pour l'action de Dieu et pour l'action de l'homme ? Peut-être pour signaler la mutualité dans la relation entre Dieu et l'homme ?

Comment les traductions dans d'autres langues ont-elles interprété ce verset avec son double mouvement, d'en bas vers le haut ? Exemples :

- *Je proclame ta grandeur, Éternel, car tu m'as relevé.* (Segond 21)
- *Je te loue, ô Éternel, car tu m'as tiré du gouffre.* (Bible du Semeur)
- *Je t'exalte, IHVH-Adonaï ! Oui, tu me puises.* (Chouraqui)
- *Béni sois-Tu, Seigneur. Tu m'as tiré du bourbier.* (Rougier)
- *Oh je chante si haut Yhwh car tu m'enlèves.* (La bible, nouvelle traduction)
- *Je te porterai haut Adonaï car tu m'as remonté du puits.* (Meschonnic)
- *Je T'exalte, YHWH, car Tu m'as relevé.* (Calame & Lalou)
- *Lorsque j'étais au fond du trou, tu m'en as extirpé.* (Christian Vez)
- *Ich preise dich, HERR; denn du hast mich aus der Tiefe gezogen.* (Luther 2017)
- *Ich preise dich, HERR, denn aus dem Abgrund hast du mich heraufgeholt.* (Gute Nachricht)
- *Ich will dich erheben, o HERR, denn du hast aus der Tiefe mich gezogen.* (Menge)
- *Ich will dich preisen, HERR, denn du hast mich aus der Tiefe heraufgezogen!* (Hoffnung für Alle)
- *Io ti esalto, o Signore, perché m'hai portato in alto.* (Nuova Riveduta)
- *Te exaltaré, Señor, porque me levantaste.* (Nueva Versión Internacional)
- *I will exalt you, Lord, for you lifted me out of the depth.* (New International Version)
- *I will extol thee, O LORD; for thou hast lifted me up.* (King James Bible)
- *O Lord my God, I cried to you for help, and you have healed me.* (English Standard Version)

Comme on peut le constater, le double mouvement ne se reflète pas dans toutes les traductions. Qu'importe ! C'est la richesse de ces différentes traductions. Le psautier parle différemment dans différentes situations de vie de différentes personnes. Le psautier est porteur parce qu'il peut dire aux gens une parole dans leur situation. Le psautier est polyvalent, c'est-à-dire qu'il est valable pour différentes choses. Et le psautier est multidimensionnel, parce qu'il signifie beaucoup de choses à la fois.

Avec ce psaume commence une série de textes dont la plupart traitent du thème de la souffrance et de la guérison. Cette série va jusqu'au Psaume 41.

Autres voix
Du Psautier monastique de Solesmes :
« *Exaltabo te, Domine, quoniam suscepisti me.*
Je t'exalterai, Seigneur parce que tu m'as rattrapé.

Christus post resurrectionem gloriosam Patri gratias agit.
Le Christ rend grâce à son Père après sa glorieuse résurrection. »
(Jean Cassien, † 435)

« Il s'agit plutôt de se laisser travailler par la douleur, de lutter pacifiquement contre elle. La méditation est donc l'art de la reddition. Dans le combat que suppose toute séance de méditation, celui qui l'emporte est celui qui se rend à la réalité. Si dans le monde on nous apprend à nous fermer à la douleur, dans la méditation on apprend à s'y ouvrir. La méditation est une école d'ouverture à la réalité. »
(Pablo d'Ors) [49:97]

« Par couches »

À propos du Psaume 31

Versets distillés :
6 *Dans ta main je remets mon souffle.*
   Tu m'as racheté, SEIGNEUR, toi le Dieu vrai.
15 *Mais je compte sur toi, SEIGNEUR.*
   Je dis : « Mon Dieu, c'est toi. »
16 *Mes heures sont dans ta main ;*
   délivre-moi de la main d'ennemis acharnés !
17 *Fais briller ta face sur ton serviteur,*
   sauve-moi par ta fidélité !
25 *Soyez forts et prenez courage,*
   vous tous qui espérez dans le SEIGNEUR !

Le Psaume 31 contient les paroles de prière d'une personne en souffrance.

En même temps, le psaume est une introduction à la mystique. La mystique vient du verbe grec « *myo* » qui signifie : fermer les yeux. Pour Dorothee Sölle (1929–2003), la mystique contient trois éléments : l'émerveillement, le lâcher-prise, la résistance.

Beaucoup de psaumes, y compris le Ps 31, s'émerveillent devant le Créateur et devant la création. Abraham Heschel (théologien juif, 1907–1972) parle de « *radical amazement* » et ajoute : « Nous ne commençons à être heureux que lorsque nous réalisons que la vie sans émerveillement ne vaut pas la peine d'être vécue. »

Le Ps 31 décrit de manière claire et expressive comment se vit le lâcher-prise : se mettre entre les mains de quelqu'un d'autre, se rendre à lui, lui faire confiance et abandonner le contrôle. *Je remets mon esprit entre tes mains* (Luc 23,46) est aussi la prière de Jésus au cœur de la souffrance. En tant que tel, voilà déjà de quoi s'émerveiller : nous voyons à l'instar de Jésus comment lâcher prise.

Jésus vit dans la spiritualité des psaumes, il habite les prières qui lui ont été transmises, les rend vivantes et en est lui-même vivifié. Il renonce à ses propres mots (peut-être aussi à la pression d'avoir lui-même à formuler des prières) ; ici tout devient très sobre.

Le troisième élément de la mystique est la résistance. Elle apparaît aussi dans le psaume. Les murmures de la foule (v. 14), les persécuteurs et les ennemis (v. 16), les injustes et les furieux (v. 18.21) : l'homme qui prie leur résiste, et à la fin du psaume il peut dire : *Mon cœur est fort et sans crainte* (v. 25).

Autres voix
« Dans la prière des psaumes, il en va de ce qu'il y a de spécifiquement chrétien dans la prière. En ce sens, la remarque de Friedrich Christoph Oetinger (1702–1782), selon laquelle le Psautier ne contient fondamentalement rien d'autre que les sept demandes du Notre Père, offre une clé permettant de mieux comprendre l'interprétation des psaumes chez Bonhoeffer. Naturellement, cela ne signifie pas seulement pour Bonhoeffer que le Psautier s'ouvre à partir du Christ, mais aussi, inversement, que le Psautier interprète l'évènement du Christ. »
(Gerhard Ludwig Müller, postface à *Le Livre de prières de la Bible*) [2:205]

« Si, pendant un moment, nous considérions que toutes les difficultés que nous avons à traverser dans cette étape de notre vie sont des opportunités que le destin, cet ami, nous offre pour grandir, ne verrait-on pas alors tout sous une autre forme ? Ce collègue qui a mal parlé de toi, par exemple, ou ce travail en attente qui devait être terminé depuis des mois, ou ce rendez-vous chez le médecin que tu reportes régulièrement ... Il ne serait pas étonnant que tu te retrouves dans l'un de ces exemples : nous, êtres humains, nous nous ressemblons tous, et tous nous souffrons pour les mêmes choses. »
(Pablo d'Ors) [49:109]

Entre tes mains, je remets mon esprit (v. 6) (*In manus tuas, Domine, commendo spiritum meum* dans la traduction de la Vulgate) : ces mots se reflètent dans les dernières paroles d'Etienne (Ac 7,59), de Polycarpe, de St Bernard, de Jean Hus, de Jérôme de Prague, de Martin Luther, de Philippe Mélanchthon, et de beaucoup d'autres encore. « Cette phrase a conduit le Sauveur lui-même de ce monde vers le Père, comme de nombreux croyants à toutes les époques. »
(A. von Salis, 1902)

« Baleine et baleineau »

À propos du Psaume 32

Versets distillés :
1   *Heureux l'homme dont l'offense est enlevée*
    et le péché couvert !
2   *Heureux celui à qui le SEIGNEUR ne compte pas la faute,*
    et dont l'esprit ne triche pas !
3   *Tant que je me taisais, mon corps s'épuisait*
    à grogner tous les jours,
4   *car, jour et nuit, ta main pesait sur moi.*

5   *Je t'ai avoué mon péché,*
    je n'ai pas couvert ma faute.
    J'ai dit : « Je confesserai mes offenses au Seigneur »,
    et toi, tu as enlevé le poids de mon péché.

Le Psaume 32 est un poème sur le repentir.

Le psalmiste décrit son expérience de la « repentance », à laquelle il n'est parvenu qu'après un long déni, un long refoulement et un long refus. Il décrit l'aveu de culpabilité qui lui a apporté le changement.

Le Ps 32 commence par une béatitude : *Heureux celui que Dieu décharge de sa faute, et qui est pardonné du mal qu'il a commis !* (NFC). Ce psaume (avec les Pss 6, 38, 51, 102, 130 et 143) appartient au groupe des psaumes pénitentiels de l'Église. Ce qu'ils ont en commun, c'est la façon dont ils traitent la culpabilité et le péché.

Le péché ? C'est ce mal subi ou commis qui nous empêche d'être en lien avec Dieu.

Le péché et ses conséquences néfastes sont décrits avec force. Le péché est lourd comme un poids. Le péché paralyse. Le péché obscurcit les yeux. Le péché nous laisse sans voix. Le péché rend stupide. Le péché rend impuissant. Le péché rend têtu. Le péché fait mal.

La guérison consiste à ne pas se taire, à ne pas insister sur la dénégation, mais à le reconnaître et le confesser, à Dieu d'abord dont la compréhension n'a pas d'égale.

Dans ce processus de guérison et de réconciliation, la personne qui prie semble avoir reçu une parole personnelle de Dieu. *Je vais t'instruire et te montrer le chemin à suivre. Je te conseillerai, mon œil veillera sur toi* (v. 8). Cette promesse l'encourage ; plein de joie, il en parle aux autres.

Autres voix
« Seul l'humble aveu libère le pénitent et le met sur le chemin de l'amour infini. » (d'après Marc Girard) [4:259]

« De toute la Bible, le livre des Psaumes est celui qui contient le plus de déclarations de bonheur ! L'expression *Heureux celui qui ... !* que l'on trouve au total 45 fois dans la Bible hébraïque, apparait 26 fois dans les Psaumes, contre seulement 8 fois dans les Proverbes et 3 fois en Esaïe. Le mot hébreu *ashrey* traduit par *heureux celui ...* n'est pas un adjectif, mais un nom pluriel et correspondrait à l'exclamation : *ô les bonheurs de ... !* »
(Glardon) [3:168]

« Nous pouvons prendre ce que la vie nous offre comme des obstacles, mais il est plus raisonnable, plus salutaire, de le prendre comme des opportunités pour avancer. Dès que nous souhaitons la bienvenue à la souffrance, celle-ci s'évanouit, perd son poison et devient quelque chose de plus pur, de plus inoffensif et, en même temps, de plus intense. Il est toujours plus intelligent d'affronter directement un problème ou un danger que de s'en cacher ou de le fuir. »
(Pablo d'Ors) [49:109]

«Red Tree »

À propos du Psaume 33

Versets distillés :
5   *Le SEIGNEUR aime la justice et l'équité ;*
    la terre est remplie de la fidélité du SEIGNEUR.
6   *Par sa parole, le SEIGNEUR a fait les cieux,*
    et toute leur armée, par le souffle de sa bouche.
7   *Il amasse et endigue les eaux de la mer ;*
    dans des réservoirs, il met les océans.
8   *Que toute la terre ait la crainte du SEIGNEUR,*
    que tous les habitants du monde le redoutent :

*9   c'est lui qui a parlé, et cela arriva ;
lui qui a commandé, et cela exista.*

Le Psaume 33 est un hymne au dessein mondial de Dieu. Il chante la création, *la parole du Seigneur* qui l'a façonnée, sa justice et sa fidélité qui la maintiennent comme une création continue.

Le Psaume 33 est un chant joyeux et optimiste. Placé en plein milieu de psaumes qui traitent de souffrance et de maladie, il offre ici un agréable répit.

Autres voix
« *Walk cheerfully over the world, answering that of God in everyone.* »
« Marchez joyeusement de par le monde, en répondant à ce qui est de Dieu en chaque être humain. »
(Devise de George Fox, † 1691, fondateur des Quakers)

« Jésus, Verbe secrètement présent dès le commencement : *en lui tout a été fait* (Jn 1,3), habite déjà la Parole divine agissant dans l'histoire du Premier Testament, avant de venir s'incarner parmi les humains. Le Christ donc, même s'il n'est pas nommé, est là caché au cœur des Psaumes. Depuis les Pères et dans toute l'histoire de l'Église, l'interprétation favorite de ce livre s'est centrée sur la Personne de Jésus, et l'assertion de Saint Jérôme : ‹ Nous mangeons la chair et buvons le sang du Christ dans la divine Eucharistie mais aussi dans la lecture des Écritures › s'applique aussi à ce recueil si amplement utilisé dans la liturgie. »
(Glardon) [3:25]

« La parole est déjà là, la parole *in principio* est toujours là, depuis le début et encore là, elle seule donne vie à ce qui se dit, mais personne ne l'entend s'il ne l'écoute pas : elle est dite, elle est manifestée, elle est entendue. La parole *in principio* emporte et féconde celui qui parle et celui qui l'entend, elle crée ce qui est dit, elle est synchrone à toute manifestation quotidienne de la parole, car elle lui donne vie. La parole *in principio* est sans savoir, elle est l'acte de parler, et dans ce moment-là ce que l'on souhaitait dire apparait comme de lui-même. »
(Alexis Jenny, *Son visage et le tien*) [51:137]

« Dans la méditation, nous plaçons chaque chose à sa place et nous découvrons quel est notre lieu : un lieu que, sûrement, l'on a dédaigné et considéré comme méprisable avant cette pratique du silence dans la quiétude. Mais aussi un lieu qu'une fois visité l'on ne veut plus quitter. »
(Pablo d'Ors) [49:113]

« Adoration des mages »

À propos du Psaume 34

Versets distillés :
2   *Je bénirai le SEIGNEUR en tout temps,*
    sa louange sans cesse à la bouche.
3   *Je suis fier du SEIGNEUR ;*
    que les humbles se réjouissent en m'écoutant :
13 *Quelqu'un aime-t-il la vie ?*
    Veut-on voir des jours heureux ?
14 *Garde ta langue du mal*
    et tes lèvres des médisances.
15 *Évite le mal, agis bien,*
    recherche la paix et poursuis-la !

Le Psaume 34 est une collection d'expériences de foi.

Ce recueil doit avoir été délibérément arrangé de cette façon, car le psaume est un poème alphabétique, c'est-à-dire que les premières lettres de chaque verset mises bout à bout retracent l'alphabet hébreu. Ces expériences spirituelles méritent d'être méditées l'une après l'autre, pas à pas, verset par verset, lettre par lettre.

Même une éthique de paix est contenue dans ce psaume (v. 12–15) ! Que l'on *cherche la paix et qu'on la poursuive,* voilà ce que recommande le psaume. Il aurait aussi pu écrire qu'une fois trouvée, il ne faut pas la « lâcher ». Peut-être que le psalmiste est conscient qu'elle n'est jamais acquise, mais toujours à chercher et poursuivre ?

Le *Prince de la Paix* (Esaïe 9,5) nous incite à faire la paix et à devenir nous-mêmes des *artisans de paix* (cf. les Béatitudes dans Matthieu 5,3–10).

Autres voix
« Goûtez et voyez comme Yahvé est bon ; heureux qui s'abrite en lui ! » (v. 9) : « La méthode de la *lectio divina* propose un processus de manducation de la Parole : Cherchez en lisant, vous trouverez en méditant ; frappez en priant, vous entrerez en contemplant. La lecture porte la nourriture à la bouche, la méditation la mâche et la broie, la prière en acquiert la saveur, et la contemplation est cette saveur elle-même qui réjouit et refait. »
(Guigues II le Chartreux, † 1193)

Je bénirai le SEIGNEUR en tout temps, sa louange sans cesse à la bouche (Ps 34,2) : « Nous parvenons à la source de la prière constante préconisée plus tard par l'apôtre Paul : *Priez sans cesse* (1 Th 5,17). Les Pères ainsi que toute la tradition de l'Église l'enseigneront sous la forme de l'invocation incessante du Nom de Jésus et de l'appel à son aide. Proche est encore ‹ L'oraison de simple regard ›, dont Saint Jean de la Croix parlera comme d'une ‹ amoureuse et simple attention, à peu près comme une personne qui tient les yeux ouverts pour regarder avec amour ›. Cette simple présence à Dieu constitue la base de la prière ininterrompue qui, selon Maxime le Confesseur, consiste à ‹ tenir son esprit appliqué à Dieu dans un grand amour › et revenir sans cesse à ce souvenir de sa présence dans un ‹ simple regard d'amour ›. »
(Glardon) [3:36]

« Être devant Dieu rend beau, comme le dit le psaume : *Qui regarde vers lui resplendira, sans ombre ni trouble au visage* (34,6). La beauté se reçoit de Dieu. »
(Bourguet, *Prions les psaumes*) [9:6]

« **Planète** »

À propos du Psaume 35

Versets distillés :
1 *Ô SEIGNEUR, accuse mes accusateurs,*
   attaque ceux qui m'attaquent !
2 *Saisis bouclier et cuirasse,*
   et lève-toi pour me secourir !
3 *Dégaine la lance, barre la route*
   à mes poursuivants,
   et dis-moi : « Je suis ton salut ! »

Il y a beaucoup d'ennemis dans ce Psaume 35, tout comme il y a, dans le psautier, beaucoup de psaumes qui parlent des ennemis.

Sur cet arrière-fond oppressant, un verset brille d'autant plus fort : *Dis à mon cœur : « C'est moi qui te sauve ! »* (v. 3b traduction Parole de Vie). Le priant est conscient de son exposition et de sa mise en danger par les ennemis. Dans son insécurité, il a besoin d'assurance ; il a besoin d'aide dans son impuissance. C'est pourquoi il veut qu'on lui dise ce qu'en principe il sait déjà ; il lui faut l'entendre : Je suis ton aide. *Je suis ton salut. Je suis ton soutien.* Il en a besoin (il l'admet), il veut l'entendre, de Dieu lui-même. Qui sait, le priant a peut-être fait de bonnes expériences avec cette « stratégie » et aimerait la recommander à d'autres ?

Autres voix
« Découvrez dans la Parole de Dieu le Cœur de Dieu. »
(Grégoire le Grand, 540–604)

« C'est le royaume de Dieu : le royaume du danger et de l'audace, de l'éternel commencement et de l'éternel devenir, de l'esprit ouvert et de la profonde réalisation, le royaume de la sainte insécurité. »
(Martin Buber, 1878–1965).

« Ouvre-toi à ce qui est humain et tu verras s'évanouir tout vain désir de fuite du monde. Sois présent à ton époque, adapte-toi aux conditions du moment. »
(Fr. Roger, *La règle de Taizé*) [14:83]

Nous pouvons distinguer trois familles de psaumes :

« La parenté physique se manifeste par des traits communs : ressemblances extérieures du visage, de la physionomie et de l'allure ; similitudes de langage et d'accent ; communauté de pensées ; de sentiments, de problèmes et de tradition. Entre familles se nouent des alliances qui créent des affinités et des mélanges. Il arrive aussi que des parents ne se ressemblent pas ... Ainsi en va-t-il des psaumes. Beaucoup d'entre eux présentent des ressemblances de structure, une phraséologie et une tonalité communes, supposent des situations identiques ou analogues, traitent les mêmes thèmes, se mélangent entre eux pour donner naissance à des poèmes complexes ».
(TOB) [1:1081]

Le Ps 35 est l'exemple d'une première famille, dont le trait commun est un appel au secours. Le Ps 36 est l'exemple d'une autre famille, celle des louanges, et le Ps 37 l'exemple d'une troisième grande famille, appelée psaumes d'instruction.

Cette première famille « appel au secours » a « comme origine commune une situation de détresse : l'appel au secours, comme la prière de confiance, accompagne ou précède une crise ; l'action de grâce en décrit l'heureux dénouement, elle remercie l'auteur de la délivrance. ... Le ‹ je › du psalmiste masque parfois une collectivité, dans le cas, par exemple, où un personnage officiel, prêtre ou roi, parle au nom d'un groupe. Enfin, des psaumes qui, à l'origine, exprimaient la dévotion personnelle et spontanée d'un fidèle en détresse ou d'un cœur reconnaissant, devinrent des prières communautaires lorsqu'ils furent réunis dans le Psautier. »
(TOB) [1:1084]

« Ombre et lumière »

À propos du Psaume 36

Versets distillés :
6 SEIGNEUR, *ta loyauté est dans les cieux,*
   ta fidélité va jusqu'aux nues.
8 *Dieu, qu'elle est précieuse, ta fidélité !*
   Les hommes se réfugient à l'ombre de tes ailes.
9 *Ils se gavent des mets plantureux de ta maison*
   et tu les abreuves au fleuve de tes délices.
10 *Car chez toi est la fontaine de la vie,*
   à ta lumière nous voyons la lumière.

Le Psaume 36 chante la grâce de l'avenir.

Le psaume culmine dans la phrase : *Car chez toi est la source de la vie, car dans ta lumière nous voyons la lumière* (v. 10). Dans le chant grégorien, cette phrase forme une antienne arrangée avec art qui vous suit dans la prière et surtout après la prière et vous accompagne comme une mélodie familière.

Le psaume est divisé en une partie noire et une partie claire. Le noir décrit l'homme sacrilège avec tant de détails qu'il ressemble à une étude de caractère. Vous en arrivez à comprendre le transgresseur et même à le prendre en pitié. *Il a renoncé à bien se comporter*. Il a démissionné. Il a peut-être essayé, mais il n'a pas bien agi. Maintenant, il abandonne et pense : « L'attaque est la meilleure défense ». Il n'a plus accès à cette source qu'est Dieu Lui-même. Quelle triste vie pour lui !

Autres voix
Le psaume est un élément de la deuxième famille de psaumes : les louanges.

« Cette famille compte beaucoup de représentants, disséminés à travers tous les livres du recueil ... L'aspect communautaire, fortement accentué, se manifeste par des dialogues, des chœurs, des refrains, des acclamations, des répons comme *Amen ! Alléluia !* La participation collective se traduisait aussi par des cortèges, des processions, des démonstrations spectaculaires : danses, applaudissements, génuflexions, prosternements. Les louanges sont bâties d'ordinaire sur le même plan. ... Parfois, dès l'ouverture, le poète suggère les motifs de louange qu'il déploiera dans le corps du poème. Le psaume se termine de diverses façons : reprise partielle ou totale de l'introduction, résumé des motifs, formule de bénédiction, prière ou souhait. Des variantes brisent l'uniformité de ce cadre ; elles sont imposées par la diversité des situations ».
(TOB) [1:1082]

« Gloire dans les hauteurs à Dieu
Et sur la terre paix, aux hommes bienveillance.
Nous te louons, nous te bénissons, nous t'adorons,
Nous te glorifions, nous te rendons grâce,
À cause de ta grande gloire. Seigneur, Roi céleste, Dieu, Père tout-puissant.
Seigneur, fils unique, Jésus Christ, et le Saint-Esprit. [...]
Seigneur, tu as été pour nous un refuge d'âge en âge.
Moi, j'ai dit : Seigneur, aie pitié de moi !
Guéris mon âme parce que j'ai péché contre toi.
Seigneur, je me suis réfugié près de toi.
Apprends-moi à faire ton bon plaisir, car tu es mon Dieu.
En toi est la source de la vie,
En ta lumière nous verrons la lumière.
Étends ta miséricorde à tous ceux qui apprennent à te connaître. »
(Début et fin du Gloria, 4e siècle, [52:167])

« Exhumer et exclure »

À propos du Psaume 37

Versets distillés :
1 Ne t'enflamme pas contre les méchants,
   ne fais pas de zèle contre les criminels,
2 car ils se faneront aussi vite que l'herbe,
   et comme la verdure, ils se flétriront.
3 Compte sur le SEIGNEUR et agis bien
   pour demeurer dans le pays et paître en sécurité.
4 Fais tes délices du SEIGNEUR,
   il te donnera ce que ton cœur demande.
5 Tourne tes pas vers le SEIGNEUR,
   compte sur lui : il agira.

Le Psaume 37 est un psaume de sagesse ; il est structuré selon l'alphabet hébreu et contient vingt-deux avertissements, conseils et expériences.

Réjouissez-vous dans le Seigneur et il vous donnera ce que votre cœur désire. Puis-je faire confiance à cette promesse ? Est-ce que j'arrive à vivre avec cette ration d'urgence ? Si je n'ai rien d'autre avec moi ? Ce verset garde-t-il sa pertinence quand la vie quotidienne n'est pas drôle, quand l'amour est impossible et que Dieu est lointain ? Le verset comporte deux parties. C'est à cela que pourrait ressembler un style de vie sage : d'abord, se réjouir profondément. En Es 66, 11, le terme traduit par « faire ses délices » décrit le bonheur d'un enfant qui tète le sein de sa mère. C'est une belle image pour exprimer l'intensité de la joie du lien à Dieu. L'intérieur de notre être est allaité par Dieu, ce qui lui donne de quoi agir à l'extérieur.

Deuxièmement, se faire offrir *ce que le cœur désire*. C'est une promesse incroyable. *Tout ce que mon cœur désire* : le désir a une connotation entièrement positive. Alors tu obtiendras tout ce que tu désires, tout ce que tu as toujours souhaité. Est-ce à dire que la joie et l'intensité du lien à Dieu sont une condition préalable pour recevoir *ce que ton cœur désire* ? Cela pourrait aussi signifier que cette intensité du lien est exactement ce que le cœur désire, et qu'en l'expérimentant, on l'a, en fait, déjà reçu.

Autres voix
Le Ps 37 est l'exemple d'une troisième famille, celle des « psaumes d'instruction », comme les nomme la TOB. Des éléments sapientiaux et didactiques sont présents dans les deux autres familles précédentes. « Mais certains psaumes ont spécialement pour but d'instruire (voir les titres : *maskil*, ‹ pour enseigner › 60,1). La pédagogie n'est pas liée à une seule forme littéraire. De fait, nous constatons que les psalmistes emploient diverses méthodes : leçons d'histoire, exhortations à la manière des prophètes, monitions liturgiques, réflexions sapientielles sur des problèmes de morale, etc. À l'exemple des sages, ils utilisent le genre proverbial, des procédés scolaires comme l'alphabétisme (37 ; 112 ; 119) qui facilite la mémorisation et signifie peut-être qu'on a voulu tout dire. Cette famille jouit donc d'une unité assez lâche ; son trait commun, c'est l'intention pédagogique ».
(TOB) [1:1085]

« Aimez le Seigneur de tout votre cœur ; aimez-le parce qu'il est Père, craignez-le parce qu'il est Dieu ; ne préférez rien du tout au Christ parce qu'il ne nous a rien préféré ; restez inséparablement unis à son amour ; soyez forts et fidèles à sa croix. »
(Cyprien † 258)

« Par-delà cette terre-ci qui vieillit, il y a la ‹ terre nouvelle › promise en héritage aux doux et aux humbles (cf. Mt 5,3–4). Les prés d'ici-bas ont l'air bien verts, mais ils ne résistent pas, à long terme, au brûlant soleil de midi. De là surgit l'espérance en d'autres prés, ceux où l'on paît éternellement. »
(Girard) [4:304]

« Tout comme la demande du pain quotidien comprend tous les besoins élémentaires de la vie corporelle, la demande d'obtenir vie, santé et bienfaits tangibles de l'amour bienveillant de Dieu fait partie intégrante de la prière adressée à Dieu, créateur et protecteur de la vie. La vie du corps n'est pas méprisable, mais Dieu nous a également donné la communion avec lui en Jésus Christ, pour que nous

puissions y participer devant lui en cette vie et, évidemment, dans l'autre vie. Il nous donne les prières terrestres, afin que nous puissions d'autant mieux le connaitre, le glorifier et l'aimer. Dieu veut que ses fidèles connaissent le bonheur sur terre (Ps 37). Cette volonté n'est pas abolie par la croix du Christ, elle est au contraire confirmée, et c'est précisément là où des hommes engagés à la suite de Jésus doivent assumer beaucoup de privations qu'à la question de Jésus : ‹ Avez-vous manqué de quelque chose ? ›, ils vont répondre, à l'exemple des disciples : ‹ De rien ! › (Lc 22,35). Le présupposé en est ce qu'exprime le psaume : *Le peu qu'a le juste vaut mieux que la fortune de nombreux impies* (Ps 37,16). »
(Bonhoeffer) [2:121]

« Coquille vide »

À propos du Psaume 38

Versets distillés :
4   *Rien d'intact dans ma chair, et cela par ta colère,*
    rien de sain dans mes os, et cela par mon péché !
6   *Mes plaies infectées suppurent,*
    et cela par ma sottise.
15 *Je suis un homme qui n'entend pas*
    et qui n'a pas de réplique à la bouche.
16 *C'est en toi, SEIGNEUR, que j'espère :*
    tu répondras, Seigneur mon Dieu !
22 *SEIGNEUR, ne m'abandonne pas.*
    Mon Dieu, ne reste pas si loin.
23 *Vite ! A l'aide !*
    toi, Seigneur, mon salut !

Le Psaume 38 est la prière pénitentielle d'un homme malade.

Après les Pss 6 et 32, ce psaume est le troisième des sept anciens psaumes pénitentiels de l'Église, ce qui surprend à première vue, car il s'agit surtout de la plainte d'une personne gravement malade. Il se présente lui-même et sa souffrance devant Dieu, cherche à découvrir un sens à l'ensemble et à donner une nouvelle direction à sa vie.

Seigneur, ne me laisse pas, ne t'éloigne pas de moi, mon Dieu ! Dépêche-toi de m'aider, Seigneur, tu es mon salut ! (v. 22s). Evagre le Pontique a fait une note d'accompagnement à ce verset du psaume : « Une belle introduction à la prière est ceci : Seigneur, ne me quitte pas, ne t'éloigne pas de moi, mon Dieu ! Dépêche-toi de m'aider, Seigneur, tu es mon salut ! Car elle contient en elle-même la Sainte Trinité. C'est un beau prélude, une belle entrée en prière ». Ce n'est pas encore l'essentiel, la partie centrale, mais c'est un début, c'est une bonne introduction ; en musique on dirait une « belle intro ». C'est quelque chose de beau, comme un petit objet qui se cale bien dans la main et qui aide. « Il contient en lui la Sainte Trinité. » Pourquoi la Trinité, alors qu'il n'y a rien sur le Père, le Fils et le Saint-Esprit ? Simplement en raison de la triple répétition d'une demande similaire. D'où la proposition d'Evagre de prendre ces deux versets comme une introduction à la prière : adorer la Trinité, s'adresser aux trois personnes, mêmes, mais si différentes, c'est peut-être déjà un bon prélude.

Autres voix

« Jésus nous invite à entrer à notre tour dans l'amitié de Dieu. Le centurion comme la Cananéenne n'ont pas hésité à interpeller Jésus, même quand ils se sentaient rejetés. Ils sont entrés dans l'amitié de Dieu en lui faisant partager ce qui se trouvait au plus profond de leur attente. Un verset des psaumes définit la prière : ‹ Seigneur tous mes désirs (ou tous mes soupirs) sont devant toi › (Psaume 38,10). Il ne s'agit pas d'être capricieux, mais de ne pas tricher avec ce qui est au plus profond de nous-mêmes lorsque nous nous présentons devant Dieu. Dans la Bible, Dieu s'est révélé en tant que Parole et l'humain est un être de parole. Notre relation à Dieu devient alors un procès de parole, ma parole face à la Parole de Dieu. »
(Antoine Nouis, *La prière, une contestation devant Dieu*)

« Celui donc qui veut prier ce psaume avec bénéfice ne doit pas le prier de lui-même, mais dans le Christ, doit l'entendre prier, en quelque sorte, unir sa propre affection au Christ et lui dire Amen … Selon Augustin, le Christ et l'Église sont une seule chair tout comme l'époux et l'épouse. Quel miracle qu'ils soient aussi une langue et parlent les mêmes mots, ayant une seule chair, un seul corps et une seule tête. »
(Martin Luther)

« La vie est une maladie mortelle. »
(William Golding, 1911–1963)

« Labourer »

À propos du Psaume 39

Versets distillés :
7   *Oui, l'homme va et vient comme un reflet !*
    Oui, son agitation, c'est du vent !
    Il entasse, et ne sait qui ramassera.
8   *Dès lors, que puis-je attendre, Seigneur ?*
    Mon espérance est en toi :
9   *délivre-moi de tous mes péchés,*
    ne m'expose pas à l'insulte des fous.
12 *En punissant la faute, tu corriges l'homme,*
    comme une teigne tu corromps ce qu'il chérit :
    Oui, tout homme, c'est du vent !

Le Psaume 39 est la complainte désespérée d'une personne qui souffre.

C'est aussi un psaume de lamentation. Le ton est sceptique, les perspectives sombres. L'homme qui prie se sent étranger dans ce monde. Ce qu'il fait, cependant, c'est qu'il se met à la merci de Dieu tel qu'il est. Il va pour s'effondrer devant Dieu. Son honnêteté et son authenticité sont courageuses et elles convainquent.

Le psaume frôle le désespoir, il rappelle en ce sens le Qohéleth (ou l'Ecclésiaste, ou les paroles du Sage). Extrait (1, 2–6 TOB) :

De la fumée, dit le Sage,
tout n'est que fumée,
tout part en fumée.
Quel profit les humains tirent-ils de la peine
qu'ils se donnent sous le soleil ?
Une génération passe,
une nouvelle génération lui succède,
mais le monde demeure indéfiniment.
Le soleil se lève, le soleil se couche,
puis il se hâte de retourner à son point de départ.
Tantôt vers le sud, tantôt vers le nord.
Le vent souffle, le vent tourne, retourne,
et reprend ses tours.

Et pourtant : la prière du Psaume 39 n'est pas complètement désespérée, pas plus que l'Ecclésiaste. La plainte s'adresse à Dieu, et reste (ou devient) prière. Enfin, il demande : *Laisse-moi un peu de répit, pour que je retrouve le sourire* (v. 14 NFC).

Le psalmiste ose enfin (v. 2–4) accepter et exprimer l'immensité de son désespoir, le non-sens qu'il perçoit à toute vie humaine. Quand il l'a posé, il s'adresse à Dieu et lâche prise (v. 8–10). Terrassé par l'effort, il s'écroule replié sur lui-même (*curvatus in se*). S'il y a espérance, elle vient du fait qu'il s'écroule devant Dieu.

Autres voix
« Il est le Verbe qui brise le silence de Dieu. »
(Ignace d'Antioche, † 108)

Par rapport à la première famille de psaumes (les appels au secours) :
« Les prières individuelles (dont comme exemple le Psaume 39) occupent, à elles seules, presque le quart du recueil (...). Les hommes se plaignent plus souvent qu'ils ne jubilent ! La description de la détresse permet de découvrir dans les plaintes des affligés la condition concrète des suppliants, leurs épreuves personnelles ou celles de leur peuple : pénitents, malades, persécutés, accusés, refugiés, exilés ou déportés. Une meute d'ennemis s'agite dans la plupart des supplications ; ces adversaires s'acharnent sur leurs victimes, sans épargner les malades. (...) les psalmistes (...) dépeignent l'activité des agresseurs à l'aide de traits plus ou moins conventionnels empruntés à la littérature sapientielle, de métaphores nombreuses et variées : guerriers, chasseurs équipés de filets et de lacets, bêtes féroces assoiffées de sang, lionceaux, taureaux, buffles, chiens, serpents, etc. Les ennemis, pour atteindre leur but, recourent à toutes sortes de procédés, en particulier à des paroles malveillantes et malfaisantes : faux témoignages, calomnies, médisances, malédictions, pratiques qui font songer aux maléfices des sorciers. Dans leurs tribulations, les psalmistes en appellent à la justice de Dieu et, quelquefois, profèrent des imprécations qui s'inspirent de la loi du talion. Leurs cris d'angoisse nous rappellent les plaintes de Jérémie et de Job. »
(TOB) [1:1084]

« Ce qui unit les humains, parce que tous l'ont expérimenté, ce n'est pas l'amour, c'est la souffrance. »
(Heiner Schubert)

« Pieds en roses »

À propos du Psaume 40

Versets distillés :
2   *J'ai attendu, attendu le SEIGNEUR :*
    il s'est penché vers moi, il a entendu mon cri,
3   *il m'a tiré du gouffre tumultueux,*
    de la vase des grands fonds.
    Il m'a remis debout, les pieds sur le rocher,
    il a assuré mes pas.
4   *Il a mis dans ma bouche un chant nouveau,*
    une louange pour notre Dieu.

Le Psaume 40 est l'action de grâce d'une personne sauvée.

Une personne est tombée dans un trou. Cette personne a été sortie du trou. C'est une raison de gratitude.

Le psaume est savamment composé de trois fragments de psaumes déjà existants :

- un psaume d'action de grâce *(il m'a tiré du puits de l'horreur ...)*,
- un hymne *(il met un nouveau chant dans ma bouche ...)* et
- une prière d'urgence *(arrache-moi ; Seigneur, dépêche-toi de m'aider ...)*.

Des parties du Psaume 40 ont été incluses dans le Psaume 35 et transmises indépendamment sous le nom de Psaume 70. Les textes se trouvaient apparemment dans les archives du Sanctuaire (d'après Thérèse Glardon) [3:94].

Peut-être que le priant du Psaume 40 a procédé dans sa méditation de la même manière que nous le faisons aujourd'hui lorsque nous prions des psaumes : telle et telle partie du psaume l'a particulièrement interpelé, réconforté ou remis en question et il les a compilées.

Autres voix
« L'Église qui prie ce psaume vit dans la conscience de la sécurité bienveillante et du salut et pourtant et en même temps dans une profonde détresse. C'est justement l'ambivalence de ce psaume qui reflète la condition chrétienne. »
(Robert Spaemann, † 2018) [54]

Un commentaire sur le verset 2 : *Il a espéré le Seigneur* : « Cette tournure avec un complément d'objet direct (non pas *espérer en* ou *s'attendre à,* mais *attendre Dieu*) est peu courante. En *espérant* ainsi une personne, le priant fait alors l'expérience que le *Sauveur* – plutôt que le Seigneur – *a perçu son cri, s'est penché jusqu'à lui* et l'a visité au fond de son (v. 3) pour l'en faire remonter. Soulagé, délivré, mis au large, l'auteur exprime maintenant sa louange. »
(Glardon) [3:94]

« Les psaumes disent la vérité de l'humain enfermé dans ses contradictions. Ils évoquent la plainte du persécuté, le cri du croyant qui se sait intérieurement divisé, le combat de l'homme qui se souvient, qui ne sait plus et qui espère quand même. »
(Antoine Nouis)

« Le dominicain Michel Froidure raconte qu'un jour il a été pris en auto-stop par un conducteur intéressé par sa qualité de religieux, qui l'a longuement interrogé sur les psaumes. Il lui a expliqué que, pendant la guerre, il a été déporté en Allemagne et que c'est grâce aux psaumes qu'il a tenu le coup. C'était un compagnon de déportation qui les savait par cœur et qui les lui avait appris : ‹ Il n'y avait que cela qui était à la hauteur du drame que nous vivions ›. »
(relaté par Antoine Nouis)

« Ce chant de reconnaissance fait partie d'un autre groupe traditionnellement appelé ‹ Psaumes de pénitence › (Ps 38 à 41) – il faudrait plutôt, comme pour le Psaume 51, parler de ‹ Psaume de douleur › face à l'adversité. Après avoir déversé sa souffrance dans les Psaumes 38–39 et avant de l'exprimer à nouveau au Psaume 41, dont certains versets sont mis dans la bouche du Christ lors de sa Passion, l'auteur fait ici une découverte centrale. »
(Glardon) [3:93]

« Dans la lave brûlante »

À propos du Psaume 41

Versets distillés :
2   Heureux celui qui pense au faible !
    Au jour du malheur, le SEIGNEUR le délivre,
3   le SEIGNEUR le garde vivant et heureux sur la terre.
    Ne le livre pas à la voracité de ses ennemis !
4   Le SEIGNEUR le soutient sur son lit de souffrance
    en retournant souvent sa couche de malade.
5   Je disais : « SEIGNEUR, par pitié, guéris-moi,
    car j'ai péché contre toi. »

Le Psaume 41 est l'action de grâce d'un homme de prière gravement malade et guéri.

Fernando Pessoa (1888–1935) écrivit un jour dans le « Livre de l'agitation » la phrase suivante : « *Dói-me o mundo e a cabeça*. Cela me fait mal au monde et à la tête ». Le psalmiste a probablement fait la même expérience quelques siècles plus tôt.

Le Ps 41 est à la fois un psaume face à un ennemi et un psaume d'action de grâce. L'ennemi disparaît un jour. Le psalmiste est encouragé : *Tu transformes sa maladie en pouvoir* (v. 4) ou, comme le traduisent Calame & Lalou [35:187] : *Pendant sa maladie, pendant tout son alitement, tu l'as métamorphosé.*

Le premier ensemble du psautier se termine par le Psaume 41. À l'exception des Pss 1 et 2, qui comme deux montants de porte, forment l'entrée dans le monde des psaumes, le nom de David est placé en tête de tous ces psaumes. Le thème de base est d'une part l'exposition à l'adversité (Pss 2–28) et d'autre part la maladie (Pss 30–41).

Ce premier livre du psautier contient aussi un certain nombre de macarismes :

- *Heureux l'homme qui ne prend pas le parti des méchants, ne s'arrête pas sur le chemin des pécheurs et ne s'assied pas au banc des moqueurs, mais qui se plaît à la loi du Seigneur et récite sa loi jour et nuit ! (Ps 1,1)*
- *Heureux tous ceux dont il est le refuge. (Ps 2,12)*
- *Heureux l'homme dont l'offense est enlevée et le péché couvert ! Heureux celui à qui le Seigneur ne compte pas la faute, et dont l'esprit ne triche pas ! (Ps 32,1s)*
- *Heureuse la nation qui a le Seigneur pour Dieu ! Heureux le peuple qu'il s'est choisi pour patrimoine ! (Ps 33,12)*
- *Voyez et appréciez combien le Seigneur est bon. Heureux l'homme dont il est le refuge ! (Ps 34,9)*
- *Heureux cet homme qui a mis sa confiance dans le Seigneur. (Ps 40,5)*
- *Heureux celui qui pense au faible ! Au jour du malheur, le Seigneur le délivre. (Ps 41,2)*

Autres voix
« Le médecin est venu du ciel pour se livrer, par compassion, à une douleur et à une punition indescriptible. C'est pourquoi il est malade avec les malades ; il souffre avec ceux qui souffrent ; il est triste avec ceux qui sont tristes ; il crie sa plainte avec ceux qui souffrent la violence ; il prie pour ses membres malades. »
(Leo Jud, 1539)

« Maux de dos, crampes, tensions corporelles, que nous avons tendance à ignorer ou à faire taire, deviennent alors messages divins, signes à décrypter : peut-être suis-je trop engagé dans mon activité, au point que je m'identifie à elle ? Je puis alors relâcher la pression, me détendre ... et reprendre plus tard, rafraîchi, régénéré. Le soupir que je me suis accordé permettra un nouvel inspir, une inspiration neuve à laquelle je n'avais pas pensé. »
(Glardon) [3:100]

La souffrance est le sixième thème des psaumes selon la typologie de Bonhoeffer. Il dit :
« Le Psautier nous apprend abondamment comment nous présenter de manière juste devant Dieu au milieu des multiples souffrances auxquelles la vie nous confronte. Maladie grave et profond délaissement par Dieu et les hommes, menaces, persécutions, emprisonnements et détresses terrestres de toutes sortes, les

psaumes connaissent tout cela (13, 31, 35, 41, 44, 54, 55, 56, 61, 74, 79, 86, 88, 102, 105 et autres). Ils ne les nient pas, ils ne s'illusionnent pas à leur propos par de pieux discours, ils les laissent subsister comme dure mise à l'épreuve de la foi ; parfois même ils ne voient pas par-delà la souffrance (Ps 88), mais ils s'en plaignent tous à Dieu. Aucun être humain pris individuellement ne peut, sur la base de sa propre expérience, faire siens dans la prière tous les psaumes de lamentation ; c'est la détresse de toute l'assemblée de tous les temps qui est étalée ici et que seul Jésus Christ a connue tout entière. Elle est là de par la volonté de Dieu, parce qu'il la connait totalement et mieux que nous-mêmes ; c'est pourquoi Dieu seul peut porter secours, et c'est pourquoi aussi toutes ces questions doivent sans cesse être posées à Dieu lui-même. » [2:123]

« L'ombre du phoque »

À propos du Psaume 42

Versets distillés :
3   *J'ai soif de Dieu,*
    du Dieu vivant :
    Quand pourrai-je entrer
    et paraître face à Dieu ?
6   *Pourquoi te replier, mon âme,*
    et gémir sur moi ?
    Espère en Dieu !
    Oui, je le célébrerai encore,
    lui et sa face qui sauve.

Le Psaume 42/43 (les deux psaumes vont ensemble) est la plainte d'un malheureux.

Un psaume plein de nostalgie, d'insatisfaction et d'agitation ; en portugais, on parlerait de « *saudade* ». Mais la personne qui prie – l'âme – n'abandonne pas. Elle transforme la complainte en un poème, l'aspiration vers Dieu en un chant. Elle offre ainsi des mots à tous ceux qui, plus tard, insatisfaits et agités, désirent ardemment. Le refrain (v. 6, v. 12, et dans le Psaume 43,5) est un monologue et une lutte continue. Dans le chant du psaume grégorien, il devient une antienne, œuvre d'art contemplative.

Les Psaumes 42/43 ouvrent le deuxième livre des psaumes. Il contient entre autres un groupe de psaumes tagués « fils de Coré » (Pss 42–49). Les fils de Coré sont-ils un groupe de chanteurs ? Ou une association professionnelle ? Il y a aussi des psaumes associés à des noms comme Asaf, David et Salomon (Ps 72, le dernier du deuxième livre).

Autres voix
« Lis le Psaume 42 quand le chagrin t'emporte. Car il te donne à la fois un traitement homéopathique qui guérit une chose par la même, et un traitement qui guérit par son contraire. »
(Athanase † 373)

« Point n'est besoin d'espérer pour entreprendre, ni de réussir pour persévérer. »
(Charles le Téméraire, 1433–1477)

« La prière est cet espace de vide dans lequel nous pouvons faire émerger en nous le désir de Dieu. Celui qui dit qu'il ne ressent pas le besoin de prier dit quelque chose d'aussi insensé que l'anorexique qui dirait qu'il n'a pas envie d'un stimulateur d'appétit. La prière engendre le besoin de Dieu, ou pour le dire encore mieux : c'est dans la prière que le besoin objectif de Dieu devient un désir subjectif. La méditation de ce psaume a pour but de nous mener dans cette disposition. »
(Robert Spaemann) [54]

« **Capsule** »

À propos du Psaume 43

Versets distillés :
3 *Envoie ta lumière et ta vérité :*
   elles me guideront,
   me feront parvenir à ta montagne sainte
   et à tes demeures.
5 *Pourquoi te replier, mon âme,*
   pourquoi gémir sur moi ?
   Espère en Dieu !
   Oui, je le célébrerai encore,
   lui, le salut de ma face et mon Dieu.

Le Psaume 43 est la suite du poème du Psaume 42. Un même verset les termine.

Tandis que le Ps 42 est plus « lamentation », le Ps 43 est plus « supplication » ; alors que le Ps 42 invoque le souvenir des bonnes expériences faites dans le passé, le Ps 43 espère un changement dans la détresse par l'agir à venir de Dieu. Le poème ne décrit pas seulement la situation d'une personne, mais aussi une situation archétypale qui, dans des contextes de vie très différents, est vécue, subie et combattue.

Autres voix
« *Inquietum est cor nostrum, donec requiescat in te.*
Notre cœur est agité jusqu'à ce qu'il repose en toi. »
(Augustin d'Hippone, 354–430, début de ses *Confessions*)

« Dieu bien aimé, donne-moi le ciel de l'absence de bruits. Seul, je produis bien assez d'intranquillité. Donne-moi, je t'en prie, la tranquillité, le silence et le calme. Amen »
(Kurt Tucholsky, 1890–1935)

« Si tu scrutes avec attention les psaumes et si tu parviens à leur intelligence spirituelle, tu y trouveras l'incarnation du Seigneur Verbe, sa passion, sa résurrection et son ascension. Si tu scrutes avec attention les psaumes, tu y trouveras une prière si profonde que jamais de toi-même tu n'aurais pu l'imaginer. Tu trouveras dans les psaumes la confession intime de tes péchés et toute supplication à la miséricorde de Dieu et du Seigneur. Tu trouveras aussi dans les psaumes une intime action de grâce pour tout ce qui t'arrive. Dans les psaumes, tu confesses ta faiblesse et ta misère et, par là-même, tu appelles sur toi la miséricorde de Dieu. Car tu trouveras toutes les vertus dans les psaumes si tu obtiens de Dieu qu'il te révèle leurs secrets. »
(Alcuin, † 804, collaborateur de Charlemagne) [28:716]

« De tous les enseignements que tu nous transmets, l'un est si important qu'il me fait oublier tous les autres : apprends-moi à atteindre l'infini, cette lumière à l'horizon qui aide le ciel à descendre sur terre et qui aide la terre à s'élever jusqu'au ciel. »
(Dom Helder Câmara, *Fais de moi un arc-en-ciel*)

« Tout ce qui touche à la finalité dernière de l'Incarnation est livré dans le psautier avec une telle clarté qu'on croirait lire l'Évangile et non une prophétie ... la matière de ce livre, c'est le Christ et son Église. »
(Thomas d'Aquin, 1225–1274)

« En tout ce que tu fais prends conseil, car agir sans conseil est de la folie. »
(Apophtegmes des Pères) [22:107]

« Vague »

À propos du Psaume 44

Versets distillés :
8 C'est toi qui nous as fait vaincre nos adversaires,
   et tu as déshonoré nos ennemis.
14 Tu nous exposes aux outrages de nos voisins,
   à la moquerie et au rire de notre entourage.
24 Réveille-toi, pourquoi dors-tu, Seigneur ?
   Sors de ton sommeil, ne rejette pas sans fin !
25 Pourquoi caches-tu ta face
   et oublies-tu notre malheur et notre oppression ?
27 Lève-toi ! A l'aide !
   Rachète-nous au nom de ta fidélité !

Le Psaume 44 est une complainte.

Ici, ce n'est pas un individu qui se lamente, mais tout un collectif (paroisse ? communauté ?). Cela signifie-t-il que l'individu peut se laisser emporter par une lamentation collective et ainsi ressentir un certain réconfort ? Ou à l'inverse : la communauté dans son ensemble peut-elle se reconnaître dans les expériences malheureuses d'un individu et les faire siennes ? Les deux sont concevables. Les deux approches peuvent être utiles quand le malheur nous dépasse.

Dans la première famille des psaumes, les appels aux secours, il y a les prières individuelles (cf. notes Ps 39), et les prières collectives : les prières collectives d'appel au secours (12 ; 44 ; 58 ; 60 ; 74 ; 79 ; 80 ; 83 ; 85 ; 90 ; 94 ; 108 ; 123 ; 137 ; voir 77 ; 82 ; 106 ; 126), de même structure que les précédentes, supposent une calamité publique : défaite militaire, invasion de l'étranger, massacres et destructions, profanation du Temple, oppression des petits par les grands, des justes par les impies, tyrannie des pouvoirs établis. Israël crie son angoisse et, pour hâter sa délivrance, il supplie le Seigneur en multipliant les motifs d'intervention : il allègue son innocence (44,18) ou il avoue son péché (78,8–9), il évoque les hauts faits du passé (44,2–9 ; 74,2.12–17) et spécialement l'Alliance (74,20). En définitive sont en jeu l'honneur de Dieu (74,18 ; 79,10.12), sa fidélité et sa loyauté à l'égard d'Israël (44,27). La cause du peuple élu s'identifie à celle du Seigneur. (TOB) [1:1085]

Autres voix
« La grande porte par laquelle toutes les maladies passent est le découragement. Sur le sol du désespoir, tout le mal pousse. »
(Paracelse, 1493–1541)

« Les plaignants ne doutent pas de l'existence de Dieu. Ils ne disent pas que Dieu est mort, ils disent que Dieu est endormi ! Ils le secouent et l'appellent à haute voix : Réveille-toi ! Debout ! Debout ! Sauve-nous ! »
(Georg Magirius)

« La foi, c'est l'espérance dans la résistance. »
(Johann Baptist Metz, † 2019)

« On ne trouve pas dans les psaumes une hâte excessive à s'abandonner à la souffrance. Lutte, angoisse et doute y sont toujours présents. La justice de Dieu qui permet que le malheur frappe l'être pieux, mais que l'impie soit indemne, la volonté bonne et miséricordieuse de Dieu sont vigoureusement mises en question (Ps 44,35). Sa façon d'agir est trop incompréhensible. Mais même dans le plus profond désespoir, Dieu demeure le seul interlocuteur. L'être humain tourmenté n'attend aucun secours des hommes et ne s'apitoie pas sur lui-même au point de perdre de vue la source et le but de toute détresse : Dieu. Il mène le combat contre Dieu pour Dieu, le Dieu de la colère se voit rappeler à maintes reprises sa promesse, ses bienfaits de jadis, l'honneur de son nom auprès des hommes. »
(Bonhoeffer) [2:123]

« Impact »

À propos du Psaume 45

Versets distillés :
2   Le cœur vibrant de belles paroles,
    je dis mes poèmes en l'honneur d'un roi.
    Que ma langue soit la plume d'un habile écrivain !
3   Tu es le plus beau des hommes,
    la grâce coule de tes lèvres ;
    aussi Dieu t'a béni à tout jamais.
11 Écoute, ma fille ! regarde et tends l'oreille :
    oublie ton peuple et ta famille ;
12 que le roi s'éprenne de ta beauté !
14 Majestueuse, la fille de roi est à l'intérieur
    en robe brochée d'or.
15 Parée de mille couleurs, elle est menée vers le roi.

Le Psaume 45 est un chant pour le mariage d'un roi.

Le long titre indique qu'on peut l'utiliser comme une réflexion et comme un chant d'amour.

La relation entre Dieu et son peuple, le Christ et son Église a traditionnellement aussi été décrite avec l'image du mariage. Partant, ce psaume a été lu dans cette optique. À propos du mariage, Paul écrit : *C'est un mystère profond, je le pointe vers le Christ et l'Église* (Ephésiens 5,32). À la fin des temps, il y a la grande vision telle qu'elle est décrite dans l'Apocalypse : *Et je vis un ciel nouveau et une terre nouvelle ; car le premier ciel et la première terre sont morts, et la mer n'est plus. Et je vis descendre du ciel de Dieu la ville sainte, la nouvelle Jérusalem, préparée comme une épouse parée pour son mari.* (Apocalypse 21,1S).

Le Ps 45, puis les Pss 46, 47 et 48 sont comme une réponse au cri vers Dieu (voir le Ps 44 qui précède). Pour la ville de Dieu (*fille de Sion*), une nouvelle phase de son histoire commence, parce que le roi (à comprendre : le roi céleste) veut se lier à elle.

Autres voix
« Ô mon Dieu, donne-moi une ligne de poésie par jour. »
(Etty Hillesum)

« Là, nous serons libres et nous verrons, nous verrons et nous aimerons, nous aimerons et nous louerons. Voilà ce qu'il en sera à la fin, sans fin, sans fin. Car quelle autre, quelle autre fin avons-nous que d'atteindre le royaume qui n'a pas de fin ? – *Ibi vacabimus et videbimus, videbimus et amabimus, amabimus et laudabimus. Ecce quod erit in fine sine fine sine fine. Nam quis alius noster est finis pervenire ad regnum, cuius nullus est finis ?* »
(Aurélius Augustin, *Enarrationes in psalmos*)

« La parole de Dieu n'a qu'un seul et unique objet : le mystère du Christ. Si elle veut se dire chrétienne, la prière des psaumes, reprise aujourd'hui par l'Église, ne peut être qu'une affectueuse contemplation de ce mystère. Elle déchiffre le psautier comme on déchiffre un morceau de musique, en se souvenant toujours que l'avènement du Christ est écrit dès le début de la partition et qu'il est comme la clef qui en détermine toutes les notes. Le Psautier est comme le corps du Christ par lequel l'Esprit Saint parle et chante. »
(Jean-Luc Vesco) [28:712]

« Pour qu'un pareil écrit fût conservé dans le psautier, il a fallu évidemment qu'on le relût. Peut-être d'abord pour des noces royales autres que celles auxquelles il avait d'abord été destiné. Mais on l'a bientôt relu, sans doute, dans une perspective eschatologique et messianique (cf. *Targum*). C'est dans cette ligne seulement que l'antique chant de noces pouvait trouver un avenir qui ne pourrait jamais plus s'éclipser. L'universalisme d'occasion, dû à la nationalité non israélite de la mariée, pouvait, en relecture, devenir théologique. Chez les chrétiens, la relecture des v. 3–10 est vite devenue christologique. »
(Girard) [4:372]

« La parole écrite est paradoxalement la parole la plus vive qui soit, parole éternellement fraîche, parole cadrée comme sont cadrées les photos, cadrée par le silence qui l'entoure, avant et après, qui donne tout son poids à ce qui se dit d'un seul geste. »
(Alexis Jenny) [51:138]

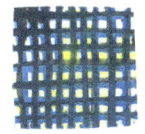

« Lueur »

À propos du Psaume 46

Versets distillés :

2   *Dieu est pour nous un refuge et un fort,*
    un secours toujours offert dans la détresse.
3   *Aussi nous ne craignons rien quand la terre bouge,*
    et quand les montagnes basculent au cœur des mers.
5   *Mais il est un fleuve dont les bras réjouissent la ville de Dieu,*
    la plus sainte des demeures du Très-Haut.
6   *Dieu est au milieu d'elle ; elle n'est pas ébranlée.*
    Dieu la secourt dès le point du jour.

Dans le Psaume 46, la cité de Dieu chante sa confiance.

Le Ps 46 est un psaume qui dit la force – ou qui veut l'évoquer. C'est le chant d'un funambule qui cherche l'équilibre entre la conviction de la stabilité de la ville, l'abondance de l'eau, les défenses d'un château et l'énorme potentiel des dangers (catastrophes naturelles, guerres).

Autres voix
« *Ein feste Burg ist unser Gott* » (« C'est un rempart que notre Dieu ») : en 1529, Martin Luther écrivit sa version de ce psaume (et en composa probablement aussi la

mélodie). Le chant se trouve dans tous les recueils de cantiques protestants. Heinrich Heine l'appelle la « Marseillaise de la Réforme ». La première strophe :

Ein feste Burg ist unser Gott,	Notre Dieu est une solide forteresse
ein gute Wehr und Waffen.	une bonne défense et des armes
Er hilft uns frei aus aller Not,	Il nous délivre de toute la détresse
die uns jetzt hat betroffen.	qui nous a maintenant touchés.
Der alt böse Feind mit Ernst	Le vieil ennemi méchant, sérieusement
ers jetzt meint;	nous en veut aujourd'hui,
groß Macht und viel List	Une grande puissance et beaucoup de malice
sein grausam Rüstung ist,	sont son armure cruelle,
auf Erd ist nicht seinsgleichen.	Rien au monde ne l'égale.

La traduction chantée en est « C'est un rempart que notre Dieu, une invincible armure/ un défenseur victorieux, une aide prompte et sûre/ L'ennemi contre nous, redouble de courroux/ Vaine colère, que pourrait l'adversaire ? L'Éternel détourne ses coups. »
(*Psaumes et cantiques* n° 340)

« Le Nom de Dieu occupe une place centrale dans les Psaumes. En hébreu, il est écrit avec ces quatre lettres : YHWH. Nom très ancien, d'origine inconnue. Sa signification exacte n'est pas connue, ni sa prononciation correcte. C'est l'expérience de la libération de l'Égypte, vécue et approfondie au cours des siècles, qui a donné un nouveau sens à ce nom ancien. Le nouveau sens nous est révélé tout au long des pages de la Bible et se transmet surtout dans deux dialogues entre Dieu et Moïse (Ex 3, 7–15 ; 34, 5–9). »
(Carlos Mesters) [42]

« **Buste** »

À propos du Psaume 47

Versets distillés :

2   *Peuples, battez tous des mains,*
    acclamez Dieu par un ban joyeux.
3   *Car le SEIGNEUR, le Très-Haut, est terrible ;*
    il est le grand roi sur toute la terre.
7   *Chantez Dieu, chantez !*
    chantez pour notre roi, chantez !
8   *Car le roi de toute la terre, c'est Dieu.*
    Chantez pour le faire savoir.

Le Psaume 47 est un chant pour la « Fête du Dieu Roi ».

« Dieu est roi » est le signe distinctif d'un groupe de psaumes, les psaumes dits « YHWH Mālāk » (Dieu-Roi). Y appartiennent les Pss 93, 95–99 et le Ps 47 qui est probablement mis sur le même rang parce qu'il correspond bien au cri du Ps 44. Dieu est puissant, Dieu est fort, Dieu triomphe, Dieu gagne.

Chantez pour Dieu et faites de la musique ! Chantez pour notre roi et faites de la musique ! Car Dieu est roi sur le monde entier. Le Ps 47 propose des « éléments » pour construire soi-même une célébration du « Roi-JE SUIS QUI JE SUIS ».

Autres voix
« La prière, c'est la beauté de l'homme, c'est sa grandeur, sa dignité, son mystère profond. Cela vient du fait qu'elle appartient à cet instant de grâce tout à fait inouï, ou l'homme est devant Dieu, dans un face-à-face absolument étonnant, tant il est contrasté : le face-à-face entre un simple et vulgaire serviteur et le Seigneur des seigneurs dans son infinie majesté. Un face-à-face, non pas fortuit et furtif, impré-

vu ou à la dérobée, mais quotidien, habituel, pour la durée d'une vie et pour remplir cette vie. »
(Bourguet, *Prions les psaumes*) [9:6]

« La beauté est la gloire de la vérité. – *Pulchrum est splendor veri !* »
(Thomas d'Aquin † 1274)

Ce qu'est le psautier : encore quelques images de l'Église ancienne [55]
– Le psautier est un jardin paradisiaque (Basile de Césarée † 379)
– Le psautier est une petite chambre dans laquelle on peut se retirer (Basile)
– Le psautier est un garde-manger (Basile)
– Le psautier est une théologie parfaite (Basile)
– Le psautier est le microcosme de la musique macrocosmique (Grégoire de Nysse † 394)
– Le psautier est l'écriture des chants divins (Pseudo-Denys l'Aéropagite, † ca. 500)
– Le psautier est un paradis paradisiaque (Cassiodore † 585)
– Le psautier est un coffre à trésor (Cassiodore)

« Surexposé »

À propos du Psaume 48

Versets distillés :
2 *Il est grand le SEIGNEUR, il est comblé de louanges,
   dans la ville de notre Dieu, sa montagne sainte.*
3 *Belle et altière, elle réjouit toute la terre.
   L'Extrême-Nord, c'est la montagne de Sion,
   la cité du grand roi.*
4 *Dans les palais de Sion,
   Dieu est connu comme la citadelle.*

Le Psaume 48 (de manière semblable au Ps 46) chante la ville forte et sûre de Dieu, où il fait bon vivre.

La sécurité dans la ville devient une image de la sécurité en Dieu. *C'est Dieu, notre Dieu pour les siècles des siècles. Il nous guidera pour toujours.* (v. 15)

Le prophète Michée (Mi 4,1–3) dit :
*Un jour viendra où la montagne de la maison du Seigneur
sera fermement établie au sommet des montagnes,
et elle se dressera au-dessus des collines.
Alors des peuples afflueront vers elle.
Des foules nombreuses s'y rendront et diront :
« En route ! Montons à la montagne du Seigneur,
à la maison du Dieu de Jacob !
Il nous enseignera ce qu'il attend de nous,
et nous suivrons ses chemins. »
En effet, c'est de Sion que vient l'enseignement du Seigneur,
c'est de Jérusalem que nous parvient sa parole.
Il rendra son jugement entre une multitude de pays,
il sera un arbitre pour des peuples puissants, même lointains.
Avec leurs épées ils forgeront des socs de charrue,
et avec leurs lances ils feront des faucilles.
On ne lèvera plus l'épée un pays contre l'autre,
on ne s'exercera plus à la guerre.*

Et le prophète Zacharie (Za 8,1–3) :
*La parole du Seigneur de l'univers me fut adressée en ces termes :
« Moi, le Seigneur de l'univers, j'aime Jérusalem d'un amour ardent,
j'éprouve une vraie passion pour elle.
C'est pourquoi, je le déclare,
je reviens à Jérusalem, j'habite de nouveau à Sion.
On appellera Jérusalem ‹ ville fidèle ›,
et Sion, la montagne du Seigneur de l'univers,
aura pour nom ‹ montagne qui m'appartient › ».*

Autres voix

« Les cantiques de Sion exaltent Jérusalem et son Temple (46 ; 48 ; 76 ; 84 ; 87 ; 122 ; voir 24 ; 68 ; 132). Sion cumule des titres éclatants : capitale de la dynastie davidique, métropole religieuse, la plus sainte des demeures du Très-Haut, ville de Dieu, cité du grand roi. Cette litanie de louanges s'adresse finalement au Seigneur lui-même qui a choisi le mont Sion pour sa résidence et son lieu de repos. (…) La présence permanente du Tout-Puissant garantit la stabilité, la sécurité de cette ville qui devient un refuge invincible. D'où la confiance absolue du peuple dans les situations les plus dramatiques. Les cantiques de Sion ébauchent une sorte de mystique qui idéalise la cité, future métropole des peuples (87). Des exégètes parlent, à ce sujet, d'eschatologie. »
(TOB) [1:1083]

« L'heure la plus importante est toujours le présent, la personne la plus importante est toujours celle qui vous fait face, et le travail le plus nécessaire est toujours l'amour. »
(Maître Eckhart, † 1328)

« L'amour est notre Dieu / il vit tout par l'amour : / Combien béni serait un homme qui y resterait toujours »
(Angelus Silesius, † 1677)

« Indifférent »

À propos du Psaume 49

Versets distillés :
5   *L'oreille attentive au proverbe,*
    sur ma lyre, je résous l'énigme.

6   *Pourquoi craindre, aux mauvais jours,*
    la malice des fourbes qui me cernent,
11 *Alors qu'on voit les sages mourir,*
    périr avec l'imbécile et la brute,
    en laissant à d'autres leur fortune.
13 *L'homme avec ses honneurs ne passe pas la nuit :*
    il est pareil à la bête qui s'est tue.

Le Psaume 49 est un poème d'enseignement particulier dans le style de la littérature de sagesse et traite de la vie avant la mort.

Reconnaître ce qui est (*Anerkennen was ist* : titre d'un livre de Bert Hellinger, thérapeute systémique) : c'est de cela qu'il s'agit quand on veut devenir sage. Cela signifie : reconnaître ce qui était, reconnaître ce qui ne sera plus (la vie), reconnaître que nous sommes éphémères, et l'accepter. Ne pas reconnaître tout ça : c'est stupide. Ouvrez l'oreille à cette parole de sagesse : c'est intelligent. Cela signifie résoudre le mystère de la vie. Et n'est-ce pas une réponse possible à l'indignation du Dieu silencieux (Ps 44) ?

Une brève lueur d'espoir brille lorsque le priant se dit à lui-même : *Dieu me rachètera du royaume de la mort, oui, il me recevra*. Qui sait : Dieu payera peut-être le prix de la vie, et rachètera l'homme le libérant du royaume de la mort.

Autres voix
Le psaume 49 fait partie d'un groupe de psaumes d'instruction qui méditent la Loi (1 ; 37 ; 49 ; 73 ; 112 ; 119 ; 127 ; 133 ; voir 128 ; 139). « Méditée avec amour, elle est une source inépuisable de bienfaits. Les psalmistes proclament le bonheur du juste, la ruine des méchants ; ils agitent le problème de la rétribution. Les faits ne s'adaptaient pas toujours à l'enseignement traditionnel : des impies réussissent, des justes échouent. Anomalie angoissante pour des croyants. Quelques psalmistes poussent alors des cris presque désespérés, traversent une véritable crise de la foi (73), mais, aiguillonnés par l'épreuve, ils affinent leurs idées et leurs sentiments. Pressentent-ils une rétribution qui, dans l'au-delà, rétablira l'équilibre inexistant ici-bas ? Des espoirs en ce sens transparaissent, peut-être, en quelques affirmations encore imprécises (49,16 ; 73,24 ; voir Gn 5,24 ; 2 R 2,1–11). »
(TOB) [1:1086]

« On trouve déjà, dans le texte, les premiers linéaments de l'alternative évangélique si absolue : ou bien Dieu, ou bien Mammon (cf. Mt 6,24). La relativisation de la richesse s'inscrit dans le cadre d'une réflexion empirique profonde sur le phénomène de la mort (cf. Mt 16,26). Ce qui demandait le plus à évoluer, dans la pensée de l'auteur, c'est la conception de l'après-vie. Relu à la lumière d'une eschatologie de la résurrection (à partir du 2ᵉ siècle av. JC), le psaume atteint son maximum de signification : en Jésus Christ, l'idée de ‹ rachat › (v. 8–9.16) connait son apogée et devient, pour nous, réalité de chair et d'os. »
(Girard) [4:400]

«Os crânien complexe »

À propos du Psaume 50

Versets distillés :
1 *Le Dieu des dieux, le SEIGNEUR, a parlé ;*
   il a convoqué la terre,
   du soleil levant au soleil couchant.
2 *De Sion, beauté parfaite, Dieu resplendit.*
3 *Qu'il vienne, notre Dieu, et ne se taise pas !*

Le Psaume 50 reflète un discours de Dieu à son peuple, sur les fondamentaux.

Le psaume est une sorte de collage fait de matériaux textuels déjà existants. Des images grandioses (Dieu qui se lève comme le soleil, Dieu qui brise le silence) sont combinées à des commentaires critiques sur le comportement social (cinq des dix commandements sont mentionnés) pour créer une image forte, vivante et lumineuse de Dieu, grâce à laquelle Dieu apparaît comme un juge, mais surtout comme une bénédiction pour la coexistence humaine.

Dieu s'élève avec éclat (v. 2) ou *Dieu paraît, entouré de lumière (FC)*. C'est l'épiphanie de Dieu. Épiphanie signifie apparition. L'Épiphanie, la fête de l'apparition du Christ, est traditionnellement célébrée le 6 janvier, le jour des Rois. Dans le récit de la création, en Genèse 1 *(Et Dieu dit : Que la lumière soit, et la lumière fut)*, il y a une épiphanie, une apparition, tout comme en Jean 1, un parallèle au récit de la création dans le Nouveau Testament : *Au commencement était la Parole, et la Parole était avec Dieu, et la Parole était Dieu ... En lui était la vie, et la vie était la lumière des hommes.*

Autres voix
« Que personne, en entendant les paroles de ces psaumes ne dise : Ce n'est pas le Christ qui les prononce. Qu'il ne dise pas non plus : Ce n'est pas moi. S'il se sait appartenir au Corps du Christ, il doit dire à la fois : c'est le Christ qui parle et c'est moi qui parle. Tâche de ne rien dire sans lui et lui ne dira rien sans toi. »
(Augustin)

« Il n'est pas interdit d'accommoder ou d'adapter un texte, de façon toute subjective, à nos besoins particuliers ; de nombreux saints s'y sont livrés. Mais il faut, avant tout, retrouver un authentique sens chrétien du psaume, donné le plus souvent par le Nouveau Testament lui-même. L'actualisation des psaumes, qui n'est autre que l'harmonisation de l'âme avec la voix, harmonisation prônée par saint Augustin et saint Benoit, n'a rien d'artificiel. Elle s'obtient à la lumière de la foi embrassant l'ensemble de la Révélation. Plus nous serons chrétiens, plus les psaumes le deviendront pour nous. »
(Vesco) [28:721]

« Le psaume nous fournit une excellente grille d'auto-évaluation de notre piété, tant collective qu'individuelle. »
(Girard) [4:409]

« **Tissu** »

À propos du Psaume 51

Destillation :
12 *Crée pour moi un cœur pur, Dieu ;
    enracine en moi un esprit tout neuf.*
13 *Ne me rejette pas loin de toi,
    ne me reprends pas ton esprit saint ;*
14 *rends-moi la joie d'être sauvé,
    et que l'esprit généreux me soutienne !*

Le Psaume 51 est une prière pour le pardon et pour un renouveau.

L'homme (David) en prière a compris – enfin ! serait-on tenté d'ajouter – qu'il s'est rendu coupable. Il implore la miséricorde de Dieu et demande à être purifié de sa faute, de sa culpabilité.

Le titre du psaume est : *Psaume de David, lorsque le prophète Nathan vint à lui après que David fut allé chez Bethsabée.* Ce psaume traite de trois crimes graves par lesquels d'autres personnes sont détruites : le mensonge, le meurtre et l'agression (sexuelle). Ceux qui veulent satisfaire leur voyeurisme dans le psaume seront déçus. David ne décrit pas ce qui s'est passé. Il sait que Dieu sait tout. Mais c'est précisément à cause de cela que le psaume, grâce à ses passages ouverts, devient comme un formulaire dans lequel tous les hommes et femmes peuvent dans la prière inscrire leurs propres transgressions et demander pardon pour leur part.

En prenant conscience de notre culpabilité, nous nous rendons compte que nous ne pouvons pas nous rattraper, que nous sommes dépendants d'une aide extérieure. Cette aide extérieure, elle est gratuitement mise à disposition par Dieu. « Yeshua » signifie : Dieu aide, Dieu sauve, Dieu guérit. L'homme en prière demande à Dieu son esprit d'aide, de salut et de guérison.

Le Psaume 51 est l'un des psaumes pénitentiels de l'Église Ancienne ; c'est la demande de pardon la plus fréquemment récitée. On l'appelle souvent, selon la Vulgate (traduction latine de la Bible), *Miserere*, c'est-à-dire « *prends pitié* » ou « *montrenous ta miséricorde* ».

Autres voix
« Dans tous les psaumes, David s'efface. Dans ce psaume 51, où il confesse son péché, David ne décrit jamais sa faute ; il ne dit pas ce qui lui est propre. Pourtant le titre de ce psaume nous décrit le contexte et nous en connaissons le contenu : David a commis l'adultère avec Bethsabée et a fait assassiner le mari de celle-ci. Or, le psaume lui-même ne décrit rien, ni de l'assassinat ni de l'adultère. David dit sa faute, sans entrer dans les détails, sans en faire étalage ; il dit tout sans se mettre en avant. Là est son effacement, son extrême humilité. »
(d'après Daniel Bourguet, *Prions les psaumes*) [9:33]

La culpabilité est le septième des dix thèmes du psautier selon la typologie de Bonhoeffer :
« La demande du pardon des péchés apparaît dans le Psautier plus rarement que nous ne l'attendrions. La plupart des psaumes présupposent la totale assurance du pardon des péchés. Cela peut nous sembler surprenant. Mais il en est de même dans le Nouveau Testament. Ne centrer la prière chrétienne que sur le pardon des péchés, c'est la restreindre et la mettre en danger. Grâce à Jésus Christ il est permis de laisser derrière soi ses péchés, en toute confiance. » [2:124]

« Ce qu'il est convenu d'appeler les sept psaumes de pénitence (6, 32, 38, 51 102, 130, 143), mais aussi d'autres psaumes (14, 15, 25, 31, 39, 40, 41 et autres) nous amènent à aller au plus profond de la reconnaissance devant Dieu de notre péché, nous aident à le confesser, orientent toute notre confiance vers le pardon et la grâce de Dieu, au point que Luther a pu les qualifier à juste titre de ‹ psaumes pauliniens ›. C'est en général telle ou telle occasion qui déclenche une prière de ce genre : une faute grave (Ps 32 ; 51), une souffrance inattendue poussant à faire pénitence (Ps 38 ; 102). À chaque fois, nous mettons toute notre espérance dans le libre pardon, tel que Dieu nous l'a proposé et promis en Jésus Christ pour les siècles des siècles. »
(Bonhoeffer) [2:126]

« Pourtant, une lecture trop unilatéralement individuelle risquerait de détourner le Ps 51 de son sens original et premier. (…) Encore aujourd'hui, le psaume pénitentiel le plus connu et prisé n'est-il pas tout indiqué pour nous inciter à reconnaitre, en communauté, nos mauvais choix sociaux, politiques, et même ecclésiaux ? »
(Girard) [5:30]

« La conséquence logique normale du refus de nos limites est le comportement de toute-puissance. Les formes que prend la toute-puissance sont extrêmement insidieuses et nous avons souvent énormément de mal à les reconnaître. Lorsque nous nous engageons dans une forme de toute-puissance, Dieu n'est pas à sa place et nous non plus. C'est pourquoi cette question est centrale dans le chemin de vie. C'est la relation à Dieu qui est d'abord directement atteinte. Mais les répercussions vont ensuite s'en faire sentir dans la relation à l'autre. Mettre Dieu à sa place et trouver la nôtre porte un nom : l'humilité. La conversion nous mène à l'humilité qui vient d'humus, terre : comme la terre nous recevons tout de Dieu. Mais nous avons souvent des conceptions tout à fait fausses de l'humilité. L'humilité ne consiste pas à tenter de comparer sa valeur à celle de l'autre pour se trouver inférieur à lui ou pour se déprécier, mais à redonner à Dieu sa juste dimension dans sa vie, sachant que tout vient de Dieu, mais que tout peut rester en friche sans une collaboration avec l'Esprit. »
(Simone Pacot) [50:50]

« **Cime** »

À propos du Psaume 52

Versets distillés :
4   *Ta langue prémédite des crimes ;*
    elle est perfide comme un rasoir affûté ;
    elle est habile à tromper.

5 *Au bien tu préfères le mal,*
  et à la franchise le mensonge.
6 *Tu aimes toute parole qui détruit,*
  langue perfide !
10 *Mais moi, comme un olivier verdoyant*
   dans la maison de Dieu,
   je compte sur la fidélité de Dieu
   à tout jamais.

Le Psaume 52 est l'un des nombreux psaumes imprécatoires et peut être compris comme une contre-attaque contre des accusateurs ennemis.

L'accusé est acculé et lance des mots acerbes contre l'agresseur.

La parole qui détruit (v. 6) mène à sa propre ruine ; la parole mensongère expulse de la sécurité, le mal est un enracinement précaire. L'accusé, lui, gagne en fermeté parce qu'il est enraciné dans la maison de Dieu (v. 10), comme un olivier, non pas n'importe quel arbre, mais cet arbre résistant, de longue vie, frugal, à feuillage persistant, dont les fruits et l'huile nourrissent toute la région méditerranéenne.

Autres voix
« Cette honte qui était la mienne, tu la renvoies aux auteurs du mal. Non pas comme une vengeance pure et simple, mais comme un ‹ retour à l'expéditeur › inscrit sur une lettre malveillante. Le processus est maintenant bien connu : nous portons parfois inconsciemment une culpabilité provenant, non pas de fautes que nous aurions commises, mais des torts que nous avons injustement subis. Vient alors le moment où nous avons à retourner cette culpabilité à son légitime propriétaire, notre agresseur. C'est ce que préconise la loi du Lévitique : *N'hésite pas à faire reproche pour ne pas te charger de la faute de ton frère, ainsi tu n'auras plus besoin de te venger ou de lui porter rancune : c'est ainsi que tu aimeras ton prochain comme toi-même* (cf. Lv 19,17–18). » (Glardon) [3:47]

« Nous avons souvent mis l'accent sur le *tu aimeras ton prochain comme* toi-même, en méconnaissant à tort la première recommandation de ce verset : *fais reproche !* Pour faire l'économie d'une démarche délicate et risquée de prime abord, nous avons soi-disant pardonné, mais prématurément. Des années après, notre amertume est

toujours là tapie au fond de nous. Notre blessure demeure parce que notre grief n'a jamais pu être véritablement exprimé. L'amertume n'est-elle pas une colère enfermée et retournée contre nous-mêmes ? »
(Glardon) [3:47]

« Baies »

À propos du Psaume 53

Versets distillés :
2   *Les fous se disent :*
    « Il n'y a pas de Dieu ! »
    Corrompus, ils se sont pervertis dans des horreurs ;
    aucun n'agit bien.
3   *Des cieux, Dieu s'est penché vers les hommes,*
    pour voir s'il en est un d'intelligent
    qui cherche Dieu.
4   *Tous fourvoyés, ils sont unis dans le vice ;*
    aucun n'agit bien,
    pas même un seul.

Le Psaume 53, lui aussi un psaume imprécatoire, contient les intuitions de quelqu'un qui s'en est sorti.

Le psaume est identique au Ps 14, à quelques différences mineures près. *Il n'y a personne pour faire le bien,* c'est le refrain des deux psaumes.

L'homme qui prie est irrité que ceux qui prétendent qu'il n'y a pas de Dieu aiment manger le pain de Dieu, mais n'invoquent pas son nom. La colère qui s'exprime si ouvertement ici est peut-être la raison pour laquelle ce psaume a été retenu deux fois dans le psautier, bien qu'il ne semble pas très méditatif. Autre raison possible : la tension entre ce qui est si important pour nous et ce que nous voyons autour de nous est si grande que nous avons besoin de l'exprimer.

Le psautier s'est développé progressivement au fil des siècles. On (une personne ou une équipe éditoriale) n'a pas cessé d'enrichir le recueil de chants. Imaginez-le ainsi : les pièces existantes ont été intégrées dans plusieurs collections. Chaque collection a été composée pour elle-même. L'omission d'un psaume aurait miné l'effet et la beauté de l'arrangement existant. D'ailleurs, le doublement est en réalité une variante. Car le même psaume prend, dans le voisinage d'autres psaumes, une sonorité différente.
(d'après Georg Magirius) [56]

Autres voix
Ils tournent comme de stupides girouettes,
ceux qui ne croient en rien sinon en eux-mêmes. Leur devise ?
Profit maximum, éthique minimum. Ils n'ont aucun scrupule.
Ils ne reculent devant aucune bassesse pour parvenir
à leurs fins. Pourtant Dieu observe attentivement
ce qui se passe sur terre. Il aimerait savoir s'il reste quelques
personnes avisées parmi les humains, des gens prêts
à accorder leur vie à sa volonté.
Début du psaume 53 dans *Les psaumes tels que je les prie* par Christian Vez, qui termine sa préface ainsi : « Peut-être donnerai-je ainsi un jour une suite à ce travail que je pourrais intituler : ‹ Les psaumes tels qu'ils m'ont réécrit › ». [38:16]

Petite méditation sur le soupir : « Ce petit soupir avec lequel nous disons à Dieu ‹ mais oui, hélas ! › c'est une prière et la source de toute prière. Tout le Notre Père s'y trouve, tout *Miserere* et tout *Gloria* que l'Église n'ait jamais priés. Tout se retrouve dans ce petit soupir et tout doit aussi se retrouver dans ce petit soupir. Ce n'est pas là une prière ciselée. C'est simplement un enfant de Dieu qui exprime son manque. »
(Karl Barth, 1886–1968)

« La foi est un organe supplémentaire, non pas pour découvrir le sens secret de toutes choses, mais pour en percevoir la vitalité. L'acte de croire est une confiance, un état de disponibilité, une sensibilité extrême de tous les sens, et du sens des sens, celui qui sent l'ensemble des sens, et que l'on pourrait appeler le sens de la présence. »
(Alexis Jenny) [51:28]

« Du feu dans le cœur »

À propos du Psaume 54

Versets distillés :
3   *Dieu, sauve-moi par ton nom ;*
    par ta bravoure, rends-moi justice.
4   *Ô Dieu, écoute ma prière,*
    prête l'oreille aux paroles de ma bouche.
5   *Car des étrangers m'ont attaqué*
    et des tyrans en veulent à ma vie.
    Ils n'ont pas tenu compte de Dieu.
9   *Il m'a délivré de toute détresse,*
    et je toise mes ennemis.

Le Psaume 54 est un autre psaume de lamentation. Voilà encore quelqu'un sur la défensive, sous pression. Encore quelqu'un qui se bat pour son identité, qui est sévèrement remis en question ; il est sauvé par l'identité de Dieu (ton nom, v. 2) et peut passer à l'offensive.

Autres voix
« Le prophète prie pour être, au nom du Seigneur, délivré de la malveillance de ses persécuteurs. »

« *Orat propheta, ut in nomine Domini a persequentium malignitate liberetur.* »
(Jean Cassien)

« Le dépouillement ne consiste pas à se dépouiller du désir, mais à dépouiller le désir de toute prétention à l'autonomie vis-à-vis de Dieu. Le désir ne devient bon que lorsqu'il s'abandonne à Dieu pour se réaliser par lui, et non parce que son objet aurait au préalable reçu l'approbation divine. »
(Pierre Janton, dans *Cette violence d'abandon qu'est la prière*)

« Après ce que je viens d'écrire, il ne serait pas étonnant que la méditation silencieuse et calme puisse être accusée de masochisme sophistiqué... Par la méditation, on atteint un point où l'on désire s'asseoir quotidiennement avec sa propre part de douleur. Pour la fréquenter, la connaître, la domestiquer ... Sans cesser d'être, la douleur change peu à peu à mesure qu'on la fréquente. Et c'est ainsi que l'on apprend à être avec soi-même. »
(Pablo D'Ors) [49:97]

« La foi ? C'est une façon directe de comprendre, cela va droit au sens profond des choses, c'est la révélation des fins dernières de l'Univers. Ce n'est pas contradictoire avec la science, c'est mieux, c'est plus grand : ça va plus vite. Tout est dit dans la Bible, et la science lentement le redécouvre. »
(Jenny) [51:13]

« Dons »

À propos du Psaume 55

Versets distillés :
17 *Moi, je fais appel à Dieu,
     et le SEIGNEUR me sauvera.*

18 *Le soir, le matin, à midi,*
   bouleversé, je me plains.
   Il a entendu ma voix,
19 *il m'a libéré, gardé sain et sauf,*
   quand on me combattait,
   car il y avait foule auprès de moi.

Le Psaume 55 est un poème-prière à la fois de plainte et de combat.

Daniel Bourguet a écrit sur ce psaume une belle brochure qui a pour titre « Le soir, le matin et à midi, je loue et je médite ». [11]

Il est recommandé de prier trois fois par jour. Les trois étapes accompagnent constamment la prière du psaume : crier, soupirer, implorer. La réaction de Dieu aussi : il aide, il entend, il libère. Tous les jours. Parfois la libération vient le matin, parfois à midi ou le soir. Le minimum pour les liturgies des heures est de prier et de chanter trois fois par jour. Cela donne une bonne structure, ce sont des piliers de pont, lavés par le ruissellement rapide du temps.

Si on recombine les v. 18 à 19 dans un ordre légèrement différent (en faisant, pour ainsi dire, un collage de textes), on obtient une courte prière pour les trois temps du jour.

Le soir, le matin et à midi,
bouleversé, je me plains.
Le soir, le matin et à midi,
Il a entendu ma voix,
Le soir, le matin et à midi,
Il m'a libéré et gardé sain et sauf.

Le soir, le matin et à midi : ce rythme ternaire est vraisemblablement le rythme le plus fréquent que l'on relève dans la Bible. C'est en tout cas celui qui ressort avec le plus de netteté. On voit en particulier que le prophète Daniel vivait sur un tel rythme ses offices quotidiens.

Thomas Merton (moine trappiste américain, 1915–1968) a fait une expérience particulière de ce psaume après l'avoir chanté lors des complies. Dans une période où il redécouvre la solitude et où le chant commun lui est à nouveau devenu plus difficile, il note dans son journal : « Le psaume 54 a eu une signification formidable pour moi. J'ai eu l'impression de chanter quelque chose que j'avais moi-même écrit. Ce psaume était le mien plus que tout autre de mes propres poèmes. » « Voilà le mystère des psaumes. Notre identité s'y trouve cachée. En eux, nous nous trouvons nous, et nous trouvons Dieu. Et ce n'est pas seulement Dieu qui se montre dans ces fragments, mais aussi nous tels que nous sommes en Lui. » (Thomas Merton, *The Sign Of Jonas*) [57]

Cor meum conturbatum est in me, et formido mortis cecidit super me.
Timor et tremor venerum super me, et contexerunt me tenebrae:
Et dixi: quis dabit mihi pinnas sicut columbae et volabo, et requiescam?
Ecce, elongavi fugiens, et mansi in solitudine.
Expectabo eum, qui salvum me fecit a pusillanimitate spiritus, et tempestate.
(Extrait du psaume 55 en latin tel que chanté dans de nombreux monastères)

Vivre sans soucis – est-ce possible ?
- Oui, dit le Psaume 55, 23 : *Jette tes soucis sur le Seigneur, il te tiendra droit !*
- Oui, dit Pierre, citant le même psaume : *Déchargez-vous sur lui de tous vos soucis, car il prend soin de vous* (1 Pierre 5,7).
- Oui, dit l'apophtegme des Pères suivant : « Abandonne ton souci au Seigneur ; car ce n'est pas par des peines que tu pourras avoir le dessus. En effet, notre corps est comme un vêtement : si tu en prends soin, il se tient, mais si tu le négliges, il s'abîme. » [19:293]
- Oui, dit Martin Luther : « Jette sur lui tous tes soucis et sois certain que c'est lui qui prend soin de toi. Oui vraiment, quiconque apprenait ce lancer ferait l'expérience qu'il en est bien ainsi. Mais qui n'apprend pas un tel lancer restera un homme renversé, projeté, désarçonné, largué et rejeté. »
- Oui, dit Traugott Bachmann (1865–1948) : « On ne peut pas traverser la vie sans une bonne dose d'insouciance. » (tiré de : *Ich gab manchen Anstoss*)

Autres voix
Lorsque Daniel sut que le rescrit avait été signé, il entra dans sa maison. Celle-ci avait des fenêtres qui s'ouvraient, à l'étage supérieur, en direction de Jérusalem. Trois fois par jour, il se mettait donc à genoux, et il priait et louait en présence de son Dieu, comme il le faisait auparavant.
(Daniel 6,11)

« Il est bon qu'un chacun, pour plus grand exercice de prier, se constitue en son particulier certaines heures, lesquelles ne passent point sans oraison. Quand nous nous levons au matin, devant que commencer notre ouvrage ... Quand l'heure est de prendre notre repas et réfection des biens de Dieu, et après que nous l'avons pris ... Quand tout notre ouvrage du jour fini, le temps est de prendre notre repos. »
(Jean Calvin, 1509–1564, *L'institution chrétienne* III.20.50)

« Libérés d'un grand poids, nous cessons de nous tourmenter. Heureux de nous retrouver, de nous savoir aimés à l'intérieur de nos limites, de nous remettre en route à partir de ce que nous sommes et non de ce que nous rêvons d'être. C'est là la guérison, la première conversion, l'acte d'humilité le plus vrai qui soit. »
(Simone Pacot) [50:49]

« Étoffe »

À propos du Psaume 56

Versets distillés :
2   *Pitié, Dieu ! Car un homme me harcèle :*
    tous les jours il combat, il m'opprime.
3   *Des espions me harcèlent tous les jours,*
    mais là-haut, une grande troupe combat pour moi.
10 *Mes ennemis battront en retraite*
    le jour où j'appellerai ;
    je le sais, Dieu est pour moi.
11 *Sur Dieu, dont je loue les paroles,*
    sur le SEIGNEUR, dont je loue les paroles
12 *sur Dieu je compte, je n'ai pas peur.*

Le Psaume 56 est le dernier d'une courte série de psaumes imprécatoires.

Il en est des conflits comme des maladies : elles sont difficiles à supporter quand elles traînent et deviennent chroniques. Mais le psalmiste semble avoir réussi à se frayer un chemin et à prier pour y arriver. Il commence à fredonner un refrain (v. 5, v. 12) : *Je loue la parole de Dieu. J'ai confiance en Dieu et je n'ai pas peur. Que peuvent me faire les gens ?* Apparemment cette stratégie lui réussit durablement, parce que le psaume se termine ainsi (semblable au Ps 116) : *Car tu as arraché ma vie de la mort, sauvé mes pieds de la chute. Ainsi, devant Dieu, je marche sur mon chemin à la lumière des vivants.* En un mot : la confiance en Dieu a enlevé la peur de la personne qui priait.

Autres voix
« Le courage, c'est la peur qui a prié. »
(Corrie ten Boom, 1892–1983, une Hollandaise qui, cachant de nombreux Juifs pendant l'époque nazie, les a sauvés de la mort.)

« L'élément textuel le plus intéressant peut-être, du point de vue psychologique et spirituel, est l'accent mis sur la confiance, l'abandon à Dieu : prier le Ps 56 constitue certainement un excellent moyen de recréer la paix intérieure quand surgissent les peurs envahissantes ; il fait toujours bon redécouvrir que ‹ Dieu est pour › nous ! C'est pourquoi on a décrit le petit poème comme ‹ une mini-histoire de l'âme ›. »
(Girard) [5:87]

Une sœur religieuse qui s'était tue complètement à cause d'expériences traumatisantes a pu retrouver la parole dans le cadre d'une psychothérapie. La récitation de psaumes a joué un rôle clé à cet égard : « Mon seul moyen de dire des mots, c'était d'aller réciter des psaumes avec telle ou telle communauté ... et dans ces psaumes je pouvais dire des choses que je ne pouvais pas dire dans d'autres circonstances, donc les mots des psaumes, de certains psaumes et, à certains moments, donc ils étaient plus ou moins forts selon dans quel état je me trouvais et, pour moi, ça cette récitation des psaumes m'a vraiment sauvé la vie en ce sens que ça m'a permis d'exprimer des choses qui étaient en moi devant Dieu avec les mots qui m'étaient donnés par Dieu et, pour moi, ça avait une importance capitale. »
(Claude-Alexandre Fournier, « Crise, construction identitaire et vocation – Emprise maternelle : quand Dieu vient au secours d'une narrativité confisquée », *Revue d'éthique et de théologie morale*) [58]

« Soleil levant »

À propos du Psaume 57

Versets distillés :
8   *Le cœur rassuré, mon Dieu,*
    le cœur rassuré,
    je vais chanter un hymne :
9   *Réveille-toi, ma gloire ;*
    réveillez-vous, harpe et lyre,
    je vais réveiller l'aurore.
10 *Je te rendrai grâce parmi les peuples, Seigneur ;*
    je te chanterai parmi les nations.
11 *Car ta fidélité s'élève jusqu'aux cieux*
    et ta vérité jusqu'aux nues.
12 *Dieu, dresse-toi sur les cieux ;*
    que ta gloire domine toute la terre !

Le Psaume 57 est une surprenante combinaison d'appel d'urgence et de chant du matin. La situation de base (comme pour tous les psaumes de supplication) est la détresse.

Le psaume contient un hymne à vivre, à prier à travers la détresse. Le bel hymne chante le matin ou le nouveau jour après une phase nocturne angoissante. On le retrouve aussi dans le Ps 108 ; apparemment il a été trouvé particulièrement beau !

Autres voix
« L'hymne est conçu de manière à susciter la représentation suivante : Du fond de son propre cœur, le son du chant s'élève avec toujours plus d'ampleur vers les hauteurs et les étendues, afin que la renommée du Dieu bon, sa gloire, se répande comme l'aurore jusqu'aux nuages, dans le ciel et sur toute la terre. »
(Klaus Seybold) [39]

« Je prie toujours avec intensité ma pauvre prière du Notre Père. Mais je pense aussi à combien j'ai moi-même été bien faible et cela souvent, parfois plus longuement, parfois plus brièvement. Néanmoins, j'ai reçu de l'aide et même plus que je n'en avais demandé. Eh bien, c'est bien ce qu'il en est de la consolation spirituelle, sans laquelle la consolation extérieure n'est que peu. À moins qu'elle ne mène à éveiller le réconfort spirituel, comme le dit David lui-même dans le psautier (Ps 57), sa harpe soit à Son honneur et à Sa joie : réveille-toi, mon âme, réveille-toi, réveille-toi, psautier et harpe. Et tous les saints se réjouissent des psaumes et des cordes. »
(Martin Luther, dans une lettre à un prince)

« Accepter ses limites signifie apprendre du Christ comment vivre une déception, comment se remettre en route après une trahison, un abandon, un grave échec, comment vivre une fragilité, un handicap. La déception peut être terrible et nous pouvons devenir amers, frustres, incapables de nous rétablir dans la confiance. Mais elle peut aussi être l'occasion d'un approfondissement, d'un mûrissement. En acceptant qu'elle fasse partie de la vie, elle peut devenir mouvement, occasion de créativité. C'est ce qu'ont vécu les disciples d'Emmaüs après la mort de Jésus, en retrouvant la présence de Dieu à l'œuvre au cœur de tout ce qui vit, y compris de la mort. »
(Simone Pacot) [50:49]

« Chercher le noyau »

À propos du Psaume 58

Versets distillés :
7   *Dieu ! casse-leur les dents dans la gueule ;*
    SEIGNEUR, démolis les crocs de ces lions.

8 Qu'ils s'écoulent comme les eaux qui s'en vont !
Que Dieu ajuste ses flèches, et les voici fauchés !
9 Qu'ils soient comme la limace qui s'en va en bave !
Comme le fœtus avorté, qu'ils ne voient pas le soleil !

Le Psaume 58 est un texte très agressif, rempli de désirs de destruction.

C'est un psaume de vengeance, un psaume de malédiction ou un psaume imprécatoire, dont il y en a plus dans le psautier que ce que l'on aimerait admettre. En raison de ses formulations violentes et sanguinaires, ce psaume a été retiré de la Liturgie des Heures (il n'est pas le seul).

Mais, dit Erich Zenger (1939–2010), « Les psaumes d'imprécation sont un moyen d'enlever le pouvoir destructeur des images ennemies agressives et de les transformer en puissance constructive ». [59]

Autres voix
« Une action qui détruit la vie des autres et de la communauté conduit à l'autodestruction, devient une malédiction. Les actions qui aident les autres et renforcent la communauté, en revanche, deviennent une force de vie, une bénédiction. Le péché apparaît donc comme une transgression de l'existence, qui a nécessairement un effet funeste sur la vie du transgresseur. Le concept est donc holistico-organique, et non légaliste : le malin se punit finalement lui-même, car les commandements de Dieu mènent à la vie, et leur mépris entraîne par conséquent des pertes de vies. »
(Kurt Marti, 1921–2017) [60]

« Pour clarifier, questionnons-nous sur les limites que nous n'acceptons pas, les deuils que nous ne pouvons nous résoudre à vivre, les refus dans lesquels nous sommes enfermés. Dès que nous commençons à prendre conscience de nos limites, les acceptant enfin, nous sommes comme arrivés au port. »
(Simone Pacot) [50:49]

« Taches d'ombre »

À propos du Psaume 59

Versets distillés :
7   Le soir, ils reviennent,
    grondant comme des chiens ;
    ils rôdent par la ville.
8   Les voici, de la bave plein la gueule,
    des épées sur les babines.
16 Ils errent en quête de nourriture ;
    s'ils ne sont pas repus,
    ils passent la nuit à geindre.
17 Et moi, je chante ta force,
    le matin, j'acclame ta fidélité,
    car tu as été pour moi une citadelle,
    un refuge au jour de ma détresse.

Le Psaume 59 est une autre plainte, respectivement un autre psaume imprécatoire.

Les ennemis sont représentés comme des chiens : ils aboient, bavent, bavardent, grognent, mordent. Les chiens sont parfois des animaux dangereux, mais ils ne sont ni méchants ni diaboliques ; ils font partie de la création qui a besoin de rédemption.

Autres voix
Les ennemis sont le huitième thème du psautier selon Bonhoeffer. « Nulle part ailleurs dans le Psautier nous ne sommes autant dans l'embarras qu'à propos des psaumes dits de vengeance. Leurs idées traversent l'ensemble du Psautier à une fréquence effrayante. »
(Bonhoeffer) [2:128]

« À aucun moment le psalmiste ne va prendre lui-même en main la vengeance ; c'est à Dieu seul qu'il la confie (cf. Rm 12,19). S'il n'a pas chassé de lui toute idée de vengeance personnelle, s'il n'est pas libre de toute soif de vengeance, il ne l'a pas sérieusement confiée à Dieu. »
(Bonhoeffer) [2:130]

« Le Ps 59 demeure éminemment apte à soutenir la prière confiante de tout chrétien engagé, au nom de sa foi, dans le démantèlement de l'empire du mal et l'œuvre mystérieuse de transformation du monde présent en Royaume de justice et de charité. »
(Girard) [5:125]

« Renoncer à une illusion est une souffrance, un véritable déchirement, un deuil, un détachement très profond. La première illusion à laquelle il est essentiel de renoncer est celle de l'image idéalisée de nous-mêmes que nous avons créée, après laquelle nous courons au lieu d'être vrais et que nous ne voulons en aucun cas perdre. Il est difficile d'être confronté à ses imperfections, à ses erreurs, à ses échecs. Il est difficile d'être simplement soi-même. Nous voulons avoir ou être ce qu'a ou est l'autre. C'est une conception païenne de Dieu : pour être aimés de lui, il faut être parfaits, ce que nous traduisons souvent par être sans failles, sans limites. Bien souvent cela nous amène au perfectionnisme. »
(Simone Pacot) [50:47]

« Poterie en devenir »

À propos du psaume 60

Versets distillés :
4   *Tu as fait trembler la terre, tu l'as crevassée :*
    réduis ses fractures, car elle chancelle !

5   *Tu as fait voir de durs moments à ton peuple,*
    tu nous as fait boire un vin qui saoule.
6   *À ceux qui te craignent, tu as donné le signal*
    pour fuir devant l'archer.
7   *Pour que tes bien-aimés soient délivrés,*
    sauve par ta droite et réponds-nous.

Le psaume 60 est un psaume de lamentation.

Quelqu'un (un individu ou – plus probablement – un peuple) a subi une défaite. On se plaint. On demande de l'aide. Maintenant, on compte sur le fait que Dieu est de son propre côté, et non du côté des ennemis.

On parle d'un pays divisé, d'un pays traversé par une brèche. Il y a souvent un clivage à travers des groupes de personnes, beaucoup sont divisés : des pays comme la Bosnie ou la Corée, les Églises. Est-ce qu'il y a un manque de volonté de s'exposer à soi ou à d'autres points de vue ? *Réduis ses fractures* (v. 4) : ce bout de verset reste toujours une bonne prière.

Autres voix
« Seule manière de croire en Dieu : espérer en lui. Voilà pourquoi qui ne prie pas ne croit pas. »
(Piotr Tschaadaïev, 1794–1856) [61:164]

« Le chaos est rempli d'espoir parce qu'il annonce une renaissance. »
(Coline Serreau) [61]

« Enseigne-nous / à dire des **non** / qui aient un goût de **oui** / et à ne jamais dire de **oui** / qui aient un goût de **non**. »
(Dom Hélder Câmara) [43]

« Comment désirer vivre en Dieu en croyant qu'il est le rival de l'être humain, qu'il le menace de sa toute-puissance ? Nous pensons qu'il va aliéner notre identité (nous n'allons plus exister, plus avoir de pensée, de volonté, de désir, être dévorés), notre liberté (nous allons être soumis à une contrainte insupportable), notre vie (Dieu ne va pas tenir compte de nos limites ; nous risquons d'être amenés à vivre

un dépassement qui pourrait nous écraser). Souvent nous pensons qu'il punit, accuse, condamne, accable, qu'il est source du mal, de la souffrance, qu'il veut notre mort et non notre vie. »
(Simone Pacot) [50:36]

« Herbe trinitaire »

À propos du Psaume 61

Versets distillés :

3 *Du bout de la terre,*
   je fais appel à toi
   quand le cœur me manque.
   Sur le rocher trop élevé pour moi
   tu me conduiras.
4 *Car tu es pour moi un refuge,*
   un bastion face à l'ennemi.
5 *Je voudrais être reçu sous ta tente pour des siècles,*
   et m'y réfugier, caché sous tes ailes.

Le Psaume 61 est une prière en terre étrangère.

La personne qui prie ne se repose pas en elle-même, elle est à bout, découragée et débordée. Elle aimerait être l'invitée de Dieu, elle a un désir ardent de proximité maternelle, comme dans un nid. Être chez soi, tout en se trouvant à l'étranger – ce serait le top.

Dans l'ensemble, le psautier déroule un mouvement qui va de la complainte à la louange. Dans la première partie (Pss 1–89), c'est la plainte qui prédomine. Ce qui ne veut pas dire qu'on en reste là. La volonté de ceux et celles qui prient les psaumes est de trouver un chemin qui tout en acceptant ce qui est lourd, mène à l'affirmation de la vie.

Autres voix
« Le psaume est une perle, petite et précieuse. Il a été la prière qu'il fallait pour beaucoup de personnes profondément affligées, quand leur esprit était trop déprimé et confus pour trouver tout seul les mots adéquats. »
(C. H. Spurgeon, 1834–1892)

« Dieu permet que les bienheureux soient opprimés et tourmentés afin que, lorsqu'ils sont opprimés, ils en appellent Dieu et que, lorsqu'ils l'appellent, ils soient entendus, et, que lorsqu'ils sont entendus, ils louent Dieu. »
(Augustin d'Hippone † 430)

« L'espoir est de pouvoir voir qu'il y a de la lumière malgré toute la noirceur. »
(Desmond Tutu, 1931–2021)

« De même, ‹ affirmer que le Christ nous rachète par ses plaies › ou par sa souffrance est un raccourci gros de dangers, notamment celui de ‹ croire que c'est la souffrance en tant que telle qui rachète ›. La souffrance en elle-même n'est pas rédemptrice. C'est l'amour qui est rédempteur. C'est la façon dont nous allons vivre l'évènement qui va en faire un tombeau ou une porte. Nous pouvons vivre l'évènement comme un enfant de Dieu ou comme un orphelin, un errant, un malheureux. C'est par sa vie tout entière que Jésus nous sauve, sa naissance, sa vie à Nazareth dans le quotidien, les joies et les douleurs de sa mission publique, sa condamnation et sa mort, sa résurrection, il nous sauve par la façon dont il a traversé et assumé son existence comme fils de Dieu : à chaque instant de sa vie il est resté présent à l'amour du Père, empli de l'Esprit, ouvert, aimant, plein de force et de vigueur, et ce jusque dans sa mort. »
(Simone Pacot) [50:42]

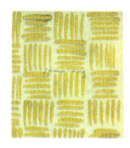

« Recueillement »

À propos du Psaume 62

Versets distillés :
2   *Oui, mon âme est tranquille devant Dieu ;
    mon salut vient de lui.*
3   *Oui, il est mon rocher, mon salut,
    ma citadelle ; je suis presque inébranlable.*
6   *Oui, sois tranquille près de Dieu, mon âme ;
    car mon espoir vient de lui.*
7   *Oui, il est mon rocher et mon salut,
    ma citadelle : je suis inébranlable.*
8   *Mon salut et ma gloire sont tout près de Dieu ;
    mon rocher fortifié, mon refuge sont en Dieu.*

Le Psaume 62 est une méditation et une confession de foi.

Beaucoup de psaumes sont des prières issues de situations de détresse. La pression, les conflits, les crises, les injustices ont mené la personne à la prière. C'est là, dans la prière, que les plus beaux mots et les plus belles phrases ont souvent été créés. Le Psaume 62 est une telle prière avec des mots parmi les plus beaux et des phrases parmi les plus belles. La personne en prière est passée de l'agitation au repos. La tranquillité qui découle des versets *Oui, c'est en Dieu que mon âme se confie ; de lui vient mon salut* (v. 2) absorbe l'agitation (tout comme les globules blancs phagocytent les microbes toxiques et les rendent inoffensifs).

Autres voix
« D'ordinaire je me tais et me repose. Qu'ai-je besoin de rompre le silence ? Toutes choses parlent à Dieu dans ce monde, tout en moi est à nu devant ses yeux : mon cœur, mes facultés, mes puissances, ma science, mes pensées, mes vœux, mes ef-

forts et ma fin. D'un autre côté, ses regards sont si puissants qu'ils peuvent corriger mes défauts, enflammer mes désirs et donner des ailes à mon âme. »
(Balthasar Alvarez † 1580, confesseur de Thérèse d'Avila) [62:149]

Concernant la première famille de psaumes, on y regroupe entre autres les psaumes de confiance. « La confiance, qui est le ressort des appels au secours, passe au premier plan et constitue le thème prédominant de quelques psaumes (3 ; 4 ; 11 ; 16 ; 23 ; 27 ; 62 ; 121 ; 131 ; voir 91). Ces chants, d'une haute portée spirituelle, proviennent peut-être des milieux lévitiques. Les psalmistes chantent leur sécurité dans la paix et la joie (23,4–5 ; 27 ; 1.3, voir 3,7 ; 4,9 ; 131,2–3), leur intimité permanente avec Dieu (16,5–11) ; ils professent leur foi (16,2.4–5 ; 62) et ils invitent leurs compatriotes à imiter leur expérience. La joie et la sécurité que procure la communion avec Dieu sont souvent associées au Temple, où Dieu se manifeste (11,7 ; 16,11), d'où il exauce les fidèles réfugiés près de lui (3,5 ; 11,4 ; 23,6 ; 27,4). Les trois psaumes 115, 125 et 129 expriment la confiance de la collectivité. »
(TOB) [1:1085]

« Le message du Ps 62 pour aujourd'hui ne manque pas de clarté ni d'à-propos. On peut en faire au moins une triple lecture :
1. Christique, d'abord. Les assassins du prophète de Nazareth ont fait œuvre de ‹ buée › : ils n'ont pas réussi à le faire ‹ chanceler › du tout. Il y a là, pour nous aussi, espoir et source de résurrection.
2. Lecture mystique, aussi. Quel autre psaume invite plus clairement le contemplatif au plein ‹ silence › et à l'abandon total de l'âme ! Celui qui, dans la tranquillité du cœur, tend vers Dieu une oreille attentive, ne tarde pas à entendre son message et à faire l'expérience de sa protection doucement maternelle et de son salut.
3. Lecture morale et sociale, enfin, qui dénonce le vide ahurissant des fausses valeurs du monde moderne. Les ‹ fils de l'humus › qui cherchent à écraser tout le monde pour renforcer leur pacte avec l'idole du pouvoir et le dieu Mammon [l'Argent], ne tarderont pas à ‹ s'évaporer ›. Le mythe de l'homme qui se croit fort se brise inexorablement contre le ‹ roc › du Dieu fort, loyal et juste. Lui seul mérite une confiance totale. »
(d'après Girard) [5:155]

« Abba Alonios disait : Si l'homme ne dit pas dans son cœur : ‹ Moi et Dieu sommes seuls en ce monde ›, il ne trouvera pas de repos. »
(Dom Lucien Regnault) [22:88]

« Le silence agrandit notre espace intérieur, disaient-elles [des carmélites], et permet d'accueillir la présence de Dieu qui est murmure. Elles choisissent de ne pas parler pour entendre ; elles écoutent. »
(Alexis Jenny) [51:80]

« ‹ Reviens ! › est l'appel récurrent de Dieu à son peuple : faire demi-tour, aller dans le sens contraire de notre propension habituelle à la dispersion. Jean Tauler, dans l'un de ses sermons, cite Saint Anselme : ‹ Arrache-toi à la multiplicité des œuvres extérieures, laisse s'assoupir l'ouragan des pensées intérieures, et assieds-toi, repose-toi ...› »
(Thérèse Glardon) [32]

« Pour ma part, le silence favorise le recueillement. Je ne saurais trop te recommander de commencer chacun de tes offices par une bonne plage de silence. Ne nous précipitons pas : Dieu a tout son temps et notre temps lui appartient. Faisons de ce silence comme un parvis, avant d'entrer dans un sanctuaire. »
(Daniel Bourguet) [11:15]

Ce que disent les Pères de l'Église sur la spiritualité des psaumes – propos choisis :
- Le chant des psaumes est comme le tranquille mouvement des vagues : une vague accueille, reprend de l'autre son mouvement, et le restitue – dans un constant va-et-vient qui est pourtant d'un calme incompréhensible. (Ambroise † 250)
- La prière et les psaumes doivent toujours être dans le cœur. (Épiphane de Salamine † 403)
- Les psaumes rétablissent l'harmonie et l'équilibre. Le Psautier est le grand maître de l'âme. (Athanase † 373)
- Chanter les psaumes, c'est rencontrer le Christ et sa sagesse multicolore. Chanter les psaumes a un effet tranquillisant, calmant. (Évagre le Pontique † 399)
- La Parole de Dieu est la goutte qui amollit notre cœur de pierre. (Abba Poemen)
- Jésus, le médecin, est aussi la Parole de Dieu. C'est pourquoi il ne prépare pas des médicaments pour ses patients à partir de suc de plantes, mais à partir du secret des mots : Ce sont les remèdes de la parole. (Origène † 254)

« Éclairé »

À propos du Psaume 63

Versets distillés :
2   *Dieu, c'est toi mon Dieu ! Dès l'aube je te désire ;*
    mon âme a soif de toi ;
    ma chair languit après toi,
    dans une terre desséchée, épuisée, sans eau.
4   *Oui, ta fidélité vaut mieux que la vie,*
    mes lèvres te célébreront.
5   *Ainsi, je te bénirai ma vie durant,*
    et à ton nom, je lèverai les mains.
7   *Quand sur mon lit je pense à toi,*
    je passe des heures à te prier.
8   *Car tu as été mon aide,*
    à l'ombre de tes ailes j'ai crié de joie.

Le Psaume 63 est un poème nostalgique.

La personne en prière cherche, désire, aspire, languit – après Dieu. Mon Dieu, elle appelle son Dieu, elle le connaît déjà. Elle aspire à revivre cette relation personnelle.

Quelque part le psaume bascule. Du désir et de la nostalgie, il nous mène à l'accomplissement ; du besoin il nous mène à la richesse, de la soif il nous mène à l'eau, du manque au contentement. Ce psaume déploie toute la spiritualité psalmique.

Autres voix
« Il a été décrété par les Pères les plus anciens qu'aucun jour ne devait se passer sans le chant public de ce psaume. »
(Jean Chrysostome, 349–407)

« Il n'est pas douteux que tout ce qui est dit dans les Psaumes doit être compris conformément à ce que proclame l'Évangile, de sorte que, quelle que soit la personne au nom de laquelle a parlé l'Esprit de prophétie, tout cela soit cependant rapporté à la connaissance de la venue de notre Seigneur Jésus Christ, de son Incarnation, de sa Passion, de son Règne et de la puissance et de la gloire de notre résurrection. »
(Hilaire de Poitiers, 315–367)

« Pour ceux qui n'aiment pas, le langage de l'amour est barbare, c'est-à-dire étrange et incompréhensible. *Lingua amoris non amanti barbara* est. »
(Bernard de Clairvaux † 1153)

« En relecture contemporaine, le Ps 63 s'adapte à merveille à toute situation d'aridité spirituelle. Dans nos vies comme dans l'histoire personnelle du psalmiste, bien des périodes de désert spirituel prennent racine dans des problèmes psychologiques, sociaux ou politiques. »
(d'après Girard) [5:171]

« Le plaisir qu'on prend en Dieu est tel qu'on ne peut pas se rassasier de lui. Plus on le goûte, plus on communie à lui, plus on a faim. »
(Macaire, 290–390) [61:176]

« Chaque jour, nos mains sont comme un bol vide. »
(Dag Hammarskjöld, 1905–1961)

« Prendre conscience de ce que nous vivons et le relier à Dieu. C'est ce que l'on a appelé la prière affective, qui, selon Thérèse d'Avila, n'est pas autre chose ‹ qu'une amitié intime, un entretien fréquent seul à seul, avec celui dont nous nous savons aimés ›. »
(Thérèse Glardon) [32]

« Os sphénoïdale os occipitale – une connexion »

À propos du Psaume 64

Versets distillés :
2   *Dieu ! écoute ma plainte ;
    préserve ma vie d'un ennemi terrifiant ;*
3   *cache–moi loin du complot des scélérats,
    loin des malfaisants qui se concertent.*
7   *Ils combinent des crimes :
    « Nous avons bien combiné notre affaire :
    au fond de l'homme, le cœur est impénétrable ! »*
10 *[T]out homme est saisi de crainte,
    il proclame ce que Dieu a fait,
    et de cet acte, il tire la leçon.*

Le Psaume 64 est le dernier d'une série de psaumes d'imprécation (à partir du Ps 51).

Le cœur des méchants, le cœur des injustes est un abîme, un abîme sans fond et sans fondement. Mais le cœur de ceux qui font le bien a un fondement. Ils ne tombent pas dans l'abîme.

Autres voix
« Pour le chrétien qui prie, la question se pose toujours de savoir jusqu'où entrer dans cette destruction des ennemis qu'il demande. Ici, la ‹ formule › de Saint Augustin reste toujours valable : Aimer le pécheur, haïr le péché. »
(Robert Spaemann) [63:51]

« En relecture, le Ps 64 nous encourage à garder intacte la rectitude morale et spirituelle au cœur même de l'adversité et des problèmes. Tôt ou tard, justice se fait.

Comme dit l'adage, qui crache en l'air, reçoit son crachat sur le nez ! Que les impies et les malveillants se le tiennent pour dit ! »
(d'après Girard) [5:178]

« La spontanéité, tantôt rude, tantôt délicate, des psaumes nous apprend à dialoguer avec Dieu plus librement que nous ne le ferions par nous-mêmes. Sans eux, une certaine expérience de la vie et une conception plus pieuse de la prière mettraient une sourdine à l'audace, à la saine franchise. Ne serait-il pas souvent plus sûr de ne pas trop attendre de Dieu, de ne pas trop prendre de risques avec lui ? Il y a donc vraiment un langage de prière que nous devons aux psaumes et dont nous aurons besoin, tant que nous serons en marche. »
(Frère François et frère Pierre-Yves : *Le sens de Dieu dans les Psaumes*) [46:73]

« Tulipe »

À propos du Psaume 65

Versets distillés :
5 *Heureux l'invité que tu choisis,*
   il demeurera dans tes parvis.
   Nous serons rassasiés des biens de ta maison,
   des choses saintes de ton temple.
10 *Tu as visité la terre, tu l'as abreuvée ;*
   tu la combles de richesses.
   La rivière de Dieu regorge d'eau,
   tu prépares le froment des hommes.
   Voici comment tu prépares la terre :
11 *Enivrant ses sillons,*
   tassant ses mottes,
   tu la détrempes sous les averses,
   tu bénis ce qui germe.

Le Psaume 65 est un hymne sur le Créateur et sa création.

C'est un psaume plaisant. La présence de Dieu a un effet thérapeutique et sain. La nature va bien, la prière est entendue, le pardon expérimenté, la fertilité visible et la bénédiction reçue. C'est Dieu lui-même – la vie en personne, *Je-suis-la-vie* s'appellera Jésus (Jn 14,6) – c'est lui l'auteur de toute vie.

Le Ps 65 forme une unité thématique avec les Pss 66, 67 et 68. Ce petit groupe de psaumes a pour titre *un psaume, un chant* ; il célèbre le Dieu en Sion qui – maître de la vie, créateur de la vie – assujettit les monstres du chaos et donne la vie en abondance.

Le psaume contient une béatitude qui laisse pressentir les bienfaits de la spiritualité des psaumes : *Heureux celui que tu choisis et que tu admets en ta présence, pour qu'il habite dans tes parvis* (v. 5, traduction Segond). Ou selon « la bible – nouvelle traduction » : *Oh bonheur de celui que tu laisses approcher. Il habite ta cour intérieure.*

La distillation de ce psaume joue avec les quatre lettres A, G, T, C, symboles des éléments constitutifs de la vie dans le sens biologique. L'adénine (A), la guanine (G), la thymine (T) et la cytosine (C), forment la fameuse ADN (acide désoxyribonucléique) qui est une macromolécule présente dans toutes les cellules. L'ADN est devenue une expression courante pour désigner l'essentiel d'un organisme. L'ADN contient toute l'information génétique « sur la vie », permettant le développement, le fonctionnement et la reproduction des êtres vivants. Derrière ces quatre lettres se trouve le tétragramme (c.-à-d. les quatre consonnes du nom de Dieu en hébreu), le YHWH le « Je Suis Qui Je Serai » (Ex 3, 14), le créateur de toute vie.

Autres voix
« Dieu a façonné le premier homme de ses mains de potier. Il l'a façonné de l'extérieur. Mais l'homme nouveau, il le façonne de l'intérieur, non avec ses mains comme ferait un coiffeur ou une esthéticienne, mais avec son amour, un peu comme on façonne une fleur. La beauté d'une fleur se façonne de l'intérieur pour mieux s'épanouir sur l'extérieur. Pour l'homme nouveau, il en est de même, sauf que sa beauté est le reflet de celle de Dieu. »
(Bourguet, *Prions les Psaumes*) [9:6]

« La création est un grand livre ouvert où la beauté de Dieu a laissé sa trace. »
(Commentaire de Stan Rougier sur ce psaume) [36:144]

« La bénédiction comprend donc la capacité de vivre dans le sens le plus profond et compréhensif. Rien qui relève de l'action et de l'enracinement de la vie dans la réalité ne peut tomber en dehors de la bénédiction ... La bénédiction est la puissance vitale sans laquelle aucun être vivant ne peut exister. »
(Johannes Pedersen, † 1977) [29:129]

« Dieu aspire à être sans cesse avec l'homme, et il l'instruit pour le conduire à lui, si tant est qu'il veuille le suivre. Jamais homme n'a en quoi que ce soit éprouvé autant de désir que Dieu n'en éprouve, lui, de conduire l'homme à le connaître. Dieu est toujours prêt, mais nous sommes très peu prêts. Dieu nous est proche, mais nous sommes loin de lui. Dieu est dedans, mais nous sommes dehors. Dieu est chez lui, mais nous sommes étrangers. »
(Maître Eckhart † 1328, Sermon 68) [62:152]

« Yin + Yang »

À propos du Psaume 66

Versets distillés :
9 *Celui qui nous fait vivre*
   n'a pas laissé nos pieds chanceler.
10 *Dieu, tu nous as examinés,*
   affinés comme on affine l'argent.
17 *Quand ma bouche l'appelait,*
   la louange soulevait ma langue.

20 Béni soit Dieu,
    qui n'a pas écarté de lui ma prière,
    ni de moi sa fidélité.

Le Psaume 66 compile des éléments pour une action de grâce.

C'est un psaume agréable à chanter. La raison en est claire : sa tonalité est optimiste et heureuse. Il exprime le sentiment d'une victoire obtenue, la fin d'une soumission, la fin d'une oppression. Le psaume chante deux, voire trois délivrances simultanément : l'exode par la mer Rouge, le passage du Jourdain et le second exode, à savoir le retour de l'exil babylonien.

Le psaume était probablement chanté dans l'ancien Israël lors de la célébration pascale. La Septante (traduction grecque de l'Ancien Testament) donne au psaume le titre de « Cantique de la Résurrection », ce qui n'est pas une addition chrétienne mais la plus ancienne exégèse juive. Dans le programme des psaumes de l'antiphonaire bénédictin, « le psaume frappe l'accord fondamental de la liturgie dominicale » (Braulik) et remplit l'air du son de la résurrection.

Le son de la résurrection est entonné deux dimanches après Pâques. Le premier dimanche s'appelle JUBILATE (*jubilez* !) et fait référence au premier verset du Psaume 66, le deuxième dimanche après Pâques s'appelle ROGATE (*priez* !) et fait référence au dernier verset du psaume.

Autres voix
« L'adoration est notre première réponse. Totalement incapables de dire ce que signifie Sa présence, nous ne pouvons que chanter, nous ne pouvons que bégayer les paroles d'adoration. C'est pourquoi, dans la liturgie juive, la louange l'emporte sur la demande. »
(Abraham Heschel, 1907–1972, *Dieu en quête de l'homme*)

« *Dites ensemble des psaumes* (Eph 5,19). *Instruisez-vous et avertissez-vous les uns les autres par des psaumes* (Col 3,16). La *prière en commun des psaumes* a eu de tout temps une importance particulière dans l'Église. Aujourd'hui encore, dans bien des Églises, cet usage s'est maintenu au début de chaque temps de recueillement commun [la prière des heures]. Chez nous, il s'est assez largement perdu et nous de-

vons retrouver cet accès à la prière des psaumes. Le Psautier occupe une place unique dans l'ensemble de l'Écriture sainte. Il est Parole de Dieu, et en même temps, à peu d'exceptions près, prière de l'être humain. »
(Bonhoeffer) [2:45]

« Dans une dramatique de salut, tout priant se trouve embarqué dans un mystère qui dépasse de beaucoup les frontières de son moi. Aucune oppression personnelle ne peut se dissocier de l'oppression dont ont souffert et souffriront les hommes de tous temps et de tous lieux. De ce point de vue, l'esclavage d'Israël en Égypte constitue la figure type [transhistorique] de toutes nos expériences pénibles, et le prélude incontournable de toute libération, matérielle et socio-politique aussi bien que spirituelle. Telle est la théologie de base du psaume, qui devrait présider à toute relecture. »
(Girard) [5:201]

« Cet hymne proclame-t-il notre Dieu maître de l'histoire ? Oui, à condition d'intérioriser avec un sérieux sacré la non-transparence de ce maître, à condition donc d'intégrer avec un respect religieux que nous ne savons rien de l'essence de Dieu. Ce qui veut dire : ce maître de l'histoire est différent des maîtres de l'histoire que nous connaissons, il est différent aussi de ce que nous humains imaginons dans le terme de maîtrise. »
(Kurt Marti) [60]

« La liberté, c'est raconter tout ce qui nous arrive dans une histoire cohérente. »
(Benedict Schubert / Stanley Hauerwas)

« Épeler »

À propos du Psaume 67

Versets distillés :
2   *Que Dieu nous prenne en pitié et nous bénisse !*
    Qu'il fasse briller sa face parmi nous,
5   *Que les nations chantent leur joie,*
    car tu gouvernes les peuples avec droiture,
    et sur terre tu conduis les nations.
6   *Que les peuples te rendent grâce, Dieu !*
    Que les peuples te rendent grâce, tous ensemble !
8   *Que Dieu nous bénisse,*
    et que la terre tout entière le craigne !

Le Psaume 67 chante la bénédiction de Dieu.

Il joue autour de la bénédiction classique et tripartie (en trois parties, à trois voix) de Nombres 6,24–26 : *Le Seigneur te bénisse et te garde ; le Seigneur fasse rayonner sur toi son regard et t'accorde sa grâce ; le Seigneur porte sur toi son regard et te donne la paix.*

Dans le jazz, on dirait : le Ps 67 est une improvisation sur la mélodie de cette bénédiction d'Aaron.

Le psaume s'enthousiasme pour la façon dont Dieu bénit les gens ; d'ailleurs, il étend le cercle de la bénédiction à toutes les nations. La seule chose qui nous reste à faire, c'est de recevoir et de remercier ; mais nous pouvons et devons développer cette attitude à volonté et constamment.

Autres voix
« Or ce mot hébreu [bénédiction] revêt dans le vocabulaire théologique une signification plus riche et plus profonde encore : la *berakhah* contient à la fois les notions

de bienfait, faveur divine, bonheur, prospérité, paix, grâce, abondance, fertilité et fécondité. Il dessine la main d'un père qui transmet à son fils ou sa fille une force qui les rendra capables d'accomplir leur œuvre de vie. Sa racine *barakh* se rapproche phonétiquement de *barah*, le fuir du début du psaume. De la *fuite* à la *bénédiction*, le parcours si mal commencé se termine magnifiquement. Grâce à l'intervention d'un Dieu dont l'unique désir est de délivrer et de mettre au large. »
(Glardon) [3:49]

« La liturgie est avant tout et profondément louange et rappel (‹ anamnèse ›) de Dieu bienveillant et bienfaisant. La liturgie est une réponse, pleine de reconnaissance, à l'expérience d'un Dieu qui s'est incliné vers l'homme pour être avec lui et auprès de lui. »
(Erich Zenger) [41:362]

« Saint, saint, saint, le roi du monde, les cieux sont remplis de sa divinité. Il marche sur les routes des vents. Que vienne sa miséricorde, Dieu des éons qui est monté au septième ciel. Il est venu de la droite du Père, l'agneau béni, par son sang, les âmes ont été délivrées, les portes d'airain se sont ouvertes, il a brisé les verrous de fer, il a libéré les prisonniers des ténèbres, il a rendu impuissante la mort. »
(*Dieu des cieux, Dieu de la terre* ; prière du 3e ou 4e siècle) [52]

« Trouver sa place »

À propos du Psaume 68

Versets distillés :
6   *Père des orphelins, justicier des veuves,*
    tel est Dieu dans sa sainte demeure.

7 Aux isolés, Dieu procure un foyer :
il fait sortir les captifs par une heureuse délivrance,
mais les rebelles habitent des lieux arides.
20 Béni soit le Seigneur chaque jour !
Ce Dieu nous apporte la victoire.
21 Ce Dieu est pour nous le Dieu des victoires,
et les portes de la mort sont à DIEU le Seigneur.

Le Psaume 68 est un pot-pourri fait de divers fragments d'hymnes.

Son caractère hétéroclite n'en rend pas moins le psaume précieux. Ses versets isolés brillent comme les différentes pièces colorées d'un vitrail. Ils encouragent les gens à faire l'expérience de la prière et de la méditation par eux-mêmes.

Dieu est père des orphelins : cela sonne comme une anticipation de ce qui est promis dans Galates 4,6–7 (NFC) : *La preuve que vous êtes bien ses enfants, c'est que Dieu a envoyé dans nos cœurs l'Esprit de son Fils, l'Esprit qui crie : « Abba, Père ! » Ainsi, tu n'es plus esclave, mais enfant ; et puisque tu es son enfant, Dieu te donnera l'héritage qu'il réserve à ses enfants.*

Autres voix
« Certes, Dieu n'a pas besoin de l'existence ; c'est bien plutôt l'existence qui a besoin de Dieu. »
(Émile Chartier, 1868–1951) [61:171]

« Il est normal que, comme tout être humain, nous ayons des limites. Comme Adam et Eve, nous tombons dans le piège de les refuser. Nous aimerions être comme Dieu, nous aimerions être Dieu. C'est cette tentation fondamentale de refus des limites, qui se trouve au cœur de tout être humain, que Jésus a surmontée lors de ses quarante jours de jeûne dans le désert. Il est très significatif que les tentations de Jésus portent précisément sur l'acceptation des limites de l'être humain, le refus de la toute-puissance. Par peur de nous voir tels que nous sommes, nous nous cachons de nous-mêmes, ce qui nous amène à avoir peur d'être vus : j'ai pris peur car j'étais nu et je me suis caché, répond Adam à l'Éternel qui le questionne : où es-tu ? (non dans un lieu géographique, mais dans l'être : où es-tu en toi-même). L'acceptation de ses limites est une conversion très profonde, un passage essentiel. »
(Simone Pacot) [50:46]

« Intégration menacée »

À propos du Psaume 69

Versets distillés :
2   Dieu, sauve-moi :
    l'eau m'arrive à la gorge.
3   *Je m'enlise dans un bourbier sans fond,*
    et rien pour me retenir.
    Je coule dans l'eau profonde,
    et le courant m'emporte.
17 *Réponds-moi, SEIGNEUR, car ta fidélité est bonne ;*
    selon ta grande miséricorde, tourne-toi vers moi,
18 *et ne cache plus ta face à ton serviteur.*
    Je suis dans la détresse ; vite, réponds-moi.

Le Psaume 69 exprime les lamentations d'une personne tourmentée. Elle souffre, elle s'enfonce dans l'abîme et n'a plus de prise. Cela fait penser au prophète Jérémie : *Ils prirent Jérémie, le jetèrent dans la citerne qui était dans le corps de garde, et le descendirent sur des cordes. Mais il n'y avait pas d'eau dans la citerne, mais de la boue, et Jérémie coula dans la boue* (Jérémie 38,6). Elle est morte de peur. Elle est menacée existentiellement par la torture qui jette la victime dans un trou où l'eau monte progressivement jusqu'à ce qu'elle se noie.

Ce dont Jésus fait l'expérience est plusieurs fois décrit dans les évangiles par des citations et des références ; au Ps 69 par exemple : *Quelqu'un courut, emplit une éponge de vinaigre, et la fixant au bout d'un roseau, il lui présenta à boire en disant : « Attendez, voyons si Elie va venir le descendre de là »* ! (Marc 15,36). *Alors ils lui donnèrent du vin à boire mélangé à du fiel ; et quand il l'eut goûté, il ne voulut pas boire* (Matthieu 27,34). *Mais ses disciples se souvinrent qu'il est écrit : ... Le zèle pour ta maison me dévorera. ...* (Jean 2,17). Jésus touche le fond de l'abîme, meurt, puis ressuscite.

La personne du Ps 69 ne se noie pas, mais survit. Elle est délivrée (v. 19), elle est sauvée (v. 19). Toute heureuse, elle se réjouit : *Que ton cœur vive à nouveau* (v. 33). Et *quiconque aime son nom y habitera* (v. 37). Cela conclut le psaume.

Autres voix
« Parce que le Christ dans son humanité a pris sur lui toute détresse, toute joie, tout fardeau et toute espérance de l'existence humaine, le Psautier peut faire partie de l'Écriture sainte comme un recueil de prières humaines et être en même temps la Parole de Dieu pour nous. En lui, la parole humaine est devenue Parole de Dieu et la Parole de Dieu parole humaine. Dans le don du Notre Père, Jésus a pleinement exaucé la demande des disciples qui voulaient apprendre la vraie manière de prier. C'est pourquoi toutes les prières bibliques et, partant, le Psautier également trouvent dans le Notre Père leur orientation et leur interprétation. Le chrétien ne prie donc pas comme cela lui serait éventuellement suggéré par son propre esprit et son sentiment propre. L'esprit du Christ en lui lui enseigne comment et pourquoi il doit prier ».
(Gerhard Ludwig Müller, postface de Bonhoeffer) [2:204]

« À la Trappe (monastère cistercien), il existe une très belle pratique. Le vendredi saint, toute la communauté se rassemble dans l'église devant la croix, et passe la plus grande partie de la journée à lire l'ensemble du Psautier. Devant la croix … ! Un tel exercice spirituel est d'une étonnante force, comme si le Psautier trouvait enfin sa juste place. Tout ce qui nous paraît excessif dans le psautier, ne l'est plus devant la croix ! C'est ainsi que pour moi les difficultés du Psautier se sont petit à petit estompées, non pas en un seul jour, bien sûr. Je n'ai pas encore fini d'entendre le Psautier devant la croix. »
(Bourguet, *Prions les Psaumes*) [9:49]

« Lui, le Seigneur/ plutôt que de te condamner, plutôt que de t'exterminer/ a envoyé son fils sur ce grain de poussière qu'est la terre./ Et le Fils de Dieu, sans se renier, se fait homme/ Dieu reste Dieu et se fait humain. »
(Dom Hélder Câmara, 1909–1999) [43]

« Chercher le centre »

À propos du Psaume 70

Versets distillés :
2   *Ô Dieu, viens me délivrer,*
    SEIGNEUR, viens vite à mon aide !
6   *Je suis pauvre et humilié ;*
    Dieu, viens vite à moi !
    Tu es mon aide et mon libérateur :
    SEIGNEUR, ne tarde pas !

Le Psaume 70 est une prière courte et pressante.

Ce psaume est le prélude le plus fréquemment utilisé lors d'une liturgie des Heures. Le début, v. 2, est très puissant : *Dieu viens à mon aide – Seigneur à notre secours* (selon la liturgie d'après le psautier de la Bible de Jérusalem). Il est devenu un distillat de la spiritualité psalmique. Martin Luther : « Et ce n'est pas pour rien que l'Esprit Saint a placé le début de ce psaume au sommet de chaque liturgie des Heures ».

Éloge de la prière courte :
- Jean Cassien († 432) : *Deus in adjutorium meum intende, Domine ad adjuvandum me festina / Ô Dieu, viens à mon secours, Seigneur, hâte-toi de m'aider* : Formule de piété (*formula pietatis*). L'invocation de ce verset est « un moyen d'entretenir un fervent souvenir de Dieu » [22:177]
- Jean Cassien : Une courte prière (comme Ps 70,2 ou le Notre Père) est la meilleure condition pour les « prières ardentes » *(preces ignitae)*. En outre, il recommande, au lieu de faire une longue prière, de prier brièvement et souvent (*Collationes* 9:36,1).

- Diadoque de Photicé († 486) recommande une prière constante, avec laquelle on se souvient constamment du nom du « Seigneur Jésus », une forme ancienne de la prière de Jésus ou « prière perpétuelle du cœur ».
- L'hésychasme (grec ancien ἡσυχασμός hēsychasmós) est une forme de spiritualité qui s'est développée dans l'Église orientale au Moyen Âge. Le terme est dérivé du mot grec *hesychia* (ἡσυχία hēsychía), qui signifie « repos » ou « silence », ou selon une autre étymologie de hēsthai (ἧσθαι « être assis »).
- La prière du repos remonte à Cassien ; c'est Peter Dyckhoff qui l'a fait connaître à notre époque. Il s'agit tout simplement de prendre un court verset ou une invocation de Dieu ou même un seul nom de Dieu, de le ruminer encore et encore ou garder et méditer dans son cœur (c'est ainsi que Luc décrit Marie, cf. Lc 2,19).

Ces prières – et bien d'autres encore – sont de possibles prières du cœur (ou prière de repos) :

Ô Dieu, viens à mon secours, Seigneur, hâte-toi de m'aider !
Seigneur Jésus Christ, Fils de Dieu, prends pitié de moi.
Jésus Christ, Seigneur, prends pitié de moi.
Seigneur, prends pitié de moi, pécheur.
Mon Seigneur et mon Dieu.
Que Ta volonté soit faite
Seigneur Jésus Christ
Kyrie eleison
Maranatha
Emmanuel
Christ
Jésus
Abba

Autres voix
« Plus la pluie tombe, plus elle amollit la terre. De même, le saint nom du Christ comble de joie et de réjouissance la terre de notre cœur, quand nous l'appelons et l'invoquons fréquemment. »
Hésychius de Batos († 333) (dans Jean-Marie Guellette, *L'assise et la présence*) [62:90]

« Ne peut-on pas y voir l'un des psaumes par excellence de toute théologie de la libération ? »
(Girard) [5:255]

« Cyprès »

À propos du Psaume 71

Versets distillés :
5 *Tu es mon espérance, Seigneur DIEU,*
   ma sécurité dès ma jeunesse.
6 *Je m'appuie sur toi depuis ma naissance,*
   tu m'as séparé du ventre maternel.
   À toi sans cesse va ma louange !
9 *Ne me rejette pas, maintenant que je suis vieux ;*
   quand mes forces déclinent, ne m'abandonne pas.
17 *Dieu, tu m'as instruit dès ma jeunesse,*
   et jusqu'ici, j'ai proclamé tes merveilles.
18 *Malgré ma vieillesse et mes cheveux blancs,*
   ne m'abandonne pas, Dieu :
   que je puisse proclamer les œuvres de ton bras à cette génération,
   ta vaillance à tous ceux qui viendront.
20 *Toi qui nous as tant fait voir*
   de détresses et de malheurs,
   tu vas à nouveau nous laisser vivre.
   Tu vas à nouveau m'élever
   hors des abîmes de la terre.

Le Psaume 71 est la prière d'un homme âgé.

Il est impressionnant et encourageant d'être entrainé dans le mouvement de cet homme qui se réconcilie avec le destin, avec l'âge. L'on ne perçoit aucun ressentiment, aucune querelle, mais comme un refrain la gratitude pour le refuge en Dieu (v. 1, 3, 5, 7).

Qu'est-ce qui a bien pu venir en premier : la confrontation à la vieillesse et ensuite la prière réconciliée ? Ou d'abord cet appel en prière lancé comme un vœu pieux, et de là la réconciliation avec sa propre condition fragile ? Nous ne le savons pas. Seulement qu'il a dû éprouver beaucoup de peur et de confiance pour affirmer : *tu me vivifies* (Chouraqui), *tu viendras me rendre la vie* (NFC). C'est comme une nouvelle jeunesse dans la vieillesse.

Autres voix
« Il y avait un frère devenu assez négligent dans sa vie monastique. Lorsqu'il fut proche de la mort, plusieurs pères l'entourèrent. Et le vieillard, le voyant quitter son corps gaiement et avec joie, et voulant édifier les frères, lui dit : ‹ Crois-moi, frère, nous savons tous que tu ne fus pas très courageux dans l'ascèse ; d'où vient que tu partes ainsi allègrement ? › Le frère dit donc : ‹ Crois-moi, père, tu as dit la vérité. Mais, depuis que je suis devenu moine, je n'ai pas conscience d'avoir jugé quelqu'un qui péchait, et je n'ai gardé de la rancune contre personne, mais je me suis aussitôt réconcilié le jour même. Et je veux dire à Dieu : Tu as dit, maître, *Ne jugez pas, et vous ne serez pas jugés ; et : Pardonnez et on vous pardonnera.* › Tous en furent édifiés, et le vieillard lui dit : ‹ Paix à toi, mon enfant, car tu es sauvé même sans labeur ›. »
(*Les apophtegmes des Pères*, chapitre XV, sur l'humilité) [20:383]

« La vie du vieil homme qui priait et chantait le Ps 71 était remplie de la louange de Dieu. Tout au long de sa vie, il s'est inspiré des hymnes d'Israël, il a chanté les grandes œuvres de Dieu et a contribué à la tradition des psaumes de sa communauté en tant que poète instruit par Dieu. Dans sa vieillesse, cependant, de graves souffrances l'ont frappé. Pour ceux qui l'entouraient, l'homme frappé par Dieu est apparu comme un signe d'horreur … Mais dans la sécurité de la sphère protectrice de Dieu, des chants et des vœux de louange s'élèvent, imprégnés de confiance. Le psaume rayonne d'une assurance formidable. »
(d'après Hans-Joachim Kraus, 1918–2000) [64]

« Ne culpabilisons pas d'avoir des limites. Car alors, ce serait comme chercher à nous faire pardonner d'être créés finis. Discernons d'abord nos limites, nommons-les. Ce n'est qu'ainsi que nous pourrons les accepter et les assumer en les intégrant. Nous nous apaiserons et cesserons de nous croire indignes d'être aimés tels que nous sommes. À partir de ce moment notre regard change, nous comprenons qu'il est normal de vivre des oppositions, des crises, des situations difficiles. En ayant moins peur de nous, de l'autre, de Dieu, nous nous sommes approchés de notre vérité, et cela nous rend libres. Mais ce n'est pas une résignation, qui est mortelle passivité, contraire au mouvement spirituel. C'est un acte conscient, déterminé, un choix qui va consister en premier lieu à déposer nos illusions sur nous-mêmes, sur les autres, sur une situation. »
(Simone Pacot) [50:47]

« Abba Colobos dit : Ne te mesure pas toi-même ! »
(μὴ εαυτόν μετρεῖν, cf. *Les apophtegmes des Pères* I–IX) [19:109]

« Au printemps »

À propos du Psaume 72

Versets distillés :
13 *Il prendra souci du pauvre et du faible ;*
    aux pauvres, il sauvera la vie :
14 *Il les défendra contre la brutalité et la violence,*
    il donnera cher de leur vie.
19 *Béni soit à jamais son nom glorieux !*
    Que toute la terre soit remplie de sa gloire !
    Amen et amen !

Le Psaume 72 est un psaume royal. Il chante deux rois : le roi terrestre (Salomon, dont le psaume porte aussi le nom) et le roi céleste (YHWH).

Le roi idéal n'est pas un roi pour les riches, mais un roi pour les pauvres. Il apporte le droit et la justice aux pauvres et aux esclaves. Le roi idéal est une bénédiction dans la vie concrète des gens, même dans la nature. Le roi est la *pluie qui ruisselle sur les champs* (v. 6) ; tant que *le soleil reste, son nom germe* (v. 17).

Avec ce psaume sur le Roi de la Paix se termine le deuxième livre des Psaumes (Pss 42–72). Les derniers versets peuvent être la finale du Ps 72, mais ils forment surtout la doxologie à la fin du livre : *Béni soit le Seigneur, le Dieu d'Israël ! Lui seul fait des miracles. Béni soit son nom glorieux pour toujours ! Que sa gloire remplisse toute la terre.*

Ce sont des phrases hymniques sur le nom glorieux du « Je Suis Qui Je Suis », avec un écho du chant céleste que le prophète Isaïe entend : le triple Saint (appelé Trisagion, ou Sanctus) : Et l'un appelle l'autre, disant : *Saint, saint, saint est le Seigneur Zebaoth, toute la terre est remplie de sa gloire !* (Es 6,3). La doxologie se termine par un double amen. Chacun des livres du psautier se termine ainsi par une doxologie : Ps 41, Ps 72, Ps 89, Ps 106 et Ps 150 ; ce dernier est tout entier une doxologie.

Tressaille d'allégresse, fille de Sion !
Pousse des acclamations, fille de Jérusalem !
Voici que ton roi s'avance vers toi ;
il est juste et victorieux,
humble, monté sur un âne
– sur un ânon tout jeune.
(Zacharie 9,9)

Autres voix
« Le règne royal a trois dimensions : instance politico-sociale, le Roi est le sauveur des pauvres et celui qui les libère de la violence et de la menace mortelle ; il est ensuite pour la terre le médiateur de la bénédiction divine et de sa fertilité ; finalement, comme son règne est universel, ce roi unit paisiblement Israël et les nations. »
(Erich Zenger) [41]

« Il peut devenir le juge, c'est-à-dire le sauveur des pauvres de YHWH, parce qu'il est lui-même pauvre, et il peut les sauver, parce qu'il a lui-même vécu le salut. C'est un roi de paix, parce qu'il détruit tous les outils de la guerre – et parce qu'il renonce au cheval de guerre comme symbole du pouvoir et s'installe dans sa ville royale sur un âne. »
(Erich Zenger) [41]

Le Ps 72 comme les Pss 41 et 89 (ces psaumes sont les derniers d'un livre du psautier) finissent par *amen et amen* (v. 53). Commentaire de Henri Meschonnic :

« Je traduis amen, au lieu de le laisser, comme il est de tradition, en français, parce que c'est devenu un mot français. Mais le mot français, subtilement, s'est détourné de son sens en hébreu. Il n'est pas anodin qu'il soit glosé ‹ ainsi soit-il ›, formule qui termine souvent les prières (*Grand Larousse de la langue française*). Et que même son étymologie soit censée comporter ‹ une nuance de souhait › et, familièrement, d'approbation. Mais l'hébreu ne dit pas cela. C'est une forme adverbiale dérivée du verbe aman dont la racine signifie ‹ être ferme, digne de confiance, fort, durable, éternel ›. Sûreté et croyance étant liées. La racine, avec ce sens, se trouve en arabe, en éthiopien, en syriaque. (...) Je traduis : ‹ c'est ma foi ›. Une syllabe de plus. Certitude subjective. Curieusement, le mot ne se trouve que 24 fois dans toute la Bible : 13 fois dans Deutéronome (27,16–26) et 5 fois redoublée, dont 3 dans ‹ Gloires › [donc le psautier] (41,14 ; 72,19 ; 89,53). » [34:45]

Sur les psaumes royaux dont fait partie le Psaume 72 (à côté des Pss 2 ; 18 ; 20 ; 21 ; 45 ; 72 ; 89 ; 101 ; 110 ; 132 ; 144) : « Il existe entre les poèmes royaux, les chants du Règne, les cantiques de Sion, des liens intimes ; tous ces psaumes portent en eux une promesse de plénitude : attente du Messie, attente du règne définitif de Dieu, attente d'une métropole idéale ».
(TOB) [1:1083]

« Les nuits mes reins m'avertissent »

À propos du psaume 73

Versets distillés :
2   *Pourtant, j'avais presque perdu pied,*
    un rien, et je faisais un faux pas,
3   *car j'étais jaloux des parvenus,*
    je voyais la chance des impies.
23 *Car je suis toujours avec toi :*
    tu m'as saisi la main droite,
24 *tu me conduiras selon tes vues,*
    tu me prendras derrière la Gloire.
25 *Qui aurais-je au ciel ?*
    Puisque je suis avec toi,
    je ne me plais pas sur terre.
28 *Mon bonheur à moi, c'est d'être près de Dieu ;*
    j'ai pris refuge auprès du Seigneur DIEU.

Le Psaume 73 reflète la lutte intérieure sur un problème qui conduit finalement à la prière. Le problème : Dieu est injuste ; les méchants vont bien ; je vais mal. L'homme en prière lutte à travers les broussailles de sa rancune et gagne dans une nouvelle relation à Dieu.

Le psaume présente quelqu'un qui n'est pas prêt à supporter la vie dans un rôle de victime, mais qui se lève, assume sa responsabilité et finalement se place près de Dieu. Avec lui, il devient heureux.

Autres voix
« De cette terre, je n'ai point d'autre désir que de toi. Tu me suffis. Que puis-je dès lors attendre d'autres dans les cieux que toi encore, et ton amour sans fin contemplé et vécu ? Ah ! n'essaie pas, écrit Claudel, de me donner le monde à ta place ; c'est toi que je veux. »
(Arminjon) [26:335]

« À partir de ces fausses notions de Dieu, nous pervertissons la Parole en prêtant à Dieu des intentions de mort, en appelant mal ce qui est bien et bien ce qui est mal. La Parole pousse vers la vie, même si elle est exigeante et vigoureuse, si elle demande de quitter ce à quoi nous nous accrochons et qui fait mal. Elle relie, elle ne divise pas. Si elle oriente vers certaines séparations nécessaires, c'est pour un amour plus juste, mieux situé. Elle éclaire nos contradictions. »
(Simone Pacot) [50:43]

Mais ces qualités que je regardais comme un gain, je les considère maintenant comme une perte à cause du Christ. Et je considère même toute chose comme une perte en comparaison de ce bien suprême : connaître Jésus Christ mon Seigneur, pour qui je me suis privé de tout avantage personnel ; je considère tout cela comme des déchets, afin de gagner le Christ et d'être parfaitement uni à lui. Je n'ai plus la prétention d'être reconnu juste grâce à la Loi. C'est par la foi du Christ que je suis juste, et je suis juste grâce à Dieu, en m'appuyant sur la foi. Tout ce que je désire, c'est de connaître le Christ et la puissance de sa résurrection, d'avoir part à ses souffrances et d'être rendu semblable à lui dans sa mort. Et j'ai l'espoir que je parviendrai moi aussi à la résurrection d'entre les morts.
(Philippiens 3, 7–11 NFC)

« La parole de Dieu, c'est un fer rouge. »
(Georges Bernanos, 1888–1948, *Journal d'un curé de campagne*)

« Soulskin ou l'âme à fleur de peau »

À propos du Psaume 74

Versets distillés :

13 *Tu as maîtrisé la mer par ta force,*
   fracassant la tête des dragons sur les eaux ;
14 *tu as écrasé les têtes du Léviatan,*
   le donnant à manger à une bande de chacals.
15 *C'est toi qui as creusé les sources et les torrents,*
   et mis à sec des fleuves intarissables.
16 *À toi le jour, à toi aussi la nuit :*
   tu as mis à leur place la lune et le soleil.

Le Psaume 74 est une complainte avec des insertions en forme d'hymne.

Après des reproches (*pourquoi, pourquoi* au v. 1, *combien de temps*, v. 10, *pourquoi*, v. 11), le psaume bascule progressivement vers la gratitude et la louange du roi d'autrefois (v. 12). Ce qui encourage particulièrement la prière, c'est que Dieu a vaincu les dragons (v. 13s). Ici, l'hymne devient une prière grâce au pronom « tu » (adressé à Dieu) à la tête de plusieurs versets.

Le motif du dragon apparaît plusieurs fois dans les psaumes. Il est à noter que ni le Léviathan de Job (voir le discours de Dieu, adressé à Job, au chapitre 40), ni les êtres du chaos ne sont mauvais en soi. Ils sont sans doute dangereux, imprévisibles et nuisibles, mais cela leur ferait trop d'honneur de les diaboliser. Ici, dans le Psaume 74, la prière exprime le soulagement que, grâce à Dieu, le dragon soit devenu inoffensif. Dans le grand Psaume 104 de la Création, Dieu joue avec le Léviathan (v. 26). Il n'a pas peur de ces dragons primitifs et de ces créatures terribles. Dans le film d'animation *Comment dresser un dragon* (*How to train a dragon*), un garçon parvient à apprivoiser un dragon pour voler sur lui et gagner des combats.

L'hymne sur Dieu, qui gagne contre le chaos (politique aussi) est un chant et une prière, grâce auxquels on peut se relever.

Autres voix
Et le dragon marin, le Léviatan, le pêcheras-tu à l'hameçon,
le prendras-tu par la langue avec ta ligne ?
Lui passeras-tu un roseau dans les narines,
lui perceras-tu la mâchoire d'un crochet ?
Te suppliera-t-il instamment ?
Ou bien te dira-t-il des mots doux ?
Conclura-t-il un pacte avec toi,
pour que tu le prennes comme esclave à vie ?
(Job 40, 25–28 NFC)

« Vous avez certainement lu la vie des moines de Tabennesi, où il est dit que, pendant qu'Abba Théodore parlait aux frères, deux vipères rampèrent à ses pieds ; mais lui, sans être dérangé, leur fit une sorte de chambre avec ses pieds et les laissa y rester jusqu'à ce qu'eût achevé sa parole. Puis il les montra aux frères et leur raconta ce qui s'était passé. Dans cette histoire, Théodore arrive à poursuivre son enseignement tout en faisant un abri temporaire pour les serpents venimeux. Il n'ignore ni les frères ni les serpents ; il répond plutôt aux deux en même temps sans se détacher de sa tâche spirituelle première. »
(d'après Evagre le Pontique, cf. Luke Dysinger) [18]

« Dieu est une mer qui monte et qui descend. Sans interruption il étend son flux vers tous ceux qui l'aiment, selon le besoin et la dignité de chacun, et, dans son reflux, il ramène tous ceux qui ont été comblés, au ciel et sur la terre, avec tout ce qu'ils ont et tout ce qu'ils peuvent donner. »
(Jan van Ruysbroeck, 1293–1381) [61:268]

« Eau et huile »

À propos du Psaume 75

Versets distillés :
2   *Dieu, nous te célébrons,*
    nous célébrons ton nom, car il est proche,
    tes merveilles sont annoncées.
3   *Quand je donne rendez-vous,*
    moi, je juge avec droiture.
4   *La terre s'effondrera avec tous ses habitants.*
    N'est-ce pas moi qui en ai fixé les colonnes ?
8   *C'est Dieu qui juge :*
    il abaisse l'un, il relève l'autre.

Le Psaume 75 est un éloge pour celui qui arrange les choses.

Les actes de Dieu sont des miracles, parce qu'il met les vantards, les imposteurs, les opposants, les injustes dans le gouffre. Dieu est juge, il abaisse les uns et en élève d'autres.

Marie le chante :
De tout mon être je dirai la grandeur du Seigneur,
mon cœur déborde de joie à cause de Dieu, mon sauveur !
Car il a porté son regard sur l'abaissement de sa servante.
Oui, dès maintenant et en tous les temps, les humains me diront bienheureuse,
car celui qui est puissant a fait pour moi des choses magnifiques.
Il est le Dieu saint,
il est plein de bonté de génération en génération
pour ceux qui reconnaissent son autorité.
Il a montré son pouvoir en déployant sa force :

il a mis en déroute ceux qui ont le cœur orgueilleux,
il a renversé les puissants de leurs trônes
et il a élevé les humiliés au premier rang.
(Luc 1, 46–52, une partie du Magnificat, ce psaume du NT)

Nous célébrons ton nom, car il est proche (v. 2) : ce verset fait penser à la première demande du Notre Père : *Que ton nom soit sanctifié.*

Autres voix
Dans *De la vie communautaire,* Bonhoeffer fait un lien entre le Psautier et le Notre Père : « Oetinger, dans son commentaire des psaumes, a certainement exprimé une profonde vérité en ordonnant l'ensemble des psaumes selon les sept demandes du Notre Père. Il a voulu dire par là que, dans cet immense recueil, il n'est au fond question de rien de plus et de rien d'autre que de ce qu'il y a dans les courtes demandes de l'oraison dominicale. Dans toutes nos prières, il ne reste que la prière de Jésus Christ qui est chargée de promesse et qui nous libère du bavardage païen. Plus nous grandirons dans la pénétration des psaumes et plus nous les aurons priés souvent, plus notre prière deviendra elle-même à la fois plus simple et plus riche. »
(Bonhoeffer) [2:48]

Cassien († 432) explique que le Notre Père est la meilleure prémisse de la prière mystique « ardente » *(preces ignitae)*. Immédiatement après son explication du Notre Père, Cassien mentionne la psalmodie comme une occasion d'immersion mystique. « Quand nous chantions les psaumes ensemble, il n'était pas rare qu'un verset du psaume menât à une prière ardente. »
(Holzherr) [53:189]

« Le nom, juste le nom organise tout, la parole, juste la parole oriente, range, met en récit. Le réel prend sens quand il est dramatisé, mis en un récit où les présences s'emboîtent, et vont dans le même sens, sens du mouvement et sens du dénouement, le récit devenant alors équivalent de la lumière. Quand on peut raconter le réel, il s'éclaire ; ou bien plus simplement : raconter éclaire. Dieu, ce Dieu-là, écoute ; et il parle. Peu importe ce qu'on lui dit et ce qu'il dit, la parole est un acte sensible qui est un lien. »
(Jenny) [51:153]

« Roue de méditation »

À propos du Psaume 76

Versets distillés :

2 *En Juda, Dieu s'est fait connaître ;*
   son nom est grand en Israël.
3 *Sa tente s'est fixée à Salem,*
   et à Sion, sa demeure.
4 *Là, il a brisé les foudres de l'arc,*
   le bouclier et l'épée, la guerre.
5 *Tu resplendis, magnifique,*
   à cause des montagnes de butin.

Le Psaume 76 est un « cantique de Sion ».

Les cantiques de Sion (Ps 46, Ps 48, Ps 76, Ps 87) tournent autour de l'idée que Sion est la demeure de YHWH. Dans la théologie de Sion, Sion devient, pour ainsi dire, le centre du monde, où la présence de YHWH éloigne les pouvoirs chaotiques (mythiques et politiques).

Sion n'était à l'origine que le nom d'une forteresse près de Jérusalem. David la prit et en fit la capitale. Plus tard, le nom passa au Mont du Temple de Jérusalem, puis à tout Jérusalem et à ses habitants, et enfin à tout le peuple de Sion. Lorsque Jérusalem et le temple furent détruits en 587 av. J.-C. (la plus grande catastrophe de l'ancien Israël, comparable au 9/11, le 11 septembre 2001, selon Brueggemann in : *Reality, Grief, Hope: Three Urgent Prophetic Tasks* [65]) et que les habitants furent déportés en exil, Sion parut être l'incarnation même du foyer et du désir.

Détour : Brueggemann soutient que les États-Unis (en fait : l'Occident), tout comme l'ancien Israël avant lui, vivaient dans la conviction de ce qu'il appelle

« l'exceptionnalisme ». La nation d'Israël a été « choisie » par Dieu sur la base de l'alliance abrahamique. Lorsque les Babyloniens ont conquis Israël en 587 et détruit le temple, leur culture – tout leur univers – a été complètement bouleversée. Toujours selon Brueggemann, les États-Unis ont vécu un événement similaire dans la tragédie du 9/11 ; cet événement brisait « l'exceptionnalisme » de l'Occident.

Dieu se révèle et aide les pauvres. Finies les attentes exagérées d'un roi qui prendrait des mesures brutales, règlerait chaque chose et effrayerait tous ses ennemis. Dieu vient à ceux qui sont à terre. Il descend de sa hauteur vers les humiliés.

Cela ressemble à une anticipation de ce que décrit l'hymne de l'épître aux Philippiens : *Il s'est humilié lui-même ... C'est pourquoi Dieu l'a aussi élevé et lui a donné le nom qui est au-dessus de tous les noms* (Philippiens 2,8s).

Autres voix
« Ce psaume chante et loue Jérusalem, la ville que Dieu a choisie pour sa demeure. C'est de ce sanctuaire, identifié au Mont Sion, que Dieu proclamera la paix, en détruisant toute force militaire. Devant Dieu, toute armée humaine est faible et impuissante. De son trône dans le sanctuaire de Jérusalem, Dieu libérera tous les pauvres de la terre, en surmontant l'arrogance des orgueilleux et la cupidité des puissants. Dans la défense des pauvres, Dieu se montre toujours terrible envers ceux qui veulent dominer la terre entière. »
(Carlos Mesters, Francisco Orofino, Lúcia Weiler) [42]

À la fin des temps, il en sera ainsi (Apocalypse 14, 1–3) : *Je regardai encore : je vis l'agneau qui se tenait debout sur la montagne de Sion et, avec lui, 144'000 personnes qui avaient son nom et le nom de son Père inscrits sur le front. J'entendis une voix qui venait du ciel et qui résonnait comme de grandes chutes d'eau, comme un fort coup de tonnerre. La voix que j'entendis était semblable au son produit par des joueurs de harpes, jouant de leur instrument. Ces milliers de gens chantaient un chant nouveau devant le trône, devant les quatre êtres vivants et les anciens. Personne ne pouvait apprendre ce chant sinon les 144'000 qui ont été rachetés de la terre.*

Début du Ps 76, selon la traduction de Stan Rougier [36:171] :

Tout sert au bien
Dieu Se révèle dans un peuple.
En Israël, Son Nom est l'Absolu.
Dieu habite Jérusalem.
Sion est Sa maison
C'est là qu'Il met fin à la guerre,
Brisant l'arc, le glaive et le bouclier.
Toi le Lumineux, le Resplendissant,
Plus majestueux que les plus hautes montagnes.

« **Embryonnaire** »

À propos du Psaume 77

Versets distillés :
7 *La nuit, je me rappelle mon refrain,*
   mon cœur y revient,
   et mon esprit s'interroge :
8 *Le Seigneur va-t-il rejeter pour toujours ?*
   Ne sera-t-il plus jamais favorable ?
10 *Dieu a-t-il oublié de faire grâce ?*
   De colère, a-t-il fermé son cœur ?
11 *Je le dis, mon mal vient de là :*
   la droite du Très-Haut a changé !
20 *Dans la mer tu fis ton chemin,*
   ton passage dans les eaux profondes,
   et nul n'a pu connaître tes traces.

Le Psaume 77 est une méditation sur la prière.

Le psalmiste veut prier. Il aura besoin de trois tentatives pour y arriver : la première tentative échoue ; il est trop agité, il ne dit que « moi », il n'adresse pas la parole à Dieu ; Dieu est à la 3e personne. Il n'y a pas de « tu ». Dans la deuxième tentative, il pense au passé et compare les différents temps ; il peine à accepter que Dieu agisse différemment que prévu : *J'ai dit : Une chose me fait mal, la droite du Très-Haut a changé* (v. 11) ; présent à lui-même, il reconnait où il en est. Mais la prière ne dit toujours pas « tu ». Dans la troisième tentative, il médite sur les œuvres de Dieu ; quand il pense aux grandes œuvres de Dieu, à l'exode, à la libération, au *chemin dans les eaux puissantes* (v. 20), il reconnait que *nul ne peut connaître tes traces*, c'est à dire il abandonne la recherche de compréhension et peut entrer dans une relation de confiance. Il tombe dans le langage de la prière, et la prière a lieu.

Autres voix

« Tard je t'ai aimée, beauté ancienne et si nouvelle, tard je t'ai aimée. Tu étais au-dedans de moi et moi j'étais dehors. Et c'est là que je t'ai cherché. Ma laideur occultait tout ce que tu as fait de beau. Tu étais avec moi, et je n'étais pas avec toi. » (Augustin, *Confessions* X, 27) [52:205]

Jean-Pierre Prévost, reprenant la typologie de Brueggemann (orientation – désorientation – réorientation), propose la distinction suivante :
– psaumes pour les jours heureux
– psaumes pour les jours difficiles
– psaumes pour les jours du bonheur retrouvé
  et rajoute les
– psaumes pour les jours incertains.

« On pense alors à des psaumes qui logent à l'enseigne de la nostalgie, de la recherche et de l'ambivalence, non sans poser des questions radicales, mais dans un contexte plus serein que la supplication, la lamentation ou l'imprécation. C'est le cas, notamment, du Psaume 77, particulièrement nostalgique. » [31:197]

« Dans le royaume de la prière, il y a 150 portes d'entrée ; tu peux passer par l'une ou par l'autre ; chaque fois tu découvriras Dieu sous un autre jour : chaque fois tu te découvriras sous une autre lumière. Et quand tu auras fait le tour de ces 150 prières, dit Dieu, j'en aurai encore une à te proposer, et c'est le ‹ Notre Père ›. Mais restons-en là pour le moment : 150 prières, ce sont déjà 150 merveilleux cadeaux. » (Bourguet) [9:24]

« Proue »

À propos du Psaume 78

Versets distillés :
68 *Il choisit la tribu de Juda,*
la montagne de Sion qu'il aime.
69 *Il bâtit son sanctuaire pareil aux cimes,*
et comme la terre, il l'a fondé pour toujours.
70 *Il choisit David son serviteur,*
le prenant dans une bergerie :
71 *de derrière ses brebis, il le fit venir ;*
il en fit le berger de Jacob son peuple,
d'Israël son patrimoine.
72 *Berger au cœur irréprochable,*
il les guida d'une main avisée.

Le Psaume 78 est un psaume narratif.

C'est le deuxième psaume le plus long du psautier et il est certainement placé intentionnellement au milieu du livre. Les psaumes narratifs (parmi lesquels on compte, en plus du Ps 78, aussi les Pss 77, 105, 106 et 114) rendent compte des hauts et des bas tout au long de la relation entre Dieu et son peuple.

Pour Bonhoeffer, l'histoire du salut est l'un des dix éléments du psautier : « Nous prions ces psaumes en considérant que tout ce que Dieu a fait jadis pour son peuple, il l'a fait pour nous ». [2:117]

Les principaux chapitres de l'histoire du salut sont : le passage de la mer, l'exode et la délivrance des plaies d'Égypte (décrites pour certains dans le psaume), la lutte contre les puissances du chaos, la migration au désert et l'entrée en Canaan, et finalement l'élection de Sion.

Autres voix
« Le saint Abba Antoine, assis un jour au désert, se trouva pris d'acédie et dans une grande obscurité de pensées. Il dit à Dieu : ‹ Seigneur, je veux être sauvé, mais les pensées ne me laissent pas ; que ferai-je dans mon affliction ? Comment serai-je sauvé ? › Peu après, s'étant levé pour sortir, Antoine vit quelqu'un comme lui, assis et travaillant, puis se levant de son travail et priant, assis de nouveau et tressant la corde, puis se levant encore pour la prière. C'était un ange du Seigneur envoyé pour le diriger et le rassurer. Et il entendit l'ange dire : ‹ Fais ainsi et tu es sauvé ›. Ayant entendu cela, Antoine eut beaucoup de joie et de courage. Et faisant ainsi, il fut sauvé. »
(*Apophtegmes des Pères,* VII – Divers récits nous préparant à l'endurance et au courage) [19:337]

Rien n'est plus trompeur que le cœur humain.
Impossible de le guérir ! Et qui peut le comprendre ?
Moi, dit le Seigneur, je vois jusqu'au fond du cœur,
je perce le secret des consciences.
(Jérémie 17,9–10)

Mes petits enfants,
n'aimons pas en paroles et de langue,
mais en acte et dans la vérité ;
à cela nous reconnaîtrons que nous sommes de la vérité,
et devant lui nous apaiserons notre cœur,
car, si notre cœur nous accuse,
Dieu est plus grand que notre cœur et il discerne tout.
(1 Jean 3,18–20)

« Le psaume rappelle, remet en présence ce qui fut pour que continue l'histoire des débuts, parce que l'avenir du peuple dépend de cette continuité. Ce regard en arrière sur l'agir salutaire de Dieu se fait lorsque dans la détresse du présent cette continuité menace de se rompre. »
(Claus Westermann, 1909–2000)

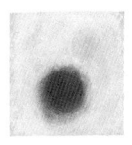

« Tourbillon de neige »

À propos du Psaume 79

Versets distillés :
2 Elles ont livré les cadavres de tes serviteurs
   en pâture aux oiseaux du ciel,
   la chair de tes fidèles aux bêtes de la terre,
3 et elles ont versé leur sang à flots
   tout autour de Jérusalem,
   les privant de sépulture.
11 Que la plainte des prisonniers parvienne jusqu'à toi ;
   ton bras est grand, laisse vivre les condamnés.

Le Psaume 79 est une complainte.

Les plaintes se rapportent aux ruines des temples, aux maisons détruites, aux prisonniers de guerre et aux blessés ; elles font référence à la catastrophe de 587 av. J.C., lorsque la ville de Jérusalem fut détruite et la population déplacée. La description pourrait être d'aujourd'hui, qu'il s'agisse du Moyen-Orient ou d'autres pays en guerre (p. ex. en Afrique).

Le psaume est une prière émouvante (et une prière du premier au dernier verset) qui ne peut laisser les croyants d'une autre époque indifférents, même s'ils vivent dans une situation moins menaçante sur le plan existentiel. Elle conduit à la demande de redevenir ce qu'était autrefois l'Église, *ton peuple* et *les brebis de ton pâturage* (v. 13).

Autres voix
« En Dieu il n'y a pas de violence. Dieu n'a pas envoyé le Christ pour nous accuser, mais pour nous appeler à lui, non pour nous condamner, mais parce qu'il nous aime. »
(Diognète, 2ᵉ siècle)

« En relecture, le Ps 79 peut tracer un chemin d'espérance à toute nation, collectivité ou personne en état de choc. Souvent, d'ailleurs, nos ruines politiques, sociales, ou même physiques et psychologiques, ne sont pas sans lien avec nos ruines morales et spirituelles. »
(Girard) [5:381]

« En lui nous retrouvons nos repères, apprenons les lois de vie qui vont redonner une juste orientation. Dans sa grâce, nous allons être capables de prendre conscience de nous-mêmes, de nous laisser éclairer en vérité, de poser des choix, de quitter le chemin de mort et de prendre le chemin de vie, de nous remettre en route, de nous lever et de porter notre grabat, sur la foi de sa parole, comme l'infirme de Bethesda. »
(Pacot) [50:17]

« Planta »

À propos du Psaume 80

Versets distillés :
4 *Dieu, fais-nous revenir ;*
 que ton visage s'éclaire et nous serons sauvés.
8 *Dieu de l'univers, fais-nous revenir ;*
 que ton visage s'éclaire et nous serons sauvés.

15 *Dieu de l'univers, reviens donc ;*
    regarde du haut des cieux et vois.
19 *Alors, nous ne te quitterons pas ;*
    tu nous feras vivre et nous invoquerons ton nom.
20 *SEIGNEUR, Dieu de l'univers, fais-nous revenir ;*
    que ton visage s'éclaire et nous serons sauvés.

Le Psaume 80 contient une plainte et une demande.

La plainte :
– murs démolis !
– violence !
– invasion !
– pillage !
La demande :
– *Écoute !*
– *Laisse-nous vivre !*
– *Fais-nous revenir !*
– *Brille-sur nous !*
– *Que ton visage s'éclaire*

Le but principal de la prière est de *nous restaurer,* ou *rétablir*, comment le dit le refrain (v. 4, 8, 20, trad. NFC) : *Dieu de l'univers, rétablis-nous, fais briller sur nous la lumière de ta face et nous serons sauvés.*

Autres voix
« Celui qui, avec les psaumes, se penche sur la tradition ne doit pas se sentir piégé. Son désir de libération y est creusé, mais qu'il entende aussi qu'un présent triste n'y est pas considéré comme immuable. Ce qui autrefois était possible peut encore se produire aujourd'hui. »
(Georg Magirius) [56]

« Tu penses ne pas savoir prier. Pourtant le Christ ressuscité est là, il t'aime avant que tu ne l'aimes. Par son ‹ Esprit qui habite en nos cœurs ›, il intercède en toi plus que tu ne le supposes. (...) Quand tu comprends peu de ce qu'il veut de toi, dis-le-lui. En plein milieu des activités quotidiennes, dans l'instant, dis-lui tout, même

l'insupportable. Ne te compare pas aux autres, et à ce dont ils sont capables. Pourquoi t'épuiser dans le regret de tes impossibilités ? Aurais-tu oublié Dieu ? Tourne-toi vers lui. Quoi qu'il arrive, ose de continuels recommencements. »
(Frère Roger, *Itinéraire d'un pèlerin pour lutter avec un cœur réconcilié*) [14:157]

« Espérons »

À propos du Psaume 81

Versets distillés :
6   *J'entends un langage que je ne connais pas ;*
7   *j'ai ôté la charge de son épaule*
    et ses mains ont déposé le fardeau.
8   *Quand tu criais sous l'oppression, je t'ai délivré,*
    je t'ai répondu dans le secret de l'orage.

Le Psaume 81 est « une parole de Dieu brisée » (d'après Seybold).

Dieu parle des fêtes, de leurs moments et de leurs instruments de musique, autant que du refus sur le chemin de l'Exode et de l'endurcissement à l'égard du Décalogue ; mais surtout il fait campagne pour une vie responsable qui s'adresse à lui, à Dieu, et pour le seul grand événement qui compte : *Écoutez ma voix, mon peuple !* (v. 14). Alors vous trouverez le chemin de la liberté ! Alors vous déposerez vos charges !

J'ai déchargé tes épaules du fardeau, tes mains ont laissé le lourd panier (v. 7, NFC). Jésus dira : Venez à moi vous tous qui êtes fatigués de porter un lourd fardeau et je vous donnerai le repos. Prenez sur vous mon joug et laissez-moi vous instruire, car je suis doux et humble de cœur, et vous trouverez le repos pour tout votre être. Le joug que je vous invite à prendre est bienfaisant et le fardeau que je vous propose est léger. (Mt 11,28 NFC)

Dans ce psaume, il n'y a que YHWH, le « Je-suis-là-pour-toi » qui parle – lui seul !

Dans l'antiphonaire bénédictin, le Ps 81 est utilisé comme psaume d'invitation au début de la prière des heures, parce que c'est la voix de Dieu lui-même qui y rappelle les étapes du chemin de libération (d'Israël).

Autres voix
« Ce psaume fait partie du groupe des exhortations prophétiques (14 ; 50 ; 52 ; 53 ; 75 ; 81 ; voir 95). Elles sont assorties d'oracles, de promesses et de menaces, selon le style deutéronomique (81), insistent sur la véritable piété et les exigences de l'Alliance, dénoncent la perversion et l'impiété (14 ; 52 ; 75). Le Ps 50 condamne la croyance populaire à une efficacité automatique des sacrifices, indépendante des conditions morales : le Seigneur n'est pas le débiteur de l'homme ; mais l'homme, l'obligé de Dieu. » (TOB) [1:1086]

« Il y a des jours où pour toi la prière commune devient lourde. Sache alors offrir ton corps puisque ta présence signifie déjà ton désir, momentanément irréalisable, de louer ton Seigneur. Crois à la présence du Christ en toi, même si tu n'en éprouves aucune résonance sensible. »
(Frère Roger, *Règle de Taizé*) [14:85]

« Nos fautes sont comme des grains de sable en face de la grande montagne des miséricordes de Dieu. »
(Jean-Marie Vianney, dit le saint curé d'Ars, 1786–1859) [61:199]

« Récipient »

À propos du Psaume 82

Versets distillés :
1   Dieu s'est dressé dans l'assemblée divine,
     au milieu des dieux, il juge :
2   Jusqu'à quand jugerez-vous de travers
     en favorisant les coupables ?
4   libérez le faible et le pauvre,
     délivrez-les de la main des coupables.
6   Je le déclare, vous êtes des dieux,
     vous êtes tous des fils du Très-Haut,
8   Lève-toi, Dieu ! Sois le juge de la terre,
     car c'est toi qui as toutes les nations pour patrimoine.

Le Psaume 82 contient un procès : Dieu contre un consortium de dieux.

« C'est l'un des textes les plus passionnants de toute la Bible ! » s'exclame Zenger. « Ici, les dieux sont condamnés à mort parce qu'ils ne défendent pas les pauvres et les petits. Parce qu'ils ne se battent pas pour le droit et la justice ! »

Le Dieu d'Israël démasque les idoles ou les dieux pour ce qu'ils sont : impuissants ! inutiles ! futiles !

La scène avec Dieu et le consortium des dieux rappelle non seulement une cour de justice, mais aussi une pièce de théâtre dans laquelle une faune diverse de dieux est autorisée à participer, comme Baal, Marduk, Tiamat, mais aussi le monde éternellement querelleur des dieux grecs, ou enfin la réunion des dieux dans le cas de Job contre l'accusateur appelé Satan. *Un jour que les êtres célestes venaient se présenter devant le Seigneur, l'accusateur vint aussi parmi eux. Le Seigneur demanda à l'accusateur :*

« *D'où viens-tu donc ?* » *L'accusateur répondit au Seigneur :* « *Je viens de faire un tour sur terre.* » *Le Seigneur dit à l'accusateur :* « *As-tu remarqué mon serviteur Job ? Il n'y a personne comme lui sur la terre. C'est un homme irréprochable et droit, fidèle à Dieu et qui évite le mal.* » (Job 1,6–8). C'est une affaire que l'accusateur va perdre.

Autres voix
Le Christ est l'image visible du Dieu invisible. Il est le Fils premier-né, supérieur à tout ce qui a été créé. Car c'est par lui que Dieu a tout créé, dans les cieux et sur la terre : ce qui est visible et ce qui est invisible, les puissances spirituelles, les dominations, les autorités et les pouvoirs. Dieu a tout créé par lui et pour lui ! Il existait avant toutes choses, et c'est par lui qu'elles sont toutes maintenues à leur place. Il est la tête du corps, qui est l'Église ; il est le commencement, le Fils premier-né, le premier à avoir été ramené d'entre les morts, afin d'avoir en tout le premier rang. Car Dieu a décidé d'être pleinement présent en son Fils et, par lui, il a voulu réconcilier l'univers entier avec lui. C'est par le Christ, qui a versé son sang sur la croix, qu'il a établi la paix pour tous, sur la terre comme dans les cieux.
(Colossiens 1,15–20)

« Si l'on exploite la ligne d'interprétation sociale et politique, il n'y a guère d'autre message à puiser dans le psaume. Les juges infâmes seront jugés. Et les gouvernants, gouvernés. Par Dieu lui-même. Ne rejoint-on pas une certaine sagesse populaire qui n'a de cesse de s'exprimer de manière semblable, par-delà les changements de régimes qu'enregistre l'histoire ? ‹ Il n'y a pas de justice ; c'est toujours le plus petit qui paye ! › »
(Girard) [5:415]

« Dans ce psaume prophétique, Dieu lui-même vient demander justice contre les juges méchants et corrompus. De nombreux prophètes se sont fait l'écho de cette demande (cf. Es 1,17 ; Jr 5,28 ; Ez 22,27,29 ; Mi 3,1–11). Certains juges se sentent comme des ‹ dieux ›, tant leur pouvoir est grand pour décider du sort d'autres personnes. Mais ils ne suivent pas la loi qui défend les pauvres, les orphelins et les faibles. (…) Dieu révèle sa vérité et sa justice en prenant la défense des pauvres qui crient. La prière se termine par une dénonciation prophétique : les ténèbres de l'injustice humaine ébranlent les fondations de la terre. En d'autres termes, la corruption humaine met en danger toute la création de Dieu. »
(Carlos Mesters, Francisco Orofino et Lúcia Weiler) [42]

« Si tu veux dialoguer / ne t'érige pas / en tout irremplaçable. / Tu n'es que partie ... » (Dom Hélder Câmara) [43:82]

Heureux, vous les pauvres : le Royaume de Dieu est à vous.
Heureux, vous qui avez faim maintenant : vous serez rassasiés.
Heureux, vous qui pleurez maintenant : vous rirez.
Mais malheureux, vous les riches : vous tenez votre consolation.
Malheureux, vous qui êtes repus maintenant : vous aurez faim.
Malheureux, vous qui riez maintenant : vous serez dans le deuil et vous pleurerez.
(Lc 6,20–22.24–25)

« Encens »

À propos du Psaume 83

Versets distillés :
2 *Ô Dieu, sors de ton silence ;*
   Dieu, ne reste pas inerte et muet.
3 *Voici tes ennemis qui grondent,*
   tes adversaires qui relèvent la tête.
19 *Qu'ils sachent que tu portes le nom de SEIGNEUR, toi seul,*
   le Très-Haut sur toute la terre !

Le Psaume 83 est appelé tour à tour : psaume de supplication, psaume de vengeance ou psaume d'imprécation.

Au début, par trois fois, Dieu est interpellé afin qu'il ne reste pas muet. À la fin du psaume, le priant remarque que Dieu n'est pas resté muet : *Seigneur est ton nom.*

Le Ps 83 est le dernier d'une série de psaumes d'Asaf ; la série va du Ps 73 au Ps 83. Les psaumes d'Asaf sont probablement une unité qui s'est faite au fur et à mesure, c'est-à-dire que sur une base de strophes existantes, d'autres textes de différentes époques ont été rajoutés, nouvellement agencés ou composés comme un collage de textes.

Autres voix
« Le psaume prie la peur du peuple face à la force militaire de ses ennemis traditionnels. Se sentant faible, abandonné et sans protection, le peuple crie à Dieu pour qu'il vienne à son secours. Dans leur prière, les fidèles se rappellent que les ennemis du peuple sont aussi les ennemis de Dieu lui-même ... Maintenant, vivant l'incertitude du présent, le peuple supplie Dieu de se rendre à nouveau présent, en détruisant les ennemis et en sauvant son peuple, réalisateur de son projet. S'il agit ainsi, en défendant ses élus, Dieu sera reconnu par toutes les nations comme Yhwh, la présence libératrice parmi tous les peuples. »
(Carlos Mesters) [42]

« Le monde des psaumes n'est pas idyllique. Plus de la moitié des psaumes sont des appels au secours. Dans un environnement hostile, des hommes et des femmes luttent pour pouvoir vivre. Ils se plaignent, crient vers Dieu, accusent, espèrent. (...) Ces psaumes ne s'arrêtent jamais à la lamentation. Il y a toujours autre chose aussi, des débuts d'espérance. Le psalmiste se plaint mais il fait aussi des demandes. Il supplie Dieu. Or supplier c'est déjà espérer. Le cri qui appelle au secours atteste que ‹ l'être humain n'est pas voué à la désespérance › (frère Roger). »
(Frère Richard, *Tu es avec moi – Rencontrer Dieu avec les Psaumes*) [66:26]

« Colonne vertébrale »

À propos du Psaume 84

Versets distillés :

5 *Heureux les habitants de ta maison :*
   ils te louent sans cesse !
6 *Heureux l'homme qui trouve chez toi sa force :*
   de bon cœur il se met en route ;
7 *en passant par le val des Baumiers*
   ils en font une oasis,
   les premières pluies le couvrent de bénédictions.
8 *Toujours plus ardents, ils avancent*
   et se présentent devant Dieu à Sion.

Le Psaume 84 est plusieurs choses à la fois : un chant de louange pour le lieu de pèlerinage, un psaume de consolation, un psaume de désir (un chanteur vétérotestamentaire y languit après le lieu de la présence de Dieu), un psaume d'accomplissement et un poème sur celui qui crée la vie et qui est la vie : Dieu.

C'est le but ultime des priants et des pèlerins : *être à la maison près de Dieu.*

Autres voix
« En relecture, le Ps 84 peut toujours mettre en valeur la fécondité spirituelle des pèlerinages aux sanctuaires de toutes sortes qui, à travers l'histoire, ont essaimé partout sur la planète. Mais le poème chante surtout la fécondité du grand et ultime pèlerinage que chaque être humain est appelé à vivre à l'automne de sa vie terrestre. La mort est un ‹ passage › étroit dans cette ‹ vallée du pleur › qu'est notre existence humaine (cf. v. 7). Passage bien sec et bien désolé à première vue, tel un oued en plein cœur de l'été, mais promis à une transformation merveilleuse à la

faveur de la ‹ source › torrentielle qui jaillit du côté droit du nouveau Temple (cf. Ez 47,1–12 ; Jn 19,34). »
(Girard) [5:436]

« Ce qui donne le bonheur, c'est la capacité de découvrir quelle est pour soi-même la route à suivre. Non pas tant celle que tout le monde suit (Ps 1, 1–2) que celle qui correspond à notre personne unique. L'impulsion que nous pouvons ressentir ne va pas nous conduire à un repli égoïste ; car ce qui nous rend *heureux*, nous l'avons vu, est ce qui va nous inciter à nous mettre *en marche !* Une écoute intérieure et une observation de nos expériences vont être déterminantes : *Heureux ceux dont le cœur s'appuie sur Toi, Seigneur ; ils vont trouver en eux-mêmes des chemins tout tracés* (Ps 84,6). »
(Glardon) [3:171]

« Mon Dieu, que Votre volonté soit fête ! »
(Frédéric Dard, 1921–2000) [61:182]

« Sillons de charrue »

À propos du Psaume 85

Versets distillés :
5   *Fais-nous revenir, Dieu notre sauveur !*
     renonce à ta rancune envers nous.
9   *J'écoute ce que dit Dieu, le SEIGNEUR ;*
     il dit : « Paix », pour son peuple et pour ses fidèles,
12   *La Vérité germe de la terre*
     et la Justice se penche du ciel.
13   *Le SEIGNEUR lui-même donne le bonheur,*
     et notre terre donne sa récolte.

*14 La Justice marche devant lui,
   et ses pas tracent le chemin.*

Le Psaume 85 est une « liturgie prophétique » (Seybold) [39].

Le texte élaboré peut-être décomposé en deux parties : l'une est une prière commune avec supplications, l'autre une réponse prophétique qui ouvre la vision grandiose d'un royaume à venir, un royaume de paix en tous points (politique, social, culturel, économique, écologique, biologique). Vois tout ce qui germe, émerge, pousse et fructifie !

Il est intéressant de noter que les prophéties sont formulées au passé ou « à l'accompli » (distinction propre à l'hébreu). On appelle cela le *perfectivum propheticum*, parfait prophétique, quelque chose comme un *futurum exactum* : telle et telle chose aura eu lieu dans le futur.

Autres voix
« Voici ma place / Pour l'éternité / Une chaise de paille basse / Le silence et l'été / Un mur que le ciel a fendu / comme une rue / Et mon âme qui s'habitue / à dire tu »
(Anne Perrier, 1922–2017)

« Le Saint, ce n'est pas quelqu'un de parfait, ce n'est pas quelqu'un de valeur, c'est quelqu'un qui ne vaut rien, c'est quelqu'un qui n'est rien. Mais, par ce rien, Dieu passe, comme l'eau d'une source par le vide grand ouvert d'un conduit. »
(Marie Noël, 1883–1967) [61:381]

« Quelle surprise : à aucun moment, dans le Psautier, Dieu ne me donne des instructions sur la piété, sur les gestes de la prière, sur la manière de prier ! Tout porte sur l'éthique. Oui, c'est bien cela : soigne ta vie éthique et ta vie de prière s'en portera mieux ! »
(Bourguet, *Prions les psaumes*) [9:30]

« Imago »

À propos du Psaume 86

Versets distillés :
*11 SEIGNEUR, montre-moi ton chemin
et je me conduirai selon ta vérité.
Unifie mon cœur
pour qu'il craigne ton nom.
12 Seigneur mon Dieu, je veux te célébrer de tout mon cœur,
et glorifier ton nom pour toujours,
13 car ta fidélité est grande envers moi
et tu m'as délivré des profondeurs des enfers.*

Le Psaume 86 est un modèle de prière pour les déprimés.

Le texte doit avoir été progressivement élargi et pourvu de nombreuses invocations ; c'est ainsi dix-neuf fois que *Dieu* ou *Seigneur* ou *mon Dieu* est imploré.

En juillet 1527, Luther subit son premier évanouissement, suivi de terribles maux de tête et de bourdonnements d'oreilles, précédés ou accompagnés d'une profonde dépression mentale. Dans une lettre du 2.8.1527 à Melanchthon, il décrit comment le Psaume 86,13 (*Tu m'as arraché des profondeurs du royaume des morts*) reflétait ce qui lui arrivait : « J'étais alité ... plus d'une semaine durant dans la mort et l'enfer, tellement que maintenant encore je souffre de tout mon corps et tremble de tous mes membres. J'ai presque complètement perdu le Christ et j'ai été secoué dans tous les sens par des inondations et des tempêtes de désespoir et de blasphème. *Mais Dieu ... a eu pitié de moi, il a sauvé mon âme du profond enfer* (Ps 86,13). N'arrête pas de prier pour moi, comme je n'arrêterai pas de prier pour vous ... On nous dit que la peste s'approche. C'est juste, mais nous espérons que son passage sera clément et modéré. Car nous appartenons quand même au Christ et nous sommes le petit troupeau méprisé qui est déjà suffisamment attaqué par la haine du monde et par ses propres fautes ». [24]

Autres voix
Unifie mon cœur (v. 11). Denys l'Aréopagite (6ᵉ siècle) commente ce verset de la manière suivante : On les appelle moines « parce que leur vie, loin d'être divisée, demeure parfaitement une, parce qu'ils s'unifient eux-mêmes par un saint recueillement qui exclut tout divertissement de façon à tendre vers l'unité d'une conduite conforme à Dieu et vers la perfection de l'amour divin. »
(Bourguet, *Sur un chemin de spiritualité*) [7:27]

« La route vers Dieu est facile parce qu'on y avance en se déchargeant. »
(Etienne Gilson, 1884–1978) [61:178]

« J'ai traduit pour vous un des plus beaux psaumes du roi David, que je vous envoie », écrit Paul Claudel à une nièce gravement malade (3 septembre 1947). Extraits de sa traduction qui, selon Arminjon, est aussi une « géniale adaptation » [26:407] :

– *Viens, ô mon Dieu, que je te parle à l'oreille : il n'y a que ton oreille, ô mon Dieu, qui soit capable de me répondre.*
– *Oh ! écoute ! quelque chose vers toi nuit et jour en moi ne cesse de pousser des cris ! Quelque chose vers toi de pas fort qui essaie de se lever !*
– *... de cette oreille en toi qu'il y a derrière l'oreille.*
– *Que je t'entende seulement, ô mon Dieu, bouche à bouche, m'expliquer qu'il n'y a pas quelqu'un de semblable à toi.*
– *À quoi est-ce que cela sert-il d'être si grand, puisque cela ne m'empêche pas de dire : toi seul !*
– *Montre-moi tout bas le chemin ! Apprends-moi, aussi bas que tu le voudras, ton Nom ! Donne-moi l'éternité, Seigneur, pour que j'aie de quoi de dire : oui !*
– *Fais-moi un petit signe sur le front.*

« Lune d'avril »

À propos du Psaume 87

Versets distillés :
5   *On peut dire de Sion :*
    « En elle, tout homme est né,
    et c'est le Très-Haut qui la consolide ! »
6   *Le SEIGNEUR inscrit dans le livre des peuples :*
    « À cet endroit est né tel homme »,
7   *mais ils dansent et ils chantent :*
    « Toutes mes sources sont en toi ! »

Le Psaume 87 est une félicitation à la ville sainte.

Il est tout à fait surprenant que Dieu fasse des inscriptions dans un livre (v. 6). Est-ce qu'il compose une chanson ? une musique ? une danse ? Nous n'en savons rien si ce n'est que Dieu déborde de richesses et de créativité. Tant de choses jaillissent de lui. Tant de sources émergent là pour son peuple qui peut puiser en lui.

Autres voix
« ‹ Jérusalem › signifie : la nouvelle Sion, la Jérusalem divine, la sainte Cité du Grand Roi. Elle est la Sion spirituelle. »
(Germain de Constantinople, † 730)

Luther est enthousiasmé par ce psaume : « C'est parmi les psaumes un psaume beau comme peu d'autres. Jérusalem sera aussi grande que tous ces pays. Et ceux-ci y habiteront et auront pourtant leur propre patrie. »
(Martin Luther) [24]

« Le Psaume 87 est une prophétie sur la sainte Église chrétienne qui deviendra une ville aussi étendue que l'est le monde ... et tout cela grâce à l'Évangile, qui proclamera de bien merveilleuses choses au sujet de Dieu, à savoir la connaissance de Dieu, c'est-à-dire comment venir à Dieu, être libéré du péché et être sauvé de la mort par le Christ. Et le service divin dans cette ville sera de chanter et de sauter, c'est-à-dire qu'avec joie l'on prêchera et louera la grâce de Dieu et l'on en remerciera. »
(Martin Luther) [24]

« Notre Dieu nous a établis en son sein. C'est un lieu ouvert où l'on se sent libre, une sorte de ville idéale. Parfois, nous nous en trouvons éloignés. Mais c'est là que nous avons nos racines. C'est là en Dieu que tout homme a son origine ... C'est lui-même qui a inscrit chacune et chacun dans le registre de son royaume. C'est pourquoi on le célèbre par des chants et des danses qui lui disent : Toutes mes sources sont en toi. »
(Psaume 87, réécrit par Christian Vez)[38:118]

« De Dieu on n'a jamais fait le tour, de Dieu on ne voit jamais le fond, de Dieu on ne connait jamais rien d'autre que le désir de le connaitre. De Dieu on ne connait que le désir de chercher et de trouver la volonté de Dieu dans l'orientation de sa vie, c'est-à-dire le désir de vivre. »
(Alexis Jenny) [51:44]

« Silence »

À propos du Psaume 88

Versets distillés :
2   *SEIGNEUR, mon Dieu sauveur !*
    le jour, la nuit, j'ai crié vers toi.
4   *Car ma vie est saturée de malheurs*
    et je frôle les enfers.

5   *On me compte parmi les moribonds ;*
    me voici comme un homme fini.
7   *Tu m'as déposé dans les profondeurs de la Fosse,*
    dans les Ténèbres, dans les gouffres.
19 *Tu as éloigné de moi compagnons et amis ;*
    pour intimes, j'ai les ténèbres.

Le Psaume 88 est le plus sombre, le plus profond et le plus lourd de tous les psaumes.

La solitude la plus noire et la plus désolante se trouve comme une plaque d'acier sur le priant. Le psaume est le cri d'un malade en phase terminale, mais c'est un cri, et non un silence de plomb ; l'expression d'une personne vivante, non le mutisme d'un mort ; la maladie d'une personne qui tend les mains, non le raidissement, non la résignation d'une personne qui n'espère plus, mais une prière qui dans ses premiers mots s'adresse au *Seigneur, Dieu de mon salut*.

« Le premier mot de ce psaume est le nom de Dieu ! C'est un miracle de pouvoir attacher ainsi son cri au nom de Dieu. Il y a tant de cris qui sont lancés dans le vide, ou qui demeurent bloqués ou étouffés dans le gosier … Héman arrime son cri au nom de Dieu et s'y cramponne. L'ensemble du psaume va être accroché à ce nom, avec la force contenue dans ce cri. »
(Bourguet, *Des ténèbres à la lumière*) [8:54]

Dans « le psaume de la descente aux enfers », Daniel Bourguet écrit que ce psaume préfigure le Christ du Samedi Saint. Dans ce temps avant Pâques, Christ s'était rendu dans l'Hadès (dans le monde souterrain), et y avait *prêché* – selon 1 Pierre 3,19 – *aux esprits en prison.*

Autres voix
« En relecture introvertie, si l'on peut dire, voilà bien la prière par excellence pour les situations de détresse extrême … Ainsi en tous points s'est déroulé le drame-type du Golgotha. En relecture extravertie, les agents de pastorale pourraient trouver dans ce psaume une référence privilégiée pour accompagner les grands malades et les mourants qui vivent une phase de révolte. La noirceur totale n'est en rien étrangère à l'expérience spirituelle ; la crier, même en s'en prenant à Dieu Lui-même, reste une forme de prière étonnamment valide et hautement médicinale. »
(Girard) [5:470]

« Ainsi donc, l'enfant de trois jours – le Christ – peut-il exercer sa grâce ... Ô vous qui êtes ressuscités d'entre les morts le troisième jour, ne me laissez pas périr dans ma troisième tribulation. »
(Éphrem le Syrien, 306–373)

« Dieu et la mort, ils sont tous les deux silence, et ils imposent leur silence au vacarme de l'*homo loquax* : dans le sanctuaire et devant le cadavre, les bavards se taisent et le verbeux interrompt sa conférence. »
(Vladimir Jankélévitch, 1903–1985) [61:282]

« L'âme humaine est comme un gouffre qui attire Dieu, et Dieu s'y jette. »
(Julien Green, 1900–1998) [61:198]

Francine Carillo *(Vers l'inépuisable)* [67:33] :

des jours arrivent
qui font désespérer
de toute aurore
de toute moisson.

on se brise
sur des paroles
ou des événements,
comme emporté
vers un abîme sans nom
pour une titanesque
lame de fond.

on voudrait
seulement se retirer,
ne pas être né.

où donc puiser
la force du pas suivant ?

« Avoir le vent en poupe »

À propos du Psaume 89

Versets distillés :
2   *Je chanterai toujours les bontés du SEIGNEUR.*
    Ma bouche fera connaître ta loyauté pour des siècles.
3   *Oui, je le dis : « Ta bonté est édifiée pour toujours ;*
    dans les cieux, tu établis ta loyauté. »
    C'est toi qui maîtrises l'orgueil de la Mer ;
    quand ses vagues se soulèvent, c'est toi qui les apaises.
    C'est toi qui as écrasé le cadavre de Rahav,
    qui as dispersé tes ennemis par la force de ton bras.
27 *Lui m'appellera : « Mon père !*
    mon Dieu ! le rocher qui me sauve ! »

Le Psaume 89 est une composition de (plusieurs) psaumes qui interprète le thème de la *fidélité de* Dieu (en réalité « *solidité* ») en trois mouvements : dans une complainte, dans un hymne et dans un discours de Dieu sur sa relation à son peuple.

La partie hymnique loue Dieu créateur du cosmos et vainqueur du chaos. Une fois encore, un être mythique primitif apparaît (comme au Ps 74), qu'il s'agisse d'un serpent, d'un monstre ou d'une autre bête. Dieu a la situation en main, il est plus fort que tout ce chaos dévorant.

Avec le Ps 89 et sa doxologie s'achève le troisième livre des psaumes. Ce sont toujours des « psaumes de la royauté du Seigneur » [31:133] qui forment les transitions entre les livres de psaumes : ce sont ainsi les Ps 2 et 72 qui terminent le premier et le deuxième livre des psaumes, le Ps 104 le quatrième livre et le Ps 144 le cinquième.

Erich Zenger [41] parle d'un psautier « messianique », qui comprend les Pss 2 à 89. Dans cette partie du psautier, ce sont les expériences ambivalentes d'Israël avec la royauté historique qui sont méditées : à partir de David (Pss 3ss) à la fin du royaume (Ps 89) en passant par Salomon (Ps 72). En même temps, le psautier messianique maintient les grandes et royales promesses d'avenir.

Le Ps 89 contient le plus grand nombre de *séla* (4 fois). Meschonnic commente :

« Levez la voix : c'est le mot *séla*, 71 fois en 39 poèmes [= psaumes], seulement dans Gloires [= le psautier]. On n'en connaît pas le sens. Cinq traditions. L'une ferme les yeux et ne traduit rien : Le Maistre de Sacy, la New English Bible. L'autre garde le mot hébreu, *sélah* et tantôt met en note ‹ pause ›, tantôt ‹ signification inconnue ›, tantôt rien : la King James Version, Luther, Ostervald, le Rabbinat, la Bible de la JPS, Chouraqui. Une troisième, à travers le grec *diapsalma*, aussi obscur que l'hébreu, donne ‹ pause ›, c'est à dire ‹ silence › : Segond, la Bible de Jérusalem, Dhorme, la TOB. Une quatrième est celle de saint Jérôme, qui traduisait *semper*, ‹ toujours › – allusion à une joie éternelle. Vers quoi vont les commentaires de Rachi. Une dernière vient du ‹ Livre des racines › de Kim'hi (Sefer hachorachim) et d'Abraham Ibn Ezra. Elle prend ce mot comme une indication de chant. Ce que faisait Buber : *Empor* ! (Vers le haut). Ce que je fais. » [34:47]

Autres voix
« Pour toi, / Être ne peut / qu'appeler / un adverbe : / ÊTRE LÀ / ÊTRE AVEC / ÊTRE POUR. / Tu nous enseignes / ainsi / le métier d'être : ÊTRE LÀ / ÊTRE AVEC / ÊTRE POUR, / choisir / chaque matin, /l'attention / la compassion / l'intercession. » (Carillo) [68:74]

« L'Écriture ne peut jamais être comprise comme un exposé idéologique mais comme un message de Dieu à l'homme, à tout homme, un appel adressé à la personne afin qu'elle connaisse Dieu personnellement. »
(Enzo Bianchi, *Prier la parole*) [69]

« La meilleure piste de relecture actuelle demeure l'interprétation messianique, qui a pris forme en Israël au moins à partir du VIe siècle av. J.-C., au temps de l'exil à Babylone. C'est alors que la monarchie davidique a connu sa crise la plus dramatique, une chute dont elle n'allait jamais plus se relever, politiquement parlant. [...]

Seul un groupe, combien minoritaire et marginal au départ, a vu en la personne de Jésus de Nazareth, lointain descendant du roi David, la réalisation de la promesse faite à l'ancêtre par l'entremise de Natan. Non plus en un sens platement politique et nationaliste, mais en un sens beaucoup plus englobant, spirituel et universel. » (Girard) [5:497]

« Il nous faut nous rendre à l'évidence : le chemin de la piété, le chemin de la prière est aussi le chemin de l'éthique, le chemin de l'obéissance aux commandements de Dieu, le chemin de la fidélité à ce qu'on peut résumer dans l'amour de Dieu et l'amour du prochain. Le message semble bien être le suivant : accomplis la loi et tu sauras mieux prier. Aime et tu trouveras dans l'amour le chemin de la prière. Il y a une osmose très profonde entre la vie éthique et la vie de prière. »
(Bourguet) [9:30]

De Francine Carillo (*L'imprononçable*) [68:75] :

on peut
l'appeler

comme
on veut,

on peut
y croire

ou s'en
moquer,

demeure
à jamais

l'énigme de
cette présence

nouée
aux fils de
nos existences.

À oublier
ce compagnonnage,

on risque
le naufrage

ou du moins
l'assignation

aux plages
de l'abandon.

« Cime d'un arbre »

À propos du Psaume 90

Versets distillés :
1. *Seigneur, d'âge en âge*
   tu as été notre abri.
2. *Avant que les montagnes naissent*
   et que tu enfantes la terre et le monde,
   depuis toujours, pour toujours, tu es Dieu.
4. *Oui, mille ans, à tes yeux,*
   sont comme hier, un jour qui s'en va,
   comme une heure de la nuit.
5. *Tu les balayes, pareils au sommeil,*
   qui, au matin, passe comme l'herbe ;
17. *Que la douceur du Seigneur notre Dieu soit sur nous !*
    Consolide pour nous l'œuvre de nos mains.

Le Psaume 90 est un poème sur le temps.

Laisser le temps au temps. Le dicton remonte, même s'il est cité par François Mitterrand, à Cervantès et son Don Quichotte : « *Dar tiempo al tiempo* ». Cela va bien avec le Psaume 90. Le texte médite sur les différentes formes du temps : le temps de Dieu, le temps de l'humanité, le temps de l'Église, le temps de l'individu, le temps de la souffrance, et enfin le temps de la célébration.

Avec la triade des Pss 90, 91 et 92 commence le quatrième livre des psaumes (Pss 90–106), qui se termine par la doxologie du Ps 106,48 (*Béni soit le Seigneur Dieu d'Israël, du commencement à la fin des temps*) et fait référence au Ps 90,2 (*Tu es, Dieu, d'éternité en éternité*).

Les Psaumes 90, 91 et 92 sont un trio de chants. « Tout passe », dit le Ps 90. « Oui, mais cela peut changer », indique le Ps 91. « Tout a été changé », se réjouit le Ps 92. Le trio des Psaumes 90–92 ressemble à un appartement de trois pièces dans la maison des 150 Psaumes. Les portes de liaison entre les trois pièces adjacentes sont ouvertes. Ceux qui sont assis dans la pièce de la futilité gardent la vue dans la pièce adjacente, celle de la promesse que le deuil ne reste pas le deuil. Et à travers la chambre de la promesse, je peux même regarder dans la chambre du chant et de l'émerveillement : je ne resterai pas dans l'obscurité, mais je danserai dans une grande jubilation ! Mais même lorsque je me trouve dans la pièce de la joie, la vue dans la direction opposée est possible. Elle m'empêche de planer dans les hautes sphères.

Autres voix
« Il faut peut-être toute une vie de prière pour que la prière, en nous tournant vers Dieu, nous fasse recevoir de lui notre beauté première, car cette beauté-là ne se fabrique pas elle-même ; elle se reçoit. Cette beauté-là est une beauté intérieure. Pour une telle beauté, il faut des années de prière, un lent remodelage entre les mains de Dieu, un patient travail de son souffle, un long labeur de création intérieure. »
(Daniel Bourguet, *Prions les Psaumes*) [9:6]

« Ne te laisse pas tirailler / entre hier / et demain. / Vis toujours et seulement / l'aujourd'hui de Dieu. »
(Dom Helder Câmara, *Mille raisons pour vivre*) [43:79]

« Dahlia »

À propos du Psaume 91

Versets distillés :
2   Je dis du SEIGNEUR : « Il est mon refuge, ma forteresse,
    mon Dieu : sur lui je compte ! »
3   C'est lui qui te délivre du filet du chasseur
    et de la peste pernicieuse.
4   De ses ailes il te fait un abri,
    et sous ses plumes tu te réfugies.
    Sa fidélité est un bouclier et une armure.
5   Tu ne craindras ni la terreur de la nuit,
    ni la flèche qui vole au grand jour,
6   ni la peste qui rôde dans l'ombre,
    ni le fléau qui ravage en plein midi.
14 Puisqu'il s'attache à moi, je le libère,
    je le protégerai car il connaît mon nom.

Le Psaume 91 est un chant sur la protection que donne la foi ; il suit (sans titre) directement le Ps 90.

Ce psaume est souvent chanté dans l'office grégorien de la nuit, les complies. Il est une méditation sur les dangers – crises de panique nocturne, épidémies, blessures – et la protection contre ces derniers.

Dans la dernière partie, ce n'est pas la personne qui prie qui parle, mais le Très Haut qui s'adresse à elle personnellement. On dirait quelqu'un de faible et d'ému (*parce qu'il est attaché à moi, je veux le sauver,* v. 14) qui fait les plus belles promesses à l'autre. La dernière promesse (*je lui ai fait voir mon salut*) est celle avec laquelle Siméon, des siècles plus tard, a vécu, dans le Temple, la longue attente du Sauveur jusqu'à ce que, le petit enfant Jésus dans ses bras, il puisse dire et chanter : *Maintenant, Maître, c'est en paix, comme tu l'as dit, que tu renvoies ton serviteur, car mes yeux ont vu ton salut* (Luc 2,29s). Ce psaume du Nouveau Testament (aussi appelé N*unc dimittis*) a sa place fixe dans les complies.

Autres voix
« Ne désespérez jamais de la miséricorde de Dieu. »
(Benoît de Nursie)

« Je m'étendrai devant Dieu, et je deviendrai un homme, et je ne serai pas muet. Je ne veux rien, je ne justifie rien, je ne vise rien, je n'ai aucune intention, je suis devant Dieu. »
(Fulbert Steffensky)

« Jésus de Nazareth a assumé pleinement ces deux volets, négatif et positif, de la condition humaine, comme l'illustre explicitement le récit évangélique de la triple tentation. Chose renversante à première vue, c'est le diable lui-même qui, sur le pinacle du Temple, cite les v. 11–12 de notre psaume (Mt 4,6 ; Lc 4,10–11). Mais comme le remarque avec indignation Origène dans une apostrophe célèbre, Satan prend bien garde de couper la tirade avant le v. 13 ! N'est-il pas lui-même le perfide ‹ lion › et le ‹ serpent › sournois ? »
(Girard) [5:522]

« Se soucier d'être en bonne santé, c'est se soucier de la qualité de son amour ; c'est prendre soin du don de Dieu. Offrir un amour en bonne santé, c'est aimer Dieu et son prochain. »
(Daniel Bourguet, *Les maladies de la vie spirituelle*) [12:96]

« La prière, la parole dite à Dieu, est une parole en retour, qui répond à la parole première, celle que Dieu adresse à l'homme et que l'homme reçoit dans la méditation. Parole de Dieu à l'homme et parole de l'homme à Dieu : oui, le bonheur est dans ce dialogue, dans le face-à-face de l'homme avec Dieu. »
(Daniel Bourguet, *La méditation de la Bible*) [10:5]

« Vases »

À propos du Psaume 92

Versets distillés :
2   Qu'il est bon de célébrer le SEIGNEUR
    et de chanter pour ton nom, Dieu Très-Haut !
3   de proclamer dès le matin ta fidélité
    et ta loyauté durant les nuits,
5   Car ton action me réjouit, SEIGNEUR !
    et devant les œuvres de tes mains, je crie de joie.
13 Le juste pousse comme un palmier,
    s'étend comme un cèdre du Liban :
14 planté dans la maison du SEIGNEUR,
    il pousse dans les parvis de notre Dieu.

Le Psaume 92 est une pièce de musique pour voix et instruments à cordes.

Le psalmiste réagit avec joie à l'action de Dieu qui transforme le besoin (voir Ps 90) et remplit ses engagements (voir Ps 91). Le trio des Pss 90–91–92 offre un petit recueil de tout ce dont la spiritualité a besoin : le lâcher prise sur la plainte et la peur, le courage de demander, l'expérience de l'affection, l'écoute des promesses, l'acquisition d'une certitude, l'expérience de l'encouragement.

Autres voix
« Avant de dire quoi que ce soit sur les psaumes, le seul fait de penser à la prière fait monter en moi ces mots : La prière, c'est la beauté de l'homme. Je ne sais qui a dit cette phrase, ni d'où elle vient, mais je la fais mienne totalement. Il m'a souvent été donné de vérifier sur certains visages combien elle est vraie, et je voudrais aussi en être moi-même le reflet. »
(Bourguet, *Prions les Psaumes*) [9:5]

« Le titre du livre, *Psaumes*, est calqué sur le terme grec de la traduction des Septante : *Psalmoi* ou *Psaltérion* ; il fait référence à un chant accompagné d'un jeu d'instrument à cordes. Or en hébreu, le terme utilisé est *Louanges*. Surprenant si l'on en examine le contenu : cris de joie et de jubilation certes, mais que de lamentations aussi et d'appels au secours ! Car, à la base, ce livre n'est pas une composition liturgique, une déclaration idéologique, une réflexion théologique ou philosophique en soi. Il est issu d'expériences vécues par tout un peuple et traduites en prières. » (Glardon) [3:12]

Le psautier est « une réponse que l'homme adresse à Dieu ».
(Claus Westermann)

« Planète avec sphère »

À propos du Psaume 93

Versets distillés :
1 Le SEIGNEUR *est roi.*
   Il est vêtu de majesté.
   Le SEIGNEUR est vêtu,
   avec la force pour baudrier.
   Oui, le monde reste ferme, inébranlable.
2 *Depuis lors ton trône est ferme ;*
   depuis toujours tu es.
4 *Plus que la voix des grandes eaux,*
   et des vagues superbes de la mer,
   superbe est le SEIGNEUR *dans les hauteurs !*
5 *Tes décrets sont vraiment sûrs.*
   La sainteté est l'apanage de ta maison,
   SEIGNEUR, *pour la suite des temps.*

Le Psaume 93 est un hymne à Dieu roi du monde. « YHWH-Malak » – le Seigneur règne ou le Seigneur est roi – sont les deux premiers mots de plusieurs psaumes qu'on appelle les psaumes royaux.

La présence de Dieu est sûre, on peut s'y fier ; malgré leur rugissement, les puissances chaotiques n'ont rien à dire. Un tel roi vous fortifie et vous redonne confiance en vous, parce que vous pouvez compter sur lui.

Autres voix
« Ces chants du ‹ Règne › (93 ; 96–99 ; voir 47), s'apparentent aux hymnes. Dans le Psautier, ils ont été regroupés à cause de leurs affinités spéciales, de leur accent universaliste, de l'acclamation qui retentit dans plusieurs d'entre eux : Le Seigneur est roi ! (93,1 ; 96,10 ; 97,1 ; 99,1 ; voir 98,6). Ils célèbrent avec enthousiasme Dieu qui siège sur son trône, roi et juge d'Israël, maître des peuples. Leur origine s'enracine dans le culte (96,8–9 ; 99,5). L'allégresse y déborde comme en un jour de sacre : Israël, les peuples, les îles, tous les éléments de l'univers éclatent en cris de jubilation. Ces psaumes, que des exégètes assimilent à des chants d'intronisation, étaient-ils utilisés à l'occasion d'une liturgie déterminée, fête des Tentes, de Jérusalem, du Nouvel An ? Impossible d'apporter une réponse certaine ... Mais, dans le culte d'Israël, le présent actualise le passé et il anticipe l'avenir : la liturgie faisant revivre le passé, ravive l'espoir. »
(TOB) [1:1083]

« En relecture, sans rien perdre de sa portée cosmique, le Ps 93 peut devenir un magnifique hymne christologique, qui contemple le Fils de Dieu incarné comme la synthèse de tout l'espace-temps. Du point de vue spatial, comme en témoigne le Nouveau Testament, Jésus ressuscité unifie l'en-haut des splendeurs mystérieuses et l'en-bas d'un monde renouvelé de fond en comble par la victoire définitive sur les ‹ eaux › tumultueuses du mal et de la mort. »
(Girard) [5:541]

Extrait de l'« Hymne au Christ Sauveur » (Clément d'Alexandrie) [52:51] :

Aile des oiseaux au vol assuré
Gouvernail sûr des vaisseaux
Berger des agneaux royaux

Rassemble tes enfants purs
Qu'ils louent avec sainteté
Qu'ils chantent avec sincérité
Le Christ qui conduit ses enfants
Souverain des saints
Ô Verbe invincible
Du Père très haut
Prince de sagesse
Soutien des labeurs
Éternelle joie.

« Solide »

À propos du Psaume 94

Versets distillés :
1 SEIGNEUR, *Dieu qui venges !*
   Révèle-toi, Dieu qui venges !
2 *Lève-toi, juge de la terre,*
   rends leur dû aux orgueilleux.
17 *Si le SEIGNEUR ne m'avait secouru,*
   le Silence devenait bientôt ma demeure.
18 *Quand je disais : « Je vais tomber ! »,*
   ta fidélité, SEIGNEUR, me soutenait.
19 *Quand mille soucis m'envahissaient,*
   je savourais ton réconfort.

Le Psaume 94, le prochain hymne sur « YHWH-Malak » de la série des Pss 93–100, en appelle ici – à première vue de manière étrange – au *Dieu de la vengeance*.

Dieu des vengeances (v. 2) est la traduction littérale. On pourrait aussi dire : Dieu des sanctions. Une sanction est un acte juridique. Par exemple, les chauffeurs sont sanctionnés en fonction de leurs excès de vitesse dans la circulation. L'appel au Dieu des « vengeances » exprime la révolte contre l'arbitraire juridique, la corruption et l'oppression des pauvres par les riches.

La deuxième partie du psaume est moins massive. Comme si la prière s'était un peu calmée. Le Ps 94 ressemble à un écho du Ps 1, il contient une béatitude et des instructions encourageantes et réconfortantes. *Heureux l'homme que tu éduques, Seigneur, que tu enseignes avec ton instruction* (v. 12). Dans le psautier hebdomadaire des offices bénédictins, le Ps 94 est chanté avec le Ps 1 le lundi matin. Pour nous réveiller ?

Autres voix
« Crier, appeler, supplier, c'est déjà dire sa liberté dans la souffrance ou le malheur, car c'est refuser la démission, l'abattement total, la résignation face à la mort. »
(Andre Wénin) [70:41]

« Son (le psalmiste) réquisitoire se fait prière. Lancer sa requête vers le Trône Suprême est la seule arme – mais quelle force ! »
(Glardon) [3:139]

« A-t-on simplement projeté sur Dieu un désir de vengeance bien humain, un idéal de justice, d'intervention immédiate et musclée contre les abus et la corruption ? L'appellation, *Dieu vengeur, Dieu des vengeances* (v. 1), unique dans tout le Premier Testament, serait plus fidèle à l'original si on la traduisait par *Dieu des justes rétributions*. Elle n'implique aucunement une idée de punition ou de rétorsion, mais plutôt un rétablissement de la justice. »
(Glardon) [3:137]

« Dieu se venge de façon originale. ‹ Tu te vengeras ? › demanda un bourreau à un Nicaraguayen dont il venait de tuer l'épouse. ‹ Oui, en te pardonnant ! › répondit l'homme. »
(Rougier) [36:211]

« Coquillages »

À propos du Psaume 95

Versets distillés :
1 *Venez ! crions de joie pour le SEIGNEUR,*
  acclamons le rocher qui nous sauve ;
2 *présentons-nous devant lui en rendant grâce,*
  acclamons-le avec des hymnes.
6 *Entrez ! Allons nous incliner, nous prosterner ;*
  à genoux devant le SEIGNEUR qui nous a faits !
7 *Car il est notre Dieu ;*
  nous sommes le peuple qu'il fait paître,
  le troupeau qu'il garde.
  Aujourd'hui, pourvu que vous obéissiez à sa voix !
8 *Ne durcissez pas votre cœur comme à Mériba,*
  comme au jour de Massa dans le désert.

Le Psaume 95 est un autre psaume puissant de « YHWH-Malak ».

Il est traditionnellement utilisé le matin comme psaume d'entrée à l'office des matines dans la liturgie des heures. C'est d'ailleurs surprenant, car le psaume s'interrompt brusquement au milieu d'une adoration enthousiaste. Comme si Dieu lui-même s'irritait grandement et éteignait d'un grand coup le film ou le support sonore. Le Dieu-Roi lui-même intervient et lance ses reproches les plus sévères au peuple : *Vous vous dérobez ! Vous ne voulez rien savoir de moi !* Puis de dire tout ce que les prophètes déjà avaient à annoncer : *Vous m'êtes en aversion parce que vous ne m'écoutez pas !*

Autres voix

« Chaque jour, dans d'innombrables Églises du monde entier, les psaumes sont récités comme prière de l'assemblée de Jésus Christ. La communauté qui prie les psaumes tous les jours apprend à connaître la diversité inépuisable de la vie de la communauté devant Dieu. (...)
Il n'est aucune expression de la piété et de l'impiété de l'assemblée de Dieu qui n'ait sa place ici. En priant les psaumes les uns après les autres, nous passons par une étrange alternance de hauts et de bas, de chutes et de mises à l'abri, d'humiliation et d'élévation. Celui qui n'a jamais prié les psaumes dans l'assemblée, mais uniquement pour lui-même, ne les connait pas encore. Le contenu de ces prières ne se révèle que lorsqu'elles sont prononcées par la communauté de Dieu, jugée et sanctifiée par Dieu, et non par quelqu'un de pieux en son particulier.
Il n'y a donc d'accès au Psautier que par la prière, c'est-à-dire par le fait qu'en priant, la communauté fait sienne la parole du psaume. (...)
Ce n'est pas notre prière qui jauge le psaume, c'est l'inverse. »
(Bonhoeffer) [2:135]

« Les personnes et les communautés puiseront aussi un modèle stimulant d'équilibre spirituel à atteindre : la triple capacité
– de louange bruyante,
– d'adoration silencieuse et
– d'écoute de la Parole. » [5:576]

« La foi n'est pas une puissance de consolation, elle n'est pas là pour aider à vivre : il ne s'agit pas d'aider mais de permettre, permettre de vivre pleinement. J'aimerais décrire une foi qui serait comme une joie où l'âme développe sans cesse sa puissance d'agir, ce qui est la plus belle chose à espérer, une joie habitée d'une parole que l'on puisse entendre. »
(Jenny) [51:46]

« Construire »

À propos du Psaume 96

Versets distillés :
1   *Chantez au SEIGNEUR un chant nouveau,*
    chantez au SEIGNEUR, terre entière ;
2   *chantez au SEIGNEUR, bénissez son nom !*
    Proclamez son salut de jour en jour ;
3   *annoncez sa gloire parmi les nations,*
    ses merveilles parmi tous les peuples !

Sous la forme d'un hymne, le Psaume 96 appelle l'arrivée du souverain du monde.

C'est une sorte de chant de l'Avent. Le Roi arrive, l'avenir est là, tout est nouveau. C'est le chant nouveau. (Le chant nouveau est un motif qui apparaît encore et encore dans les psaumes, voir par exemple les Pss 33, 40, 98, 144, 149).

Le psaume se réjouit dans la description de l'apparition glorieuse du roi du monde. Les dieux pleins de vide (les idoles) s'esquivent embarrassés, tandis que les arbres de la forêt, les champs et l'eau, communauté célébrante cosmique, font leur grande apparition.

Autres voix
C'est moi le SEIGNEUR, tel est mon nom ;
et ma gloire, je ne la donnerai pas à un autre,
ni aux idoles la louange qui m'est due.
Les premiers événements, les voilà passés,
et moi j'en annonce de nouveaux,
avant qu'ils se produisent, je vous les laisse entendre.
Chantez pour le SEIGNEUR un chant nouveau,

chantez sa louange, depuis l'extrémité de la terre,
gens de la haute mer, et tout ce qui l'emplit,
les îles et leurs habitants.
(Esaïe 42,8–10)

« Les chants des psaumes renvoient à la musique dans la création : *Le ciel se réjouit et la terre est dans l'allégresse, la mer rugit et ce qu'elle contient.* Quand la nature jubile, l'être humain peut devenir auditeur. Je n'ai pas à parler moi-même. Les compositeurs ont aussi parfois créé à partir de leur écoute de la nature. Pour les psaumes, toutes les voix se rejoignent en harmonie. Mais ils ont conscience des dissonances. Outre les sons de certitude, il y a aussi des sons de doute. Et la force de la destruction résonne à côté de scènes idylliques. C'est probablement pour cela que les psaumes louent la beauté de la nature avec tant de passion. »
(cf. Magirius) [56]

« Face au demi-échec de tous les plans environnementaux à large échelle conçus pour ‹ sauver › la planète, il fait bon redécouvrir la seigneurie absolue de Dieu par rapport au cosmos. S'il est vrai que la grande nature ‹ se réjouit, exulte, jubile et crie de joie › face à Yhwh-Roi (v. 11–13), n'est-elle pas, au contraire, prise de panique de se voir quotidiennement soumise à l'administration étroite et égoïste des gouvernements à courte vue qui prétendent tenir en main son destin ? »
(Girard, commentaire écrit en 1994) [5:587]

« **Heureux ...** »

À propos du Psaume 97

Versets distillés :
1   *Le SEIGNEUR est roi.*
    Que la terre exulte,
    que tous les rivages se réjouissent !

*4 Ses éclairs ont illuminé le monde ;
   la terre l'a vu, elle a tremblé ;
5 les montagnes, comme la cire,
   ont fondu devant le SEIGNEUR,
   devant le Seigneur de toute la terre.
6 Les cieux ont proclamé sa justice,
   et tous les peuples ont vu sa gloire.*

Le Psaume 97 est un hymne sur l'apparition de Dieu dans la lumière.

« Théophanie » signifie l'apparition de Dieu, et c'est cela qui se passe ici. La réponse à cette apparition est la théopoésie, à comprendre comme la poésie de Dieu ou dans un sens plus large comme la poésie sur Dieu.

L'intensité de l'apparition de Dieu est adoucie par le visage de Dieu, c'est-à-dire par les yeux à travers lesquels il nous regarde. Les yeux en particulier expriment l'aspect personnel de la présence de Dieu. Cette poésie est forte, brillante et – comme dans tous les psaumes « Dieu-est-roi » (Pss 93–99) – reflète l'attente de l'Avent.

*Voici mon serviteur que je soutiens,
mon élu que j'ai moi-même en faveur,
j'ai mis mon Esprit sur lui.
Je transformerai devant eux les ténèbres en lumière,
et les détours en ligne droite.*
(Ésaïe 42,1.16)

Autres voix
« L'Éternel est roi : celui qui se tenait devant le juge, qui a supporté la gifle, qui a été flagellé, celui sur lequel on a craché, qui a été couronné d'épines, frappé par des poings, cloué à la croix, celui dont on s'est moqué quand il y a été pendu, celui qui est mort sur la croix et qui a été transpercé par la lance, celui qui a été enterré, celui qui est ressuscité des morts, lui, l'Éternel est roi. Que les royaumes de ce monde se déchaînent autant qu'ils le souhaitent – que peuvent-ils contre le Roi de tous les rois, le Seigneur de tous les seigneurs, le Créateur de tous les mondes ? »
(Augustin d'Hippone)

« Dieu demeure dans une lumière où nulle voie ne mène : qui ne devient pas elle, ne le verra jamais de toute éternité. »
(Angelus Silesius, 1624–1677, *Le Pèlerin chérubinique*) [61:254]

« … et c'est le nom, IHS, qui est source de lumière, point de fuite de la perspective, organisateur de la dramaturgie, pourvoyeur de sens ; étrangement, c'est un point abstrait, un nom tracé sous forme de monogramme qui organise le plus concret, le ciel réel, les nuages, tous les corps, et le regard et les gestes de ceux qui comme moi en dessous, tête levée, regardent … »
(Jenny) [51:152]

« Floral »

À propos du Psaume 98

Versets distillés :
1   Chantez au SEIGNEUR *un chant nouveau,*
    car il a fait des merveilles.
2   Le SEIGNEUR *a fait connaître sa victoire ;*
    aux yeux des nations il a révélé sa justice.
3   *Il s'est rappelé sa fidélité, sa loyauté,*
    en faveur de la maison d'Israël.
    Jusqu'au bout de la terre, on a vu
    la victoire de notre Dieu.
8   *Que les fleuves battent des mains,*
    qu'avec eux les montagnes crient de joie
9   *devant le* SEIGNEUR, *car il vient*
    pour gouverner la terre.

Le Psaume 98 est (comme le Ps 96) une ode pour la venue du roi du monde, un chant qui appelle à chanter un nouveau chant.

Toute la création peut chanter et jouer dans ce concert. Jean Calvin dit que le monde est le théâtre de la gloire de Dieu. À en croire le Ps 98, la mer, la terre, les fleuves et les montagnes peuvent eux aussi participer à cette représentation.

La distillation de « L'Éternel qui / est est est / est est est / est est est » est inspiré dans sa forme de « POEMA – die poesie der konstellationen» d'Eugen Gomringer (« poésie concrète »[71])

« Le recueil des psaumes est entièrement rédigé en vers. Ceux-ci sont assez facilement perceptibles dans la traduction car les versets des psaumes, dans leur présentation actuelle, correspondent pratiquement aux vers du texte hébreu. L'élément le plus indiscutable de la psalmique hébraïque, comme de la poésie sémitique, c'est le parallélisme, sorte de balancement des membres de la phrase, comparable à une rime de pensée. Il se présente sous plusieurs formes.
Tantôt la même idée ou la même image est reprise à l'aide d'expressions équivalentes :
– Parallélisme synonymique : *Le SEIGNEUR a fait connaître sa victoire ; / aux yeux des nations il a révélé sa justice* (Ps 98,2) ; tantôt le poète précède par contraste ou opposition :
– Parallélisme antithétique : *Oui, ceux qu'il bénit posséderont le pays, / et ceux qu'il maudit seront arrachés* (Ps 37,22).
– Dans le parallélisme synthétique, la même idée est exprimée avec un développement de la pensée : *Chantez au Seigneur un chant nouveau, chantez au Seigneur, terre entière* (Ps 96,1). »
(TOB) [1:1081]

Autres voix
« La fin » est le dernier des dix thèmes dont parle le psautier. Bonhoeffer écrit :
« Les psaumes sur la victoire finale de Dieu et de son Messie (2, 96, 97, 98, 110, 148–150) nous mènent à travers louanges, actions de grâce et supplications, à la fin de toutes choses, lorsque le monde entier rendra honneur à Dieu, lorsque l'assemblée rachetée règnera avec Dieu pour toute l'éternité, lorsque les puissances du mal s'effondreront et que seul Dieu gardera le pouvoir. »
(Bonhoeffer) [2:132]

« On croirait des bœufs ruminant leurs psaumes,
Attelés à plusieurs pour labourer sans relâche
Le champ coriace de l'éternité »
(Philippe Jaccottet, 1925–2021)

« Maître intérieur
prince de l'univers
louange à toi
Sainte ténèbre
nuée obscure de la joie
tendre épiphanie
qui rend son droit au pauvre
et fait du monde
un enfant ravi »
(Lerbret) [37:113]

« Debout couché marchant debout couché marchant »

À propos du Psaume 99

Versets distillés :
3   Qu'ils célèbrent ton nom grand et terrible !
    Il est saint !
5   Exaltez le SEIGNEUR *notre Dieu,*
    prosternez-vous devant son piédestal !
    Il est saint !
9   *Exaltez le SEIGNEUR notre Dieu ;*
    prosternez-vous vers sa montagne sainte,
    car il est saint, le SEIGNEUR notre Dieu !

Le Psaume 99 fait (lui aussi) partie des psaumes « YHWH-Malak ».

Saint est le Seigneur qui vient : Dieu est trois fois saint. Le psaume forme une triple doxologie.

« *Doxa* » (à l'origine du mot doxologie) est un mot grec qui signifie gloire. La « *doxa* » exprime la réputation de Dieu, la valeur qu'il a pour ceux qui l'adorent, sa gloire. La doxologie avec laquelle se termine le Notre Père est, dans l'art chrétien, reproduite par le halo ou l'auréole qui entoure Dieu et le Christ et tous les anges et les saints. « *Doxa* » exprime la beauté, le merveilleux et la perfection ressentis au plus haut degré.

Les trois acclamations « il est saint » sont réparties dans le Psaume 99 sur le mode d'un refrain. Elles sont comme un écho de ce que chantent, acclament et crient les séraphins (êtres angéliques mystérieux) quand le prophète Ésaïe voit le trône de Dieu : *saint, saint, saint*. … (Es 6,3). Cette triple acclamation de la sainteté de Dieu (*Tersanctus* en latin, *Trishagion* en grec) est le prototype de la doxologie trinitaire et nous renvoie à la Trinité du Père, du Fils et du Saint Esprit. Dans les hymnes de l'Apocalypse, le « saint, saint, saint » résonne encore et encore. Ces doxologies rendent les terribles événements et tourments des derniers jours moins insupportables. Ces doxologies sont une des raisons qui ont mené à appeler l'Apocalypse aussi « l'évangile hymnique ».

Autres voix
« En relecture, le Ps 99 invite tout homme, en particulier les dirigeants sociaux, politiques et ecclésiaux, à rechercher humblement et ‹ craintivement › le ‹ jugement › de Dieu, dans l'Écriture, la liturgie communautaire et la prière intime. » (Girard) [5:617]

« Toute vie achevée a les trois dimensions indiquées par [le Livre de l'Apocalypse] : longueur, largeur et hauteur. La longueur de la vie est la démarche intérieure de chaque homme en vue de ses fins et ambitions personnelles, le souci intérieur pour le bien-être et la réussite. La largeur de la vie est la préoccupation extérieure du bien-être d'autrui. La hauteur de la vie est la montée vers Dieu. La vie vraiment achevée est un triangle cohérent. »
(Martin Luther King, 1929–1968, *La force d'aimer*) [61:429]

« Chacun est créé et aimé comme unique. C'est une loi de vie fondamentale. Chacun est lui-même, a son identité tout à fait personnelle, sa propre tâche et direction. La différenciation, le non-mélange des êtres humains est un principe essentiel car il fonde notre relation à Dieu, notre identité, notre devenir. C'est notre point de départ, notre ancrage, notre réconfort, la bonne nouvelle, notre sécurité essentielle. Chacun de nous est accueilli comme le bien-aimé, appelé mon enfant, connu par son nom, gravé sur la paume de ses mains. »
(Pacot) [50:15]

« Prier le Psautier, c'est entrer dans la prière de Dieu ; c'est entrer dans l'être même de Dieu qui est prière. Nous entrons dans le mystère trinitaire de Dieu, non pas par notre propre volonté ; nous y entrons parce que la Trinité nous saisit, nous enveloppe, nous entraine, faisant de nous son sanctuaire, son lieu de repos. Nous entrons dans la Trinité, parce que la Trinité entre en nous : elle en nous et nous en elle, dans un effacement mutuel et éternel. »
(Bourguet) [9:100]

« Rein traversé de soleil »

À propos du Psaume 100

Versets distillés :
3   *Reconnaissez que le SEIGNEUR est Dieu.*
    Il nous a faits et nous sommes à lui,
    son peuple et le troupeau de son pâturage.
4   *Entrez par ses portes en rendant grâce,*
    dans ses parvis en le louant ;
    célébrez-le, bénissez son nom.
5   *Car le SEIGNEUR est bon :*
    sa fidélité est pour toujours,
    et sa loyauté s'étend d'âge en âge.

Le Psaume 100 encourage à mener une vie qui soit célébration. Il invite à huit activités : acclamer, servir, entrer, reconnaître, rendre grâce, louer, célébrer, bénir.

Reconnaître (v. 3) que c'est lui – Dieu – qui nous a fait, et non pas nous-mêmes, a quelque chose de très soulageant. Il sait bien ce qu'il fait et ce qu'il ne fait pas, pourquoi il nous a créés ainsi et pas autrement. Tout comme dans le Notre Père, où la demande que *Ta volonté soit faite* peut signifier : Merci de ne pas avoir à me réinventer.

Autres voix
« Quelle est votre seule consolation dans la vie et la mort ? Que je ne m'appartiens pas à moi-même, mais à mon fidèle Sauveur Jésus Christ. »
(Catéchisme de Heidelberg, 1563)

« ‹ C'est pourquoi nous comptons sur toi, YHWH notre Dieu … pour que tu mettes de l'ordre dans le monde par le royaume de Dieu ! › Ce sont les mots de la prière Alénu, prononcée à la fin de toute célébration juive. Dieu est roi du monde depuis son commencement, mais ce royaume n'est pas encore pleinement devenu réalité dans ce monde, ce pourquoi tous les espoirs et toutes les actions de Son peuple visent à frayer un passage pour la venue définitive de Son royaume : voilà l'affirmation centrale de la tradition judéo-chrétienne. Les prières du Notre Père ‹ Que Ton règne vienne ›, ‹ Que Ta volonté soit faite sur la terre comme au ciel › aspirent précisément à ce que la plénitude de vie et le bonheur de vie du royaume de Dieu, tout ce qui est dans le ciel et sur la terre, s'empare, se transforme et s'accomplisse toujours plus. »
(Erich Zenger) [41]

« D'une structure parfaitement limpide, le Ps 100 chante donc, sur le ton de l'exhortation cultuelle, la portée inconditionnelle de l'alliance entre Yhwh et son peuple privilégié. Embrassant toute l'histoire sainte, par sa rétrojection aux origines et sa projection vers le futur, il constitue l'essentiel d'une riche profession de foi. Voilà un magnifique prélude à l'alliance de grâce scellée une fois pour toutes en Jésus Christ. »
(Girard) [5:621]

« Il est sûrement d'autres portes, mais j'ai emprunté celle-ci, elle s'ouvre bien, je sais où elle est, je l'ouvre quand je veux, et ce que j'ai trouvé derrière est plus que

ce que j'attendais. Sentir d'être contenu dans plus grand que moi, d'être lié à tout autre que moi, me libère de cette crispation qu'est le moi, et me donne simplement vie. »
(Jenny) [51:107]

« À la base du crâne »

À propos du Psaume 101

Versets distillés :
> *Je veux chanter la fidélité et le droit*
> *et jouer pour toi, SEIGNEUR !*
> 2 *Je veux progresser dans l'intégrité :*
> *quand viendras-tu vers moi ?*
> *En ma maison je saurai me conduire,*
> *le cœur intègre.*
> 6 *Je distinguerai les hommes sûrs du pays*
> *pour qu'ils siègent à mes côtés.*

Le Psaume 101 est la prière d'un roi.

Le roi – « David » selon l'entête – s'adresse, lors de son avènement au pouvoir, à YHWH dans une prière publique. Il veut exercer sa fonction en respectant la bonté et le droit et demande l'aide de Dieu. La prière comporte quatre parties : d'abord il parle, non : il chante la grâce et le droit ! Viennent ensuite une prière où le roi s'en remet à Dieu et implore une relation personnelle avec Dieu. En troisième lieu, le roi déclare une attitude éthique et quatrièmement il demande le courage, à son arrivée au pouvoir, d'en finir avec les eaux troubles, le copinage, la corruption et la criminalité.

Autres voix
« Les citoyens peuvent trouver, dans notre psaume, matière à aiguiser leur conscience politique. S'appuyant sur leur propre quête d'honnêteté et de justice (v. 1–3), ils s'engageront à élire seulement, à titre de députés et de représentants politiques, ceux qui ont fait la preuve de leur dévouement, de leur droiture, de leur transparence et de leur franchise (v. 5.7) »
(Girard) [6:20]

« Il faut voir dans les événements la main de Dieu, sans jamais oublier que c'est son cœur qui guide sa main. »
(Mgr Charles Gay, 1815–1892) [61:257]

« Cette rencontre n'a rien d'inopiné ou de fortuit ; c'est une rencontre que Dieu attend depuis le premier matin du monde ; une rencontre pour laquelle il a tout créé dans le ciel et sur la terre. Après avoir tout créé et après avoir placé l'homme dans l'écrin de la création, Dieu fit silence. Le septième jour n'est plus que silence de Dieu ; Dieu se tait car il attend la prière de sa dernière créature, dans l'immense désir d'entendre le son de sa voix. Quel silence étonnant que ce silence de Dieu : un silence en creux, un silence écrin, une espérance. Toute la création n'est que préparation de Dieu à la rencontre. Dans la prière, l'homme comble l'attente de Dieu ; il comble son espérance. Peut-être un jour entendrons-nous Dieu murmurer ces simples mots : ‹ *Je t'attendais !* › La prière est accomplissement de l'Espérance de Dieu : mystère et émerveillement ! »
(Bourguet) [9:9]

Je m'appliquerai de tout mon être
À marcher sur le chemin des justes.
Quand viendras-tu ?
Je m'appliquerai à vivre
En évitant ce qui est trouble
Avec ceux de ma maison.
(Début du psaume, traduit par Alain Lerbret) [37:222]

« Solo »

À propos du Psaume 102

Versets distillés :
3   *Ne me cache pas ton visage
    au jour de ma détresse.
    Tends vers moi l'oreille.
    Le jour où j'appelle,
    vite, réponds-moi.*
8   *Je reste éveillé, et me voici
    comme l'oiseau solitaire sur un toit.*
25 *Mon Dieu, ai-je dit,
    ne m'enlève pas au milieu de mes jours !
    Tes années couvrent tous les siècles.*

Le Psaume 102 est la *prière d'un malheureux à bout de force, qui expose sa plainte au Seigneur* (titre du psaume).

Voilà un autre psaume qui peut être utilisé comme « formulaire » pour dire sa plainte. Les psaumes « sont des formulaires de prière, tu les rempliras. Un formulaire, c'est une chose dans laquelle tu inscris ton nom, ta date de naissance, ton adresse. Le psaume est un formulaire, et tu y écriras ton nom et ta douleur, ta joie et ton bonheur, tes peurs et ta terre et tes arbres et tout ce que tu aimes » (d'après Dorothee Sölle).

Le Psaume 102 est un texte troublant et incitant à la compassion qui change parfois brusquement de thème et de style. Dans une demande de guérison le priant se décrit de façon dramatique et parle de sa solitude. Il se compare à un oiseau sur le toit, à l'écart de la maison où vivent de nombreuses personnes (l'on y trouve aussi deux autres références à des oiseaux – à un choucas et un hibou).

Dans un autre style, il prie pour le pays détruit et en demande la reconstruction, et là il se compare aux ruines d'un temple. Vient ensuite une déclaration de reconnaissance. Il est guéri ! Il a survécu ! Il n'est plus à l'abandon ! Un hymne forme la fin.

Autres voix
« Le Ps 102 appartient au groupe des anciens psaumes pénitentiels de l'Église. Ce qui est frappant, c'est que le priant individuel dans son besoin ne se console pas avec le passé mais avec les actes futurs de Dieu, et qu'un priant souffrant, un individu inconnu, devient prophète. Ici, il ne faut pas seulement parler de ‹ séquelles › ou d'imitations de ‹ prophétie classique ›. C'est Joël 3 qui se réalise. En vue de la dernière intervention de Yahvé, le Ps 102 fait écho à la promesse globale du prophète Joël. »
(d'après H.-J. Kraus) [64]

Alors je répandrai mon esprit sur toute chair, et vos fils et vos filles prophétiseront, vos vieillards rêveront, vos jeunes gens verront. Et aussi sur les serviteurs et les servantes, je répands mon esprit en ces jours-là.
(Joël 3,1s)

« Pourquoi, dans les Psaumes, ces revirements constants et déroutants ? Leurs auteurs étaient-ils donc d'humeur si versatile ? Ou bien rapportent-ils ces brusques variations parce qu'ils constatent qu'elles font partie de l'expérience de notre existence ? ... c'est pour mieux mettre en relief, par ces oppositions, son message de vie. Car vivre c'est justement ne pas chanceler. »
(Glardon) [3:35]

« L'athéisme est une chouette étrange ; à midi, quand le soleil brille au firmament, il s'esquive en voltigeant et ferme les yeux, / clignote ensuite pour en repérer sa lumière et s'écrie : / Où est le soleil ? »
(Samuel Taylor Coleridge † 1834)

« Dans un tel contexte, la prière, c'est la vie, ou ce qui en reste, qui crie – ou *gémit* – le désir de vie qui est encore vie, mais qui s'épuise dans cet appel (6,7 ; 31,11a ; 32,3 ; 69,4 ; 102,6). Prier, alors, c'est ‹ perdre la vie à demander la vie, perdre sa vie à espérer la vie ›, selon la belle expression de P. Beauchamp. Si le psalmiste le fait, c'est qu'il croit que Dieu peut donner vie au cœur même de la mort. »
(Wénin) [70:37]

« Comment Dieu s'y prend-il pour m'apprendre à prier ? Quelle est sa méthode, sa pédagogie ? Il ne vient pas me faire un cours sur la prière. Il pourrait le faire et j'en serais heureux. Il fait mieux encore : il m'ouvre sa propre prière ; il me la donne ! Et non seulement une, mais cent cinquante ! Ce qu'il me donne ainsi, c'est le Psautier. Car c'est vraiment cela le Psautier : 150 Prières de Dieu qui me sont offertes. » (Bourguet, Prions les psaumes) [9:24]

« Tissé »

À propos du Psaume 103

Versets distillés :
1 *Bénis le SEIGNEUR, ô mon âme,*
   que tout mon cœur bénisse son saint nom !
2 *Bénis le SEIGNEUR, ô mon âme,*
   et n'oublie aucune de ses largesses !
3 *C'est lui qui pardonne entièrement ta faute*
   et guérit tous tes maux.
4 *Il réclame ta vie à la fosse*
   et te couronne de fidélité et de tendresse.
5 *Il nourrit de ses biens ta vigueur,*
   et tu rajeunis comme l'aigle.

Le Psaume 103 est le Cantique des cantiques de la bonté de Dieu.

Le motif principal autour duquel l'hymne s'élève est le mot hébreu *Hesed* : grâce, bonté, amour, fidélité. La *Hesed* ne doit jamais être oubliée, jamais de la vie ! C'est pourquoi le psaume utilise le rythme et l'énumération liturgique des bonnes actions de Dieu – pardonner, guérir, racheter, couronner, remplir, renouveler. La personne qui prie se parle à elle-même et dit « mon âme » (dans le premier et le dernier verset). Elle s'encourage elle-même pour surtout ne pas oublier ce qui est une pensée qui sauve, ni le bien que Dieu a fait, ni le bien qu'il fait, ni le bien qu'il fera sans doute à l'avenir.

Parce qu'il parle de la compassion de Dieu et de l'amour divin qui pardonne, le Psaume 103 est aussi appelé « le psaume préféré de Jésus ».

Le Psaume 103 montre pourquoi le Notre Père peut être considéré comme une version abrégée du psautier *(breviarium totius psalterii)*.

Début du Psaume, traduit par André Chouraqui [33] :
De David. Bénis, mon être, IHVH-Adonaï ;
toutes mes entrailles, son nom sacré !
Bénis IHVH-Adonaï, mon être ; n'oublie pas tous ses bienfaits !
Lui, il pardonne tous tes torts, médecin de toutes tes infirmités,
il rachète ta vie au pourrissoir,
et te nimbe de chérissements, de matrices.
Il assouvit de bien ta beauté ;
ta jeunesse se rénove comme le vautour.

Autres voix
« Le Ps 103 témoigne d'un événement. Yahvé a mené un homme de la sphère d'influence de la mort vers le domaine de la vie. Le style choisi, celui de l'auto-encouragement, où le chanteur visualise et proclame les bienfaits salutaires de Yahvé, déploie une puissance continue. »
(H.-J. Kraus) [64]

« Maintiens sans cesse ton attention sur la présence de Dieu et, quelle que soit ton activité, tu prieras sans cesse. Théophane ne donne aucune formule, aucun truc, aucune technique ; il exhorte simplement : n'oublie pas que tu te tiens en présence de Dieu, où que tu sois. »
(Bourguet, *Sur un chemin de spiritualité*) [7:24]

« Toi Plein de pitié, toi Compatissant, Seigneur, toi Ami de l'homme, toi Miséricordieux, ne regarde pas les fautes de tes serviteurs, mais accorde-leur les flots divins de tes grâces et guide-les pour qu'ils mettent en toi un espoir irréfragable. »
(Livre d'heures du Sinaï, Office de minuit ; Horologion du 9e siècle, du monastère de Sainte Catherine du Sinaï) [72:292]

« **Phoque** »

À propos du Psaume 104

Versets distillés :
27 *Tous comptent sur toi*
pour leur donner en temps voulu la nourriture :
28 *tu donnes, ils ramassent ;*
tu ouvres ta main, ils se rassasient.
29 *Tu caches ta face, ils sont épouvantés ;*
tu leur reprends le souffle, ils expirent
et retournent à leur poussière.
30 *Tu envoies ton souffle, ils sont créés,*
et tu renouvelles la surface du sol.

Le Psaume 104 est un hymne au Créateur, qui est ici « le bâtisseur d'un vaste système d'irrigation pour préserver la vie » (Seybold).

Toute la vie, même la vie en commun, est magnifiquement agencée ; le créateur lui-même en est le centre, le pivot, le point de référence et le point de fuite. Toutes les créatures – les humains, les animaux, les petits et grands bancs de poissons dans la mer (même le dragon de la mer avec lequel Dieu aime jouer) – attendent tout de Dieu. Elles attendent que l'esprit renouvelle la face de la terre. Sans Dieu, tout n'est pas vraiment. Tout est vraiment avec Dieu.

« Ce psaume, considéré comme l'un des joyaux du Psautier, impressionne non seulement par sa théologie, mais aussi par le caractère vivant et animé du tableau qu'il donne de l'œuvre créatrice, qu'il aligne manifestement sur le récit de Genèse 1 et auquel il imprime une note d'enthousiasme, qui tranche par rapport au récit grandiose, mais plus statique, de Genèse. Comme l'indiquent de nombreux commentateurs aujourd'hui, le Psaume 104 est le frère jumeau du Psaume 103. Les deux pré-

sentent en effet le même refrain, ‹ Bénis le Seigneur, ô mon âme ›, en ouverture et en conclusion, et offrent beaucoup de similitudes quant au vocabulaire et à la théologie. La grande différence entre les deux réside dans le fait que le Psaume 104 loue le Dieu créateur tandis que le Psaume 103 s'attarde plutôt à louer le Dieu sauveur, le Dieu de l'Alliance. Ils se complètent admirablement. »
(Prévost) [31:114]

« On devrait dire que le psaume 104 est un long commentaire du refrain accolé à chacun des six jours de l'œuvre de création. »
(Prévost) [31:116]

Le tableau suivant permet de saisir les correspondances entre le Ps 104 et la Genèse :

Gn 1,1– 2,4a	Œuvre de la création	Versets du Ps 104
1er jour	Lumière	2
2ème jour	Firmament séparant les eaux	2b–4
3ème jour	Terre et ses eaux ; végétation	5–9, 13–18
4ème jour	Luminaires du ciel (soleil et lune)	19–23
5ème jour	« Grouillement » d'animaux et de monstres marins	24–30
6ème jour	Être humain	14–15
7ème jour	Repos de Dieu qui se réjouit de sa création	31

Autres voix
Le monde est « bien plus un devenir qu'un être, et avec certitude bien plus une expérience personnelle que l'objet neutre d'une volonté de cognition. »
(Gerhard von Rad, 1901–1971)

« Le Psaume 104 ne décrit nulle part le calme, il y a du mouvement partout. Le monde entier est porté et dominé par les œuvres de Dieu, vers lesquelles sont orientés tous les éléments et toutes les créatures. Les métaphores sont percutantes et vivantes : il crée le monde comme un maître bâtisseur … Il étire le toit de la tente comme un père de famille. Comme un général, il tonne sur les eaux primitives – elles fuient. Comme un sage économe, il canalise les eaux rafraîchissantes vers les

êtres vivants et les champs. Comme un maître de maison, il distribue ses biens et ses dons. Et tout cela se donne par une maîtrise et puissance souveraine, une profonde sagesse et une bienveillante bonté. »
(H.-J. Kraus) [64:887]

« En vidant la nature de la divinité – ou, disons, des divinités – on peut la remplir de la Déité, car elle est désormais porteuse de messages. Dans un certain sens, on peut dire que le culte rendu à la nature impose silence à cette dernière – comme un enfant ou un sauvage qui serait tellement impressionné par l'uniforme du facteur qu'il en omettrait de prendre le courrier. »
(C. S. Lewis) [25:119]

« Qui sait vraiment prier ? La réponse à cette question est claire : le Saint Esprit ! Lui seul sait prier (Rm 8.26). Lui seul sait prendre les gémissements, les cris, les silences, les balbutiements et les soupirs de la création pour en faire une prière véritable. Lui seul, ainsi que le Fils de Dieu (Rm 8.34). Le Fils de Dieu sait aussi intercéder auprès du Père, et sa prière est prière véritable. Le Fils et l'Esprit Saint prient véritablement le Père : cela signifie que la seule vraie prière est interne à la Trinité, dite par Dieu à Dieu. Du cœur de la Trinité jaillit la prière. La prière pure, c'est celle de Dieu. La prière incessante, c'est celle de Dieu. »
(Bourguet, *Prions les Psaumes*) [9:21]

« Trouvaille »

À propos du Psaume 105

Versets distillés :
1. *Célébrez le SEIGNEUR, proclamez son nom,*
   faites connaître ses exploits parmi les peuples.
2. *Chantez pour lui, jouez pour lui ;*
   redites tous ses miracles.
3. *Soyez fiers de son saint nom*
   et joyeux, vous qui recherchez le SEIGNEUR.
4. *Cherchez le SEIGNEUR et sa force,*
   recherchez toujours sa face.

Le Psaume 105 est une prédication en vers et un récit haut en couleurs de l'histoire biblique.

C'est ainsi que sont racontées les étapes de l'alliance de Dieu avec son peuple, à commencer par Abraham, en passant par Jacob, puis de Joseph à Moïse, Aaron, aux fléaux égyptiens (huit sur dix), jusqu'à l'immigration en Canaan et la répartition des terres. Par-dessus tout, ce survol de l'histoire vise à ancrer au plus profond des auditeurs la confiance en la parole et l'agir de Dieu dans les aléas de leur histoire à eux.

Le dernier mot du psaume est *Alléluia*. Luther note : « Ainsi le Seigneur est notre louange au sens actif et passif : tout d'abord nous devons le louer lui seul, puis nous devons nous aussi nous louer nous-mêmes en lui, être fiers et être quelque chose en lui ; mais en nous-mêmes, nous ne devons être rien ».

Une autre lecture du psaume est la recherche du visage de Dieu. La justification de cette recherche d'un plus est ce qu'Ingeborg Bachmann formule brièvement ainsi : « Il manque un peu quelque chose à tout ».

L'éloge de la recherche :
- *Pour toi mon cœur dit : Recherchez-moi ! Je te recherche, SEIGNEUR !* Ps 27,8
- *Trouvez-moi et vous vivrez.* Amos 5,4
- *Maintenant, appliquez votre cœur et votre vie à chercher le SEIGNEUR votre Dieu.* 1 Chroniques 22,19a
- *Cherchez d'abord le royaume du Seigneur, et toutes les autres choses vous seront données.* C'est ce que dit Jésus dans le Sermon sur la montagne. C'est ainsi que nous trouvons la communion avec Dieu, c'est ainsi que nous trouvons une relation avec Lui.
- « Cherche-moi, mon âme, en moi seulement. » (Thérèse d'Avila). Chercher ainsi, c'est trouver le bonheur de demeurer dans la proximité de Dieu.
- Dans la Règle bénédictine, un guide de la vie chrétienne, la recherche de Dieu est une condition d'entrée pour les nouveaux membres d'une communauté religieuse. Celui qui cherche Dieu peut entrer. Chercher Dieu : « c'est l'antithèse de l'athéisme pratique ; c'est le noyau d'une vie alternative ; c'est la conscience d'être interpelé-e par Dieu ; c'est une intuition de la grandeur renversante de Dieu ainsi que de sa fascinante bienveillance. » [53]
- Chercher serait alors un signe d'humilité ? Oui. Car celui qui cherche ne se suffit pas à lui-même. Il exprime son besoin d'un vis-à-vis, d'un Dieu, d'un autre, du visage de l'autre (dirait Emmanuel Levinas, 1906–1995).

Autres voix

« La foi a toujours tort si on y réfléchit un peu avec les catégories et les méthodes de la raison : elle n'est soutenue d'aucun argument qui tienne, elle n'est que sophisme, pari, ou superstition. La foi a toujours tort si on la discute, car elle est le paradoxe d'un geste sensoriel, qui a les propriétés de la parole : la foi est une sensibilité générale, une écoute avant de savoir quoi, un pas fait dans une direction pour laquelle il n'est aucun espace libre, aucune indication, ni aucun but visible et sûr. La foi est première, et par son acte de perception elle rejoint son objet, et le crée alors qu'il était déjà là. »
(Alexis Jenny) [51:142]

« Autrefois, déjà à l'époque de l'Ancien Testament, afin d'éviter que ce saint nom ne soit prononcé à la légère, sans respect, l'on s'est arrangé pour, quand il fallait lire ces quatre lettres Yhwh, dire Adonaï, qui signifie Seigneur. C'était pour vénérer le mystère de Dieu qui est révélé et caché en lui. C'est pourquoi certaines de nos

Bibles à ce jour écrivent toujours Seigneur au lieu de Yhwh ou Yahweh. »
(Carlos Mesters) [42]

« Aujourd'hui encore le nom de Jésus apaise les âmes troublées, réduit les démons, guérit les maladies ; son usage infuse une sorte de douceur merveilleuse ; il inspire l'humanité, la générosité, la mansuétude. »
(Origène) [62:86]

« Compter »

À propos du Psaume 106

Versets distillés :
1   *Alléluia !*
    Célébrez le SEIGNEUR, car il est bon.
    car sa fidélité est pour toujours.
2   *Qui peut dire les prouesses du SEIGNEUR*
    et faire entendre toutes ses louanges ?
3   *Heureux ceux qui observent le droit*
    et pratiquent la justice en tout temps !
4   *Quand tu seras favorable à ton peuple,*
    pense à moi, SEIGNEUR !
    Lorsque tu le sauveras, occupe-toi de moi.
48 *Béni soit le SEIGNEUR, le Dieu d'Israël,*
    depuis toujours et pour toujours.
    Et tout le peuple dira :
    « Amen ! Alléluia ! »

Le Psaume 106 est la seconde prédication sur les leçons à tirer de l'histoire.

La première est le Ps 105 avec les nombreuses choses que Dieu a faites pour les humains – ce psaume-là est long. L'autre prédication est le Ps 106 qui rapporte que les humains souvent doivent admettre qu'ils ont échoué – et ce psaume-ci est long aussi.

La compassion de Dieu réunit l'histoire et le psaume. *Alléluia* (v. 1 et v. 6) – *Dieu merci* c'est tout ce qu'il y a à dire. Le psaume contient aussi une béatitude : *Heureux ceux qui gardent le droit et font en tout temps ce qui est juste* (v. 3).

Dans une interprétation du Notre Père, Luther commente assez rudement : « Cette demande (*que ta volonté soit faite sur la terre comme au ciel*) exerce elle aussi les deux éléments déjà mentionnées dans la demande précédente, à savoir qu'elle rend humble et exalte, rend pécheur et pieux. Car la parole de Dieu opère toujours les deux éléments que sont le jugement et la justice, comme il est écrit (Ps 106,3) : *Heureux ceux qui pratiquent toujours le jugement et la justice !* Le jugement n'est rien d'autre qu'un homme qui se reconnaît lui-même, qui se juge et se condamne ...La justice n'est rien d'autre que lorsqu'une personne qui se reconnaît ainsi demande et cherche la grâce et l'aide de Dieu ... Ce sont ces deux éléments que nous voulons voir dans cette prière. »

À la fin du psaume – et c'est en même temps la fin du quatrième livre des psaumes – l'on retrouve une doxologie : *Louange au Seigneur, le Dieu d'Israël, d'éternité en éternité, et que tout le peuple dise : Amen ! Alléluia !*

Autres voix
« Trois psaumes (78 ; 105 ; 106) évoquent longuement l'histoire sainte. Ils en orchestrent les principaux thèmes : tradition patriarcale, dominée par la Promesse et l'Alliance (105) ; Exode, précédé et accompagné de merveilles ; marche dans le désert et révélation du Sinaï ; entrée en possession de l'héritage (78 ; 105 ; 106). Les psalmistes n'énumèrent pas que des faits bruts, ils font ressortir leur signification, les titres de gloire du Seigneur (78,4 ; 105,1.5), les témoignages de la fidélité, de la loyauté, de la patience et de la miséricorde de Dieu. Cette vue rétrospective commande des attitudes pratiques, ainsi que l'enseigne le Deutéronome. »
(TOB) [1:1086]

Charles Péguy a comparé l'AT à une longue allée, fidèle et droite qui directement va droit au seuil de la maison. Elle ne passe pas le pas de la porte. Elle ne se pro-

longe pas à l'intérieur de la maison. Elle conduit, et elle amène, et elle introduit le regard et le pas. C'est exactement ce que font pour nous les psaumes.
(cf. *Le sens de Dieu dans les Psaumes*) [46:77]

« Un chrétien devrait être un alléluia de la tête aux pieds. »
(Augustin d'Hippone) [29:54]

Les versets 1–4 dans la traduction de « La Bible des écrivains » [32:1358] :

Allez louez Yah

Remerciez Yhwh
oh si bon

Son amour est pour toujours

Qui dira
les coups de force de Yhwh ?
Qui va faire entendre tout son psaume ?

Oh bonheur de qui observe le droit
celui qui pratique la justice tout le temps

Souviens-toi de moi Yhwh
par égard pour ton peuple

Rencontre-moi
toi qui sauves

« Que sont les Psaumes ? Peut-être d'abord une école où se forment et s'apprennent les grands mots de la Bible entière. Chaque psaume est à la fois unique et cousin des autres. Chaque psaume fait naître un mot, une conviction, et en même temps invite en renfort des mots, des convictions déjà appris dans d'autres psaumes. Chaque psaume en engendre ainsi un autre, comme une variante d'une même mélodie. En ‹ murmurant › les psaumes ‹ nuit et jour › on s'accorde à la musique de la Bible. » [32:2858]

« Trois dons »

À propos du Psaume 107

Versets distillés :
6   *Ils crièrent vers le SEIGNEUR dans leur détresse,
    et il les a délivrés de leurs angoisses.*
8   *Qu'ils célèbrent le SEIGNEUR pour sa fidélité
    et pour ses miracles en faveur des humains.*
13 *Ils crièrent vers le SEIGNEUR dans leur détresse,
    et il les a sauvés de leurs angoisses.*
19 *Ils crièrent vers le SEIGNEUR dans leur détresse,
    et il les a sauvés de leurs angoisses.*
28 *Ils crièrent au SEIGNEUR dans leur détresse,
    et il les a tirés de leurs angoisses.*
30 *Ils se sont réjouis de ce retour au calme
    et Dieu les a guidés au port désiré.*

Le Psaume 107 est une liturgie d'action de grâce qui commence par un Alléluia et marque le début du cinquième et dernier livre des psaumes (Pss 107–150). À partir de là, la « densité d'Alléluia » dans le psautier augmente nettement.

Comme dans les psaumes précédents (105, 106), il s'agit d'un chant narratif plus long, qui, malgré la pression et la détresse, invite à prendre le rythme de la gratitude. La répétition quadruple de l'antienne renforce le sentiment de rythme ; on pourrait presque ici parler de « groove ».

Ceux et celles qui sont revenus de l'exil peuvent se réjouir, qu'ils aient été en caravane dans le désert (v. 4–9), prisonniers libérés (v. 10–16), malades guéris (v. 17–22), ou marins sauvés du naufrage (v. 23–30).

Autres voix
Une « anatomie de toutes les parties de l'âme » : voilà ce qu'est, selon Jean Calvin, le psautier : « J'ay accoustumé de nommer ce livre une anatomie de toutes les parties de l'ame, pource qu'il n'y a affection en l'homme laquelle ne soit icy representée comme en un miroir. Mesme, pour mieux dire, le S. esprit a yci pourtrait au vif toutes les douleurs, tristesses, craintes, doutes, espérances, sollicitudes, perplexitez, voire jusques aux esmotions confuses desquelles les esprits des hommes ont accoustumé d'estre agitez. »
(Cf. Véronique Ferrer, « La vraye maniere de bien prier » : l'exégèse au service de la prière dans les Commentaires de Jehan Calvin sur le livre des Psaumes. In : *Réforme, Humanisme, Renaissance,* n°67, 2008)

« Bien sûr, le schème mythique de l'oppression-exode, structural d'un bout à l'autre de l'Ancien Testament et du Nouveau, sous-tend ici tout le développement. » (Girard) [6:138]

Conseil des Pères du désert, afin de ne pas être vaincu par les « adversaires » de tout type (cf. Bourguet, *Sur un chemin de liberté*) [7:39] :
- « Se jeter en Dieu »
- « Se précipiter vers le secours de Dieu »

« Notre liberté est la plus extraordinaire invention de l'amour de Dieu. » (Marcel Légaut, 1900–1990, *Si nous parlions de Dieu*) [61:247]

« Le Ps 107 mérite une attention spéciale. Dans cette liturgie défilent, sous la direction d'un meneur de jeu, quatre groupes de privilégiés : caravaniers revenus du désert, captifs libérés, malades guéris, rescapés de la mer. Les couplets, de composition identique, actions de grâce en miniature, comportent une description, un invitatoire et un refrain. »
(TOB) [1:1038]

Sur la gratitude :
- « Sois reconnaissant envers tous, tous t'enseignent. » (Bouddha)
- « Soyons reconnaissants, la reconnaissance prolonge le plaisir que le bienfait a causé. » (Joseph Droz)

- « La maturation d'un chrétien est dans le sens le plus profond du terme une reconnaissance grandissante. » (Friedrich von Bodelschwingh)
- « Équilibrez chaque plainte avec dix gratitudes, chaque critique avec dix compliments. » (Richard Forster)
- « Louer et ne-plus-louer s'opposent comme la vie et la mort. » (Gerhard von Rad)
- « Le fait d'appartenir au Seigneur est la source d'une joie imprenable. Prions pour que Dieu nous aide à progresser dans ce chemin et à le faire avec un cœur reconnaissant car nous sommes programmés pour la joie ! » (Thierry Perregaux)
- Luther sur l'ensemble du Psaume : « Ce Psaume est une action de grâce générale, car Dieu aide toutes sortes de gens à sortir de toutes sortes de difficultés, comme le dit Paul : il est le sauveur de tous les peuples. » (1 Timothée 2,3)
- « Le Livre des Psaumes est la réponse reconnaissante à l'action salvatrice de YHWH dans la création et l'histoire. » (Erich Zenger)

« Marcher et être couché »

À propos du Psaume 108

Versets distillés :

2   *Le cœur rassuré, mon Dieu,*
    je vais chanter un hymne :
    voilà ma gloire !
3   *Je vais réveiller l'aurore.*
4   *Je te rendrai grâce parmi les peuples, SEIGNEUR,*
    je te chanterai parmi les nations ;
5   *car ta fidélité est plus grande que les cieux*
    et ta vérité va jusqu'aux nues.
6   *Dieu, dresse-toi sur les cieux,*
    et que ta gloire domine toute la terre.

Le Psaume 108 est un collage de texte d'un chant du matin (citant le Ps 57), d'un psaume guerrier avec des inclusions géographiques et d'une parole de Dieu (comme dans le Ps 60).

Les textes qui facilitent le début de la journée sont très demandés ; il est donc logique d'utiliser plusieurs fois les versets d'un psaume comme ceux du Ps 57. Ils donnent le coup de pouce nécessaire aux personnes en prière pour entrer dans un bon rythme (voir aussi Ps 107).

Autres voix
« Mais ta miséricorde m'a fait vivre et je ne doute pas que toi qui est bon tu aies jugé bon pour moi de naître. Car toi qui n'avais pas besoin de moi, tu m'as accordé également la raison et l'intellect ; tu m'as instruit dans la connaissance de toi. »
(Hilaire de Poitiers) [52:187]

« Le passage de la complainte à la louange ne peut être ordonné. Tu ne devrais pas te dire : Assez de ces lamentations, vos louanges doivent enfin venir. C'est ainsi que vous poussez les gens plus loin dans les ténèbres. Les psaumes sont un guide puissant de la joie, mais pas un guide qui la forcera. C'est un livre d'entraînement. Cela signifie que personne n'a à montrer ses larmes personnelles avant d'être autorisé à chanter un psaume de lamentation. Et avant la louange, personne ne doit prouver qu'il est joyeux. »
(Magirius) [56]

« La religion est le dégel de l'égoïsme. »
(Friedrich Theodor Vischer)

« Je crois que nous prenons plaisir à faire l'éloge de ce que nous aimons, car la louange ne fait pas qu'exprimer notre plaisir : elle le complète : elle en est l'accomplissement parfait. Ce n'est pas pour se faire des compliments que les amoureux ne cessent de vanter, à tout moment, la beauté de l'autre, mais parce que leur plaisir serait incomplet s'il n'était exprimé. »
(C. S. Lewis) [25:137]

« Saint Esprit
Tu ne veux pas pour nous

L'inquiétude,
Mais tu nous revêts de ta paix
Elle nous prépare
À vivre chaque jour
Comme un aujourd'hui de Dieu »
(Frère Roger) [15:51]

« Ambivalence »

À propos du Psaume 109

Versets distillés :
1   *Dieu que je loue, ne reste pas muet,*
2   *car ils ont ouvert contre moi*
    une bouche méchante et trompeuse,
    Ils m'ont parlé avec une langue menteuse ;
3   *des paroles de haine m'ont cerné,*
    et ils m'ont combattu sans motif.
4   *Pour prix de mon amitié ils m'ont accusé ;*
    et moi, je suis en prière.

Le Psaume 109 est un psaume imprécatoire, ou mieux, *le* psaume imprécatoire par excellence ; c'est le plus féroce et le plus provocateur de tous les psaumes.

« Les psaumes expriment la violence soufferte et crainte comme un phénomène relationnel. En tant que prières poétiques, elles sont un moyen de dompter la violence par les mots et un mode d'emploi pour sortir de la violence – devant un Dieu qui, en tant que ‹ Dieu de vengeance ›, démasque la violence pour ce qu'elle est : hostile à Dieu et destructive pour la vie et maintient vivante la vision d'une vie sans violence. » (« Un dieu de vengeance ? Comprendre les psaumes imprécatoires ») [41]

« Faites attention à la bonne réputation de vos ennemis » : cette demande vient de Jean-Marie Vianney (1786–1859 ; aussi appelé « le curé d'Ars »). C'est la mise en œuvre concrète de l'appel de Jésus dans le Sermon sur la montagne à aimer les ennemis. Cela peut alors aussi signifier que je prie non seulement pour être protégé de mes ennemis, mais aussi pour les protéger de moi.

Autres voix
« Les réponses de la psychanalyse politique peuvent ainsi conduire au-delà du simple appel à déconstruire les images de l'ennemi, car elles contribuent à faire comprendre les mécanismes à l'œuvre dans chaque être humain. Quand nous apprenons que des images de l'ennemi surgissent inévitablement encore et encore, en nous-mêmes et chez les autres, dès que, dans des conflits interpersonnels, notre peur devient trop grande, alors il nous devient moins nécessaire de dévaluer ou d'attaquer les autres quand eux, dans un état de peur (qui peut être refoulée) réagissent en dévalorisant ou en inventant des imaginaires hostiles. Cela signifie que nous n'avons plus besoin de développer des images ennemies contre des images ennemies. Nous aurons plus de facilité pour trouver les moyens de nous sortir, nous-mêmes et les autres, de cet état malheureux plutôt que de prolonger le malheur par des dévalorisations et des imaginaires hostiles toujours plus intenses. »
(d'après Thea Bauriedl) [41]

« Reste l'épineux problème de la relecture. Dans la tradition rabbinique et chrétienne, le Ps 109 a fini par s'attirer le sort même qu'il souhaitait à l'ennemi ! On a jugé ‹ sa supplication › d'anti-salut ‹ tel un péché › ; ‹ ses jours › ont été écourtés ; et d' ‹ autres après › ont pris sa place au bréviaire (v.7s) ! Pour notre part, nous l'avons décrit comme le ‹ mouton noir › du psautier liturgique (…) ! Est-il jamais possible de remonter sa cote d'amour ? »
(Girard) [6:158]

« Le contact avec la force, de quelque côté qu'on prenne contact (poignée ou pointe de l'épée), prive un moment de Dieu. »
(Simone Weil, 1909–1943) [61:160]

« Une petite histoire pour conclure. La première fois que j'ai abordé ce genre de psaumes dans un groupe, il y a presque vingt ans, c'était avec des religieuses. J'étais loin encore d'avoir affiné l'intuition que je développe ici, mais pour l'essentiel, elle

était déjà là. Après le travail en commun qui en avait dérouté plus d'une, une participante vient me trouver en aparté et me dit : ‹ Vous ne pouvez pas savoir combien vous m'avez fait plaisir, cet après-midi ! › Surprise … Elle reprend : ‹ L'approche que vous avez présentée de ces psaumes rejoint vraiment l'expérience que j'en ai faite. Pendant une dizaine d'années, j'ai vécu dans une communauté dont, pour des raisons que je n'ai pas à révéler, je haïssais la supérieure – il n'y a pas d'autre mot. J'étais quasi incapable d'être gentille avec elle, ou même simplement correcte. Alors, je me suis mise à prier ces psaumes en pensant à elle, et je déposais ma haine aux pieds du Seigneur. Quand je sortais, si je la croisais dans le couloir, je m'étonnais de pouvoir lui adresser un sourire ! J'arrivais à trouver un comportement humain en face d'elle. C'est comme ça que j'ai tenu le coup. › »
(André Wénin) [70:144]

« La Luna »

À propos du Psaume 110

Versets distillés :
1 Oracle du SEIGNEUR *à mon seigneur* :
   « *Siège à ma droite,*
   que je fasse de tes ennemis
   l'escabeau de tes pieds ! »
3 *Ton peuple est volontaire*
   le jour où paraît ta force.
   Avec une sainte splendeur,
   du lieu où naît l'aurore
   te vient une rosée de jouvence.

*4   Le SEIGNEUR l'a juré,
    il ne s'en repentira pas :
    « Tu es prêtre pour toujours,
    à la manière de Melkisédeq. »*

Le Psaume 110 est un psaume royal archaïque.

C'est le psaume le plus souvent mentionné dans le NT. Alors que pour nous aujourd'hui ce psaume est plutôt étrange et certainement pas le plus classique à méditer, Luther le loue au plus haut point : « Le Psaume 110 est une prophétie qui concerne le Christ, comment il devrait être prêtre et roi éternels, en plus de vrai Dieu, assis à la droite de Dieu, et comment il devrait être transfiguré et reconnu. Rien dans les Écritures n'est comparable à ce psaume. Il est bon de le considérer comme le plus noble pour renforcer la foi chrétienne. Car nulle part ailleurs le Christ n'y est présenté avec des mots aussi lumineux ... comme prêtre et prêtre éternel. »

« Quant au NT, les Psaumes y sont amplement cités : ils apparaissent plus d'une centaine de fois, jusque dans la bouche du Christ lors de sa passion. » (Glardon) [3:21]

Il est intéressant d'observer, dans l'histoire de l'Église, les discussions sur les personnes de Dieu qui parlent. *Ainsi parle le Seigneur à mon Seigneur, « siège à ma droite ... »* (v. 1), *le Seigneur* est-il Dieu ? Le « Père » ? *De mon Seigneur* doit se référer au Christ, et s'il y a une autre *mon*, n'est-ce pas celui de l'orateur ? Donc celui du prophète, comme on appelait David dans l'Église ancienne ? Ou le Saint-Esprit ?

Autres voix
« Dans le Nouveau Testament, les psaumes occupent une place de choix : ils sont cités plus de cent fois. Jésus, pour démontrer la grandeur suréminente du Messie, argumente à partir du Ps 110 (Mt 22,41–46) ; lui-même récite avec ses disciples les chants du ‹ *Hallel* › qui clôturaient le repas pascal (Mt 26,30) ; sur la croix, il prononce le début du Ps 22 (Mt 27,46) ; il meurt en murmurant un v. du Ps 31 (Lc 23,46). La coutume de réciter et de chanter des psaumes, attestée chez les premiers chrétiens (1 Co 14,26 ; Ep 5,19 ; Col 3,16 ; Jc 5,13), se propagea de bonne heure dans la dévotion privée et la liturgie officielle. »
(TOB) [1:1087]

« Jésus Christ, vrai homme, prie dans ce psaume et nous emporte dans sa prière. Les Psaumes 2 et 110 attestent la victoire du Christ sur ses ennemis, l'édification de son royaume, l'adoration par le peuple et Dieu. Là encore la prophétie renoue avec David et sa royauté. Mais nous reconnaissons déjà en David le Christ à venir. Luther appelle le Psaume 110 ‹ le Psaume principal, vrai et éminent, de notre bien-aimé Seigneur Jésus Christ ›. »
(Bonhoeffer) [2:118]

« Ce psaume est terrible pour les tyrans qui prennent le pouvoir sans être appelés par Dieu, mais réconfortant pour ceux qui sont opprimés et qui souffrent de violence. »
(Martin Luther)

« Les psaumes sont des prières que nous recevons de Dieu et, donc adressées à Dieu tout en étant de Dieu, inspirées c'est-à-dire soufflées par le Saint Esprit. »
(Bourguet) [7:47]

« Que personne, en entendant les paroles de ces psaumes ne dise : Ce n'est pas le Christ qui les prononce. Qu'il ne dise pas non plus : Ce n'est pas moi. S'il se sait appartenir au Corps du Christ, il doit dire à la fois : c'est le Christ qui parle et c'est moi qui parle. Tâche de ne rien dire sans lui et lui ne dira rien sans toi. »
(Augustin d'Hippone) [28:714]

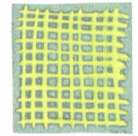

« Jalonner »

À propos du Psaume 111

Versets distillés :
Alléluia
Alef   *De tout cœur je célébrerai le SEIGNEUR*

Beth	*au conseil des hommes droits et dans l'assemblée.*
Guimel	*Grandes sont les œuvres du SEIGNEUR !*
Daleth	*Tous ceux qui les aiment les étudient.*
Hé	*Son action éclate de splendeur*
Waw	*et sa justice subsiste toujours.*
Zaïn	*Il a voulu qu'on rappelle ses miracles.*
Heth	*Le SEIGNEUR est bienveillant et miséricordieux.*

Le Psaume 111 est un petit ABC de la foi et le Psaume 112 est un petit ABC de l'action.

Les deux psaumes forment un diptyque ; tous deux énumèrent des principes théologiques et éthiques. Les listes invitent à la gratitude ; elles nous incitent presque à contribuer par nos propres versets de remerciement. Le texte pourrait avoir été écrit à des fins éducatives ou d'exercice calligraphique.

Autres voix
Au sujet de la miséricorde (de : *Règle de Taizé,* par Frère Roger [14]) : « Pensez à la douleur que vous infligez au Christ quand vous parlez d'un ton irrité ; ne vous laissez pas déterminer par les antipathies ; laissez-vous plutôt saisir par un excès d'amitié pour tous ; refusez d'écouter les allusions sur un frère ou un autre ; quiconque vit en miséricorde ne connaît ni sensibilité ni déception, et n'attend rien en retour. »

« Jésus ‹ Rédempteur › (v. 9), lui, terme et synthèse de tous les exodes de l'histoire, … il est la seule voie qui permette d'accéder aux réalités stables, pérennes, éternelles. »
(Girard) [6:175]

Tout chrétien est appelé à « avoir en lui continuellement la prière pure et immatérielle. »
(Hésychius de Batos, 7e siècle)

« Je me confie à ma nourrice Dieu. Je le tutoie, et j'enlève toutes les majuscules, dont je suis fatigué. »
(Léopold Sédar Senghor, 1906–2001) [61:259]

« Augustin emprunte aux Psaumes non seulement son inspiration mais jusqu'au rythme et au vocabulaire, aux images et aux métaphores, au point de finir par s'identifier à la prière des Psaumes. (...). Les Psaumes sont une nappe souterraine qui ne cesse d'irriguer la prière d'Augustin. »
(Mélanie Cornet, *Saint Augustin comme exégète du Psautier. Une approche à partir des «Enarrationes in Psalmos»* 1–10)

« Se tenir debout »

À propos du Psaume 112

Versets distillés :
1   *Alléluia.*
    Heureux l'homme qui craint le SEIGNEUR
    et qui aime ses commandements :
4   *Dans l'obscurité se lève une lumière pour les hommes droits.*
    Il est juste, bienveillant et miséricordieux.
5   *L'homme fait bien de compatir et de prêter :*
    il gérera ses affaires selon le droit :
6   *pour toujours il sera inébranlable,*
    on gardera toujours la mémoire du juste.

Le Psaume 112 est un petit ABC de l'action, et le psaume jumeau du Ps 111.

La première lettre d'une ligne correspond à l'alphabet hébreu, signe que ce psaume est un poème pour enseigner la sagesse. Le psaume commence par un Alléluia, qui est aussi le signe des psaumes suivants (Pss 113, 115, 116, 117). Sur l'ensemble du psautier, l'on remarque un mouvement qui va de la complainte prédominante au début (c'est-à-dire dans la première moitié) vers de plus en plus de louanges vers la fin.

Le psaume contient deux béatitudes : *Béni soit l'homme qui craint et honore le Seigneur et se réjouit de Ses commandements,* et *Heureux celui qui prête avec bienveillance, qui gère ses affaires en respectant le droit!* (NFC). La Règle bénédictine, un recueil de spiritualité, a pour but de former des personnes de Béatitudes [53]. Ce n'est donc pas un hasard si les psaumes et le Sermon sur la montagne ont une place particulière chez Benoît de Nursie (et l'ont conservée tout au long des siècles suivants).

Les autres béatitudes du cinquième (et dernier) livre du psautier sont les suivantes :

- *Heureux ceux qui observent le droit et pratiquent la justice en tout temps!* (Ps 106,3)
- *Heureux ceux dont la conduite est intègre et qui suivent la Loi du SEIGNEUR.* (Ps 119,1)
- *Heureux ceux qui se conforment à ses exigences, de tout cœur ils le cherchent.* (Ps 119,2)
- *Heureux l'homme qui en a rempli son carquois! Il ne perdra pas la face s'il doit affronter l'adversaire aux portes de la ville.* (Ps 127,5)
- *Heureux tous ceux qui craignent le SEIGNEUR et suivent ses chemins!* (Ps 128,1)
- *Tu te nourris du labeur de tes mains. Heureux es-tu! À toi le bonheur!* (Ps 128,2)
- *Heureux le peuple qui a tout cela! Heureux le peuple qui a pour Dieu le SEIGNEUR!* (Ps 144,15)
- *Heureux qui a pour aide le Dieu de Jacob, et pour espoir le SEIGNEUR, son Dieu!* (Ps 146,5)

Dieu le Miséricordieux, Dieu le Juste et Dieu l'Équitable rappellent les trois personnes mystérieuses qui apparurent soudain « de nulle part » à midi sous la tente d'Abraham et de Sarah. Que faire ? Qui sont-ils ? Je ne sais pas. Est-ce Dieu ? Ils font ce qui semble évident, qu'il y a de mieux à faire : ils accueillent les trois et deviennent leurs hôtes. Ils prennent à cœur ce qu'on leur promet, à savoir d'avoir un enfant à leur âge avancé. La scène est une image de la Trinité, que Rublev (1360–1400) a représenté avec une beauté incomparable (et qui a depuis, été copiée et recopiée sans fin). L'icône porte le nom de Philoxenia (hospitalité). Après la visite des *« très amigos »* (les trois amis, comme Dom Helder Câmara les appelle [44]), tout a changé.

Le Psaume 112 est semblable au Psaume 1 : qui prend plaisir à la loi de Dieu aura une vie réussie. Les deux psaumes sont souvent chantés au même endroit dans la Liturgie des Heures. [47]

Autres voix
« Le psaume donne à Dieu les trois noms grâce, miséricorde et justice, et voilà pourquoi : Dieu est grâce parce qu'il pardonne ce que l'un fait de mal ; il est miséricordieux parce qu'il nous épargne là où nous refaisons du mal ; il est juste parce que maintenant tout ce que l'on fait doit être bien fait. »
(Martin Luther)

« Le juste a un grand avenir – c'est le thème principal du Psaume 112. Une des bénédictions les plus importantes est la constance du cœur. C'est de cette persévérance seule qu'émerge l'intrépidité face à tous les dangers auxquels le juste est exposé aussi longtemps qu'il vit. »
(H.-J. Kraus) [64]

« Dieu c'est l'être de la parole, qui s'adresse, qui donne vie, et donne sens, à moi personnellement, à tous ceux qui l'entendent, ce qui fait de nous tous des frères potentiels, par l'être de la parole, et en lui. »
(Jenny) [51:152]

« Lumière scintillante »

À propos du Psaume 113

Versets distillés :
1   Alléluia.
    Serviteurs du SEIGNEUR, louez,
    louez le nom du SEIGNEUR.
2   Que le nom du SEIGNEUR soit béni
    dès maintenant et pour toujours !
3   Du soleil levant au soleil couchant,
    loué soit le nom du SEIGNEUR !

*4 Le SEIGNEUR domine toutes les nations,
   et sa gloire est au-dessus des cieux.
5 Qui ressemble au SEIGNEUR notre Dieu ?
   Il siège tout en haut
6 et regarde tout en bas
   les cieux et la terre.
7 Il relève le faible de la poussière,
   il tire le pauvre du tas d'ordures.*

Le Psaume 113 est un petit credo au sujet du nom du Seigneur.

Comme dans les Ps 111 et 112, un alléluia ouvre le psaume. Le Ps 113 marque le début de la série des psaumes du « *Hallel* » (Pss 113–118) qui font partie de la fête de la Pâque et qui reprennent le thème de l'Exode vers la liberté. Ce sont les psaumes que Jésus et les disciples ont priés au moment de la Passion après la Cène – comme le voulait la tradition et la liturgie : *Après avoir chanté les psaumes, ils sortirent pour aller au mont des Oliviers* (Mt 26,30). Le *Hallel* est aujourd'hui encore chanté lors de la nuit de la Pâque juive.

Par un hymne, mais en quelques mots, le Très Haut est adoré, lui qui regarde très bas et qui prend soin des humbles. Oui, il tend les bras et enlève les pauvres de la boue. Dieu ne se considère pas comme trop dommage pour creuser tout au fond et se salir. C'est exactement ce que Jésus fait. *Il a renoncé à tous ses privilèges et s'est fait esclave. Il est devenu un homme de ce monde et a partagé la vie des gens. Dans l'obéissance à Dieu, il s'est rendu si profondément humble qu'il prit même la mort sur lui, oui, la mort criminelle sur la croix* (Philippiens 2,7s).

Autres voix

« Nous devrions savoir que Dieu est un Seigneur merveilleux. Son métier est de faire de mendiants des seigneurs, de la même manière comme il fait toutes choses à partir de rien. Personne ne lui impose jamais un tel artisanat, personne non plus ne l'en empêchera. Il le fait même chanter au monde entier dans le Psaume 113 : ‹ Qui est comme le Seigneur, qui siège si haut et qui regarde si bas ? › »
(Martin Luther)

« Le nom est la personne ! C'est la présence ! Le prophète Esaïe a dit : ‹ Oui, Yhwh, ton nom et ton souvenir résument tout le désir de notre âme › (Is 26,8). Pouvoir invoquer ce Nom est la racine de la prière. Les Psaumes sont comme 150 fleurs nées de cette graine qui est le Nom de Dieu, plantée dans le cœur du peuple. De l'expérience de ce nom si bref, de quatre lettres seulement, Yhwh, naissent les psaumes dans toutes les directions, dans toutes les formes et tous les genres littéraires. Le nom Yhwh est leur racine. »
(Carlos Mesters) [42]

« Beaucoup d'hommes cherchent une parole nourrie de silence et un silence qui se nourrit de la parole. [...] Je souhaite montrer que les Psaumes, sans être (et loin de là !) notre seule prière, ouvrent le grand chemin de la prière biblique pour tous ceux qui osent le chercher. »
(Paul Beauchamp, *La prière à l'école des Psaumes*)

« Après, la foi ne dit pas comment vivre. L'Évangile n'est qu'annonce de la bonne nouvelle, affirmation de la vie obstinée, forte comme la mort, adossée à la mort, récit qui affirme que la vie, d'un coup de talon sur le fond solide de la mort, lui échappe, la traverse, remonte à la surface, et respire à nouveau. La foi est souffle, source de vie, résurrection permanente, l'Évangile est cette nouvelle-là, mais ne dit absolument pas comment vivre. »
(Jenny) [51:167]

« Venant de loin »

À propos du Psaume 114

Versets distillés :
1   Quand Israël sortit d'Égypte,
    quand la famille de Jacob quitta un peuple barbare,

2   *Juda devint son sanctuaire,*
    et Israël son domaine.
5   *Mer, pourquoi t'enfuir ?*
    Jourdain, pourquoi refluer ?
6   *Montagnes, pourquoi bondir comme des béliers,*
    et vous collines, comme des cabris ?
7   *Terre, tressaille devant le Maître,*
    devant le Dieu de Jacob,
8   *lui qui change le roc en étang*
    et le granit en fontaine.

Le Psaume 114 est un poème sur le miracle de l'Exode ; c'est un chant sur la fuite réussie de l'esclavage. À l'époque du Christ déjà, le Ps 114 était chanté avant le repas rituel de la Pâque juive.

Le monde de Dieu est l'opposé d'un être statique ; tout est en mouvement. La pierre se ramollit et libère l'eau de source. Comment cela ? se demande le poète de cette scène. YHWH fait le chemin avec son peuple. Quand il apparait, tout devient simple et des miracles se produisent.

Aussi surprenant que cela puisse paraître : les psaumes et la mer ne sont pas si éloignés. Basile de Césarée dit dans un sermon sur les psaumes : « Le Psaume est le calme de la mer pour les âmes » (ψαλμός γαλήνη ψυχῶν, *psalmos galene psychon*). Il fait référence à la scène racontée dans trois évangiles : *Il se leva, menaça le vent, et dit à la mer : Silence et silence ! Et le vent se calma, et il y eut un grand silence.* (Mc 4, 39, Mt 8, 26, Lc 8, 24, une scène devenue très populaire au fil des siècles). Augustin dit de façon très proche : « *Psalmus tranquillitas animarum est* ». Et Luther dans son deuxième prélude aux psaumes : « Car un cœur humain est comme un navire sur une mer déchaînée. » Ce cœur humain, ce navire balloté, cette mer déchaînée – un psaume (et en lui la Parole de Dieu) peut les calmer tous.

« Prier ainsi c'est espérer que Dieu traduise les merveilleuses histoires du passé dans le présent. Un avenir est possible pour le passé, parce qu'il se répand comme un désir qui chante dans le présent. » (d'après Magirius) [56]

Ce psaume est souvent chanté à Pâques ou le dimanche. C'est un psaume si particulier que – en plus des huit tons d'église utilisés dans le chant grégorien – un neuvième ton a été inventé spécialement pour ce psaume : le *tonus peregrinus,* le ton pèlerin.

Autres voix
« Ce qui est sacré ou solennel se dit avec un poème. La poésie est la forme linguistique et littéraire qui exprime le maximum de choses avec le minimum de moyens. Elle est la forme d'expression linguistique la plus complexe et la plus artistique. » (Beat Weber, Alain Moster, *Le caractère poétique des Psaumes et son incidence sur leur interprétation. Quelques considérations sur une approche littéraire des Psaumes*) [73]

« La parole est ultrasensible, tout la modifie, tout la déforme, tout marque sur elle. Mais elle est aussi la plus grande puissance, puisqu'elle crée ce qui n'est pas, et anime ce qui sans elle ne serait que viande, cailloux, masse inerte. » (Jenny) [51:136]

« **Horizons** »

À propos du Psaume 115

Versets distillés :
1 *Non pas à nous, SEIGNEUR, non pas à nous,*
   mais à ton nom rends gloire,
   pour ta fidélité, pour ta loyauté.
4 *Leurs idoles sont d'argent et d'or,*
   faites de main d'homme :
5 *Elles ont une bouche, et ne parlent pas ;*
   elles ont des yeux, et ne voient pas ;

6   elles ont des oreilles, et n'entendent pas ;
    elles ont un nez, et ne sentent pas ;
7   des mains, et elles ne palpent pas ;
    des pieds, et elles ne marchent pas ;
    elles ne tirent aucun son de leur gosier.
8   Que leurs auteurs leur ressemblent,
    et tous ceux qui comptent sur elles !

Le Psaume 115 fait partie de la série des psaumes du *Hallel* ; il se compose d'éléments qui pourraient être insérés dans la liturgie d'un service divin. L'Église prie, chante, médite, « fait », bénit, loue …

Luther dit : « Le Psaume 115 est un psaume d'action de grâces dans lequel Dieu est loué parce qu'il est le Dieu qui vient en aide, mais tous les autres dieux sont de pures idoles qui ne peuvent pas aider. » On devient ce qu'on aime. Ou on s'assimile à ce que l'on aimerait avoir ou être. Luther a annoté sa Bible ; il y écrit sur un ton ironique : « Ceux qui font de telles choses [idoles] le sont aussi. C'est très bien : celui qui vénère une idole devient lui-même une idole. Mais celui qui vénère Dieu devient Dieu. »

Les idoles (ou les « rien-de-dieu », *Gottnichtse* comme le traduit Martin Buber) possèdent les traits d'un dieu, mais elles ne vivent pas, non, elles ne vivent pas, non, non, non, et elles ne peuvent rien faire – comme le souligne le psaume par une négation répétée sept fois. Dieu, lui, par contre, vit, est tout-puissant, il peut tout.

Autres voix
« À quoi correspondent aujourd'hui ces *divinités de la terre vers lesquelles on se rue* (Ps 16,3) ? Aux slogans commerciaux séducteurs ? À des idées, des impératifs idéologiques, des idéaux, des absolus culturels ou religieux ? Quelle que soit la cause précise du méfait, le constat est là : ces choses attirent, tout le monde en parle, c'est le ‹ must › ; elles obsèdent, entrainent dans une course trépidante, s'imposent en promettant énormément, mais finalement n'accordent rien en retour. Elles se révèlent entière illusion, car elles ne peuvent ni parler, ni agir ; pur produit de la *psyche* humaine, elles ne mènent à rien (Ps 115, 4–8). »
(Glardon) [3:31]

« Bref, dans quelque domaine que ce soit, je me retrouve en fin de compte lésé et épuisé face à la légion des ‹ tu dois absolument ... sinon tu seras rejeté, tu perdras ton emploi, l'amour des tiens et de tes amis ... etc. ›. La liste peut varier selon les circonstances, le piège est toujours le même : vouloir à tout prix atteindre un idéal, de prime abord prometteur, mais finalement inatteignable. L'obsession d'un but à atteindre à tout prix n'amène que déception et découragement. »
(Glardon) [3:31]

« Pourquoi se fait-il appeler le Dieu Tout-Puissant ? Pour que nous, êtres faibles et impuissants, cherchions aide, protection et abri auprès de lui ; il est prêt à nous secourir dans toutes nos misères et à nous soutenir. Sans lui, nous ne pouvons rien faire ; en lui, nous pouvons tout faire. »
(Leo Jud, 1541)

« La puissance de Dieu n'est ni magique ni imprévisible. C'est le pouvoir de la sagesse et de l'amour. Il reste toujours fidèle à lui-même et à ce qu'il s'est révélé être. »
(Église congrégationaliste d'Angleterre et du Pays de Galles, 1967)

« Christ plein de miséricorde qui portes les péchés du monde, reçois ma chétive prière et donne-moi le pardon des nombreuses fautes que j'ai commises en ma vie. Jésus miséricordieux, aie pitié de moi, proie tombée entre les mains du brigand ; panse, ô Verbe, les blessures de mon âme misérable et sauve-moi, puisque tu es compatissant. Comme le fils prodigue, j'ai dépensé tout mon bien et je gis à terre, nu de tout vertu : oui, j'ai péché, Père, reçois-moi et traite-moi comme l'un de tes mercenaires ! »
(Horologion) [72:213]

« Niveau de recherche »

À propos du Psaume 116

Versets distillés :
1   *J'aime le SEIGNEUR,*
    car il entend ma voix suppliante,
3   *Les liens de la mort m'ont enserré,*
    les entraves des enfers m'ont saisi ;
    j'étais saisi par la détresse et la douleur,
4   *et j'appelais le SEIGNEUR par son nom :*
    « De grâce ! SEIGNEUR, libère-moi ! »
5   *Le SEIGNEUR est bienveillant et juste ;*
    notre Dieu fait miséricorde.
6   *Le SEIGNEUR garde les gens simples :*
    j'étais faible, et il m'a sauvé.
7   *Retrouve le repos, mon âme,*
    car le SEIGNEUR t'a fait du bien.

Le Psaume 116 est un chant d'action de grâce.

Le psaume est l'une des « histoires contre la peur » (titre d'un livre sur l'Ancien Testament). L'antidote à la peur est l'amour. C'est aussi simple que cela, et le psaume commence tout aussi simplement : *J'aime le Seigneur.*

Autres voix
« Car ne pas connaître Dieu, c'est la mort, le connaître, le faire sien, l'aimer et devenir comme lui, voilà ce qui seul, est la vie. »
(Clément d'Alexandrie † 215)

« Ce point est le plus décisif : pour que la Bible puisse nous donner les mots de la prière, il faut que nous lui donnions notre voix. Et quand nous le faisons, ces mots

deviennent les nôtres, le ‹ je › qui parle en eux devient ‹ nous ›. C'est bien ce qu'implique la phrase répétée d'Augustin : *Quas tibi voces dabam in psalmis illis* (Quels éclats de voix je te donnais dans ces psaumes). »
(Jean-Louis Chrétien, cf. Augustin, *Introduction à Enarrationes in psalmos*)

« La mesure pour aimer Dieu, c'est de l'aimer sans mesure. »
(Bernard de Clairvaux, XIe siècle) [7:41]

« Quand j'ai entendu qu'il me fallait l'aimer de toute mon âme, je suis sorti de moi et je n'ai plus eu besoin des autres paroles. »
(Pierre Damascène, XIe siècle) [7:13]

C'est lui qui, aux jours de sa chair, présenta prières et supplications avec force cris et larmes à celui qui pouvait le sauver de la mort, et qui fut exaucé en raison de sa piété. Tout Fils qu'il était, à partir de ce qu'il souffrit, il apprit l'obéissance. Et parvenu au terme, il est devenu pour tous ceux qui lui obéissent cause de salut éternel.
(He 5,7–8)

« Ce ‹ terme ›, c'est donc la libération définitive ouverte à tous, par la résurrection … N'oublions pas que, la veille de sa mort en croix, avec ses disciples réunis autour de la table du dernier repas, Jésus a certainement prié les psaumes du Hallel (Ps 113–118). »
(Girard) [6:217]

« Est-ce qu'il y aurait une foi qui ne serait pas soumission, qui ne ferait pas semblant de se soumettre à Dieu pour se soumettre à l'ordre social, une foi qui ne serait pas réduction de la vie au profit d'on ne sait quelle vie éternelle, une foi qui ne soit pas énonciation mesquine de la norme, mais annonciation ? »
(Jenny) [51:167]

« Sur toute la terre, aucune littérature n'est plus en cohérence avec la réalité de la vie et ne l'aborde avec plus de clarté d'esprit que les Psaumes, car ils nous présentent la religion sous une lumière crue. Chaque pensée sceptique, chaque projet décevant, chaque souffrance, chaque désespoir que nous affrontons sont vécus dans notre existence par le biais d'une relation personnelle et salvatrice avec Dieu, une relation qui intègre aussi des actions de grâce, de bénédiction, de paix, de sécurité, de confiance et d'amour. »
(Eugene Peterson) [29:79]

« Pure lumière »

À propos du Psaume 117

Versets distillés :
1   *Nations, louez toutes le SEIGNEUR.*
    Peuples, glorifiez-le tous.
2   *Car sa fidélité nous dépasse,*
    et la loyauté du Seigneur est pour toujours.
    Alléluia !

C'est le psaume le plus court de tout le psautier. Il ne consiste en fait qu'en une doxologie. Cela pourrait donc signifier : une doxologie suffit pour une prière. Ou : avec une doxologie on va déjà très loin.

Sa miséricorde est fortifiée sur nous, et sa fidélité dure à jamais. L'alliance de Dieu en est le garant. Origène dit du Christ : « Lui-même est le royaume de Dieu » *(auto-basileia)*. Avec la brève prière de ce psaume, la personne qui prie se souvient de cette solide bonté rassurante de Dieu.

Autres voix
Girard parle d'un « texte lilliputien avec une théologie fort dense » et dit : « Si concis qu'il soit, le Ps 117 synthétise merveilleusement toute l'hymnologie vétérotestamentaire. Qu'admirer d'autre en Dieu que sa fidélité sans faille, source de tous les bienfaits qu'il nous prodigue à travers l'histoire universelle et même à l'intérieur de notre petite histoire à nous ? »
(Girard) [6:221]

« Celui qui loue Dieu présuppose que Dieu lui fera du bien. Le mot latin BENEDICERE signifie à la fois ‹ bénédiction › et ‹ louange ›. La bienveillance de nous envers Dieu et la bienveillance de Dieu envers nous sont une seule et même chose dans la

raison la plus profonde. C'est comme respirer. L'Esprit Saint est amour. Et son amour pour Lui, c'est qu'Il nous répare pour que nous l'aimions. »
(D'après Robert Spaemann)

« Les hymnes qui s'adressent au Seigneur de l'alliance forment un groupe compact (8 ; 19 ; 33 ; 100 ; 103 ; 104 ; 111 ; 113 ; 114 ; 117 ; 135 ; 136 ; 145–150 ; voir 78 ; 105). Israël chante sa foi au Dieu unique, éternel, tout-puissant, omniscient, créateur, maitre de l'histoire, toujours fidèle au peuple qu'il s'est choisi. Ces louanges sont la réponse de la communauté à la parole de son Seigneur. La réaction d'un peuple qui n'a cessé de rencontrer dans son histoire le Dieu vivant, son guide, son juge, son défenseur, son libérateur. (...) Ce n'est pas au terme de réflexions philosophiques qu'Israël est poussé à la louange mais à la suite de son expérience spirituelle. »
(TOB) [1:1082]

« Vois-tu l'immensité de l'amour que Dieu nous porte ? Il ne nous juge pas et n'utilise pas sa puissance contre nous quand nous sommes infidèles, mais s'armant de patience, il nous donne le pouvoir, si nous le désirons, d'être adoptés par lui. Et plus encore : d'être unis à lui, de devenir avec lui un seul esprit. »
(Grégoire Palamas, 1296–1359) [61:16]

« Chemins »

À propos du Psaume 118

Versets distillés :

5 *Quand j'étais assiégé, j'ai appelé le SEIGNEUR :*
 le SEIGNEUR m'a répondu en me mettant au large.
6 *Le SEIGNEUR est pour moi, je ne crains rien,*
 que me feraient les hommes ?

*7   Le SEIGNEUR est pour moi, il me vient en renfort,
    et je toise mes ennemis.
8   Mieux vaut se réfugier près du SEIGNEUR
    que compter sur les hommes !
14 « Ma force et mon cri de guerre, c'est LUI ! »*

Le Psaume 118 est un grand chant d'action de grâce.

La communauté (Église, culte) reçoit avec gratitude et étonnement ce qu'un individu a vécu avec Dieu et qu'il a intégré, reconnaissant, dans son regard en arrière.

Le chant joue autour de trois thèmes : tout d'abord, « *Dieu est pour moi, je n'ai pas peur* » ; ensuite, « *je ne mourrai pas, mais je vivrai* » ; et finalement, « j'ai passé par la dure école de Dieu ». Les différentes phrases permettent d'entrer dans la gratitude et de célébrer avec les autres.

Le psaume 118 était le préféré de Luther : « C'est mon psaume, celui que j'aime. Car si tous les psaumes et toutes les Écritures me sont chers, parce qu'ils sont ma seule consolation et ma seule vie, j'en suis quand même arrivé de manière étrange à ce psaume-là, au point qu'il a dû devenir le mien et qu'il m'a fallu l'appeler ainsi. Mais si quelqu'un trouve étrange que je célèbre ce psaume comme étant le mien, alors même qu'il appartient au monde entier, qu'il sache que le psaume, même s'il est le mien, n'est pas pris. Le Christ aussi est mien, mais reste le même Christ pour tous les saints. Je ne veux pas être jaloux, je veux être un heureux transmetteur. … Malheureusement, il y en a peu qui parlant des Écritures ou d'un seul psaume disent une fois dans leur vie : Tu es mon livre bien-aimé, tu seras mon petit psaume (*mein Psälmchen,* diminutif de psaume). »
(Luther) [24]

Luther commente le v. 5 *(Dans la détresse j'ai appelé le Seigneur ; le Seigneur m'a écouté et m'a libéré)* comme suit : « La peur signifie en hébreu quelque chose d'étroit, comme en allemand où, à mon avis, le mot angoisse vient de l'anxiété où tout se contracte intérieurement dans la peur et la douleur et où l'on est comme compressé et écrasé, comme quand les tentations et le malheur agissent selon le proverbe : le monde entier était alors devenu trop étroit pour moi ! L'antonyme en hébreu est ce dont on parle aussi ici : le large, le grand espace. De même que ce qui est étroit,

l'angoisse ou la peur renvoie aux tribulations et à la misère, de même le large espace renvoie au réconfort et à l'aide reçue, de sorte que ce verset dit : ‹ Dans la détresse, j'ai invoqué le Seigneur, et il m'a entendu, il m'a réconforté ›. »
(Luther) [24]

Autres voix
« À la base de la lecture du Psautier telle que l'ont pratiquée les Pères, il y a cette conviction que les psaumes, comme du reste tout l'Ancien Testament, prennent leur vrai sens dans le Christ. On connaît les propos d'Origène : ‹ Avant Jésus, l'Écriture était en vérité de l'eau mais, depuis Jésus, elle est devenue du vin ›. »
(Jean-Luc Vesco) [28:714]

« Le serviteur de Dieu se pénétrera tellement des sentiments exprimés dans les Psaumes qu'il ne paraîtra plus les réciter de mémoire, mais les composer lui-même comme une prière qui sort du fond de son cœur (...) En éprouvant nous-mêmes dans notre cœur les sentiments qui ont fait composer un psaume, nous en devenons, pour ainsi dire, les auteurs : nous le prévenons plus que nous le suivons, nous en saisissons le sens avant d'en connaître la lettre. »
(Paul Claudel, inspiré par une citation de Jean Cassien, évoquant les psaumes) [cf. 26]

« Dieu est irreprésentable, mais il parle. La parole vraie, la parole *in principio,* est irreprésentable mais elle apparait, et elle crée. À quoi ressemblerait-elle d'ailleurs, cette réalité qui a forme de parole ? On ne peut la montrer, mais elle s'entend. On ne sait pas trop d'où elle vient, qui l'a dite, mais elle est là, et donne joie. Tout ceci a lieu les yeux clos. »
(Jenny) [51:145]

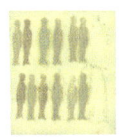

« Se métamorphoser »

À propos du Psaume 119

Versets distillés :
24 *Tes exigences elles-mêmes font mes délices,
   elles sont mes conseillers.*
25 *Me voici collé à la poussière,
   selon ta parole, fais-moi revivre.*
26 *Je t'ai décrit mes chemins et tu m'as répondu,
   enseigne-moi tes décrets.*
27 *Fais-moi discerner le chemin de tes préceptes
   et je méditerai tes merveilles.*
30 *J'ai choisi le chemin de la loyauté,
   je me suis aligné sur tes décisions.*
31 *À tes exigences, je me suis astreint ;
   SEIGNEUR, fais que je ne sois pas déçu.*
32 *Je cours sur le chemin de tes commandements
   car tu m'ouvres l'esprit.*

Le Psaume 119 est prière et méditation, une chaîne de 176 versets, de loin le plus long de tous les psaumes.

Selon les 22 lettres de l'alphabet hébreu, 22 chapitres de 8 versets chacun font des variations sur le thème de la « Parole de Dieu ». Elle se présente sous de nombreuses formes : Loi (Torah), directive, doctrine, réglementation, commandement, instruction, mission, statut, ordonnance, décret, norme, disposition, terme, chose, doctrine, dire, témoignage. Ce sont des variations infinies et infimes avec de légers décalages rythmiques, un peu comme les « isorythmes » de Stephan Stiefel ou la « *minimal music* » de Steve Reich.

La construction du psaume devait aider visuellement et acoustiquement (à celui qui lit [à haute voix] et à celui qui écoute) à mémoriser le contenu. Mémoriser, c'est aussi, littéralement, apprendre par cœur.

« Le Psaume 119 est un long psaume, qui traite par brassées de la prière, du réconfort, de l'enseignement et de la reconnaissance. Mais il est surtout fait pour nous mettre au défi de la Parole de Dieu. (...) Quel est donc le mot qui a le plus de poids dans ce psaume ? Avec certitude, il s'agit du très petit et si fréquent pronom ‹ ton › ou ‹ son › (se référant à Dieu). ... C'est pourquoi c'est ce pronom qui doit être médité avant tout. Car il peut toucher et élever le cœur et le transformer en la volonté de Dieu. »
(Martin Luther) [24]

Au sujet de la louange de la loi dans les Ps 119, 1 et 19, « La loi doit alors généralement être comprise comme l'acte entier de la rédemption de Dieu et l'instruction pour une vie d'obéissance ». Et c'est encore une autre façon de comprendre la troisième prière du Notre Père (« Que ta volonté soit faite »).
(Bonhoeffer) [2]

Autres voix
« Tranquille en apparence, le plus long poème du psautier n'en possède pas moins, en relecture contemporaine, un message passablement percutant. Pour les pauvres et les opprimés, il constitue une inexhaustible réserve d'espoir : la Parole-Bible, portée sous le bras et dans le cœur, demeurera toujours l'instrument de libération numéro un des classes ‹ humiliées ›, collées à la ‹ poussière ›. »
(Girard) [6:285]

La loi est, selon C.S. Lewis : « lumineuse, grave, désinfectante, jubilatoire ». [25:93]

« L'un des thèmes déterminants du Ps 119 est la *peregrinatio*. Le psalmiste se reconnaît comme un invité sur terre. Il est en route. La piété de la Torah du Psaume est une *theologia viatorum*. Ceci correspond à la compréhension de la Torah comme instruction, exprimée le plus clairement dans le v 105 : *Une lampe pour mon pied est ta parole et une lumière sur mon chemin.* (...) Le terme grec *symballein* est utilisé pour décrire Marie qui *médite* les paroles dites sur son enfant ou les *repasse dans son cœur*. Il est traduit par *méditer*, et signifie littéralement ‹ mettre ensemble, comparer, conjecturer ›, comme si l'on jouait avec les morceaux d'un puzzle pour en voir apparaitre l'image ».

(Glardon) [3:24]

« La foi a les propriétés performatives de la parole, elle apparait au moment d'être dite, en un élan que rien ne prépare ; la foi a les propriétés funambules de la confiance, qui existe au moment exact où elle est donnée. »
(Jenny) [51:139]

« Rythmé »

À propos du Psaume 120

Versets distillés :
1 Dans ma détresse, j'ai appelé le SEIGNEUR,
   et il m'a répondu.
2 « SEIGNEUR, délivre-moi des lèvres fausses,
   d'une langue à mensonge ! »
4 Des flèches de guerre, barbelées,
   avec des braises de genêt.
6 Je suis trop resté
   chez ceux qui détestent la paix.
7 Je suis la paix ! mais si je parle,
   ils sont pour la guerre.

Avec le Psaume 120, une sorte de mini-psautier commence dans le psautier : « les chants des pèlerins ».

Ce groupe de quinze psaumes (120–134) s'intitule « Chants du pèlerinage ». C'est un peu comme un psautier de poche, une version courte du psautier entier, à emporter. Ils sont tous (à l'exception du Ps 132) des textes courts. Le petit livre de chants et de prières était probablement un vade-mecum (« Marche avec moi ») pour les pèlerins en route vers Jérusalem. Les textes simples pourraient provenir des pèlerins eux-mêmes.

Les psaumes de ce groupe sont aussi appelés : psaumes graduels (en grégorien ; ils sont généralement chantés lors de la prière de midi), chants des montées, chants du soulèvement, chant du retour à la maison, psaume du pèlerinage de Sion.

Le Psaume 120 raconte le retour d'une personne d'un pays étranger. Poussée dans ses retranchements, elle doit se défendre. Les flèches brûlantes avec du charbon de genêt étaient une arme. Mais elle parie sur la paix : *Je veux la paix, et c'est ainsi que je parle, mais ils sont pour la guerre. Moi – la paix,* selon la traduction littérale.

Autres voix
« Les Psaumes 120 à 134 appartiennent au recueil des *Ma'aloth*, des *Montées*, allusion aux pèlerinages à Jérusalem, ou aux quinze marches que les prêtres gravissaient à l'intérieur du Temple, ou encore à un mode graduel illustré entre autres par le nombre de répétitions à l'intérieur de ces poèmes, telles des marches d'escalier. Tant il est vrai que dans toute ascension, spirituelle ou non, le pèlerin avance par étapes. »
(Thérèse Glardon) [3:55]

« Ceux qui veulent la guerre s'y préparent, et tant qu'ils n'y sont pas préparés, ils n'en parlent pas. Ils veulent la faire, pas en parler. Nous parlons trop de paix, nous prions trop pour elle. En hébreu le verset dit : *Ani shalom, wechi adaber – hemmah lamilchama.* ‹ *Ani Shalom* › – ‹ Je suis la paix ›. On devrait pouvoir dire cela de soi-même avant d'ouvrir la bouche pour prier. Alors la prière serait alors déjà une prière de paix, et non une prière au sujet de la paix ou à propos d'elle. Il n'y a de paix que là où les gens ne sont pas seulement contre la guerre, mais aussi contre la victoire. »
(Elazar Benyoëtz)

« L'optimisme de base de ce ‹ bréviaire de Sion ›, constamment souligné et qui se transmet aisément dans le chant priant ou la récitation de ce psaume ne doit pas faire oublier que le psautier du Pèlerinage est né dans une époque de déception, de

tribulations et d'oppression politique comme un chant d'espérance au milieu d'une vie quotidienne dure et désespérée, dans ce mouvement pèlerin ou méditatif qui se tourne vers Sion comme le lieu auquel YHWH a, une fois pour toutes, lié sa bénédiction. Ces chants sont, précisément dans leur simplicité, louange et demande ‹ aussi de nuit › celle qu'Israël a vécu à ce moment-là (cf. Ps 134). »
(Erich Zenger) [41]

« Et ce voyage, entreprise ponctuelle ou métaphore du déroulement de toute une vie, une Personne divine vient nous en assurer la réussite. »
(Glardon) [3:30]

« Mouvement à partir du dos »

À propos du Psaume 121

Versets distillés :
1 *Je lève les yeux vers les montagnes :*
   d'où le secours me viendra-t-il ?
2 *Le secours me vient du SEIGNEUR,*
   l'auteur des cieux et de la terre.
3 *Qu'il ne laisse pas chanceler ton pied,*
   que ton gardien ne somnole pas !
5 *Le SEIGNEUR est ton gardien,*
   Le SEIGNEUR est ton ombrage.
7 *Le SEIGNEUR te gardera de tout mal.*
   Il gardera ta vie.
8 *Le SEIGNEUR gardera tes allées et venues,*
   dès maintenant et pour toujours.

Le Psaume 121 est une bénédiction pour le voyage.

Bénédiction et protection semblent être synonymes dans ce psaume. Cinq fois la personne en prière demande à Dieu de la garder.

Ce psaume proclame la puissance et la bonté de YHWH à une personne sceptique. L'avenir sombre devant elle est éclairé par trois promesses décisives. La première : YHWH est le Créateur du ciel et de la terre ; la deuxième : il est le « gardien d'Israël », c'est-à-dire du peuple ; et la troisième : il est le gardien de cette personne.

Autres voix
« Cette recherche de protection qui se manifeste au départ du chemin est l'arête centrale du Psaume 121 : *Je lève les yeux vers les montagnes, d'où mon aide va-t-elle venir ?* (v 1) se demande le pèlerin résolu à l'aventure mais confronté à ses dangers et ses obstacles (symbolisés par les *montagnes*, lieu, non de randonnées bucoliques, mais repère de brigands et de forces maléfiques). Six fois dans ce Psaume 121 la promesse vient répondre à la quête initiale : *C'est le Seigneur qui te gardera* ! Ce dernier mot revêt ici le sens de protéger du danger ... À certaines étapes du voyage, nous pouvons avoir l'impression que notre courage faiblit et que Dieu reste inaccessible à notre prière. Une assurance nous est alors redonnée : *Lui, le garant de ta vie, ne dort ni ne sommeille* (Ps 121,4). Ce qui nous est garanti, n'est pas une chose, un parcours sans risques sur un long fleuve tranquille, mais la présence d'une personne proche et attentive, même si sur le moment elle semble ne pas se manifester. »
(Thérèse Glardon) [3:29]

Au sujet des Pss 120, 121 et 122 : « Le Psaume 120 est le chant de la repentance ; celui qui nous permet de sortir d'un environnement trompeur et hostile pour nous lancer sur le chemin vers Dieu. Le Psaume 121 est le chant de la confiance ; une démonstration de la manière dont la foi s'oppose aux remèdes de fortune inventés pour surmonter les difficultés de la vie. Il nous permet de faire confiance à Dieu pour qu'il accomplisse sa volonté et nous ‹ garde de tout mal › au jour de l'épreuve. Le Psaume 122 est le chant de l'adoration ; une démonstration de ce que font les hommes et les femmes de partout et de tous les temps : s'assembler en un lieu déterminé pour adorer leur Dieu. »
(Eugene Peterson) [29:51]

« Quand ton bateau, amarré à quai depuis longtemps, évoque pour toi une habitation, quand ton bateau commence à prendre racine dans le port immobile : prends

le large ! Il faut à tout prix préserver son âme aventurière et ton âme de pèlerin. »
(Dom Hélder Câmara, *Fais de moi un arc-en-ciel*)

« Cheminement »

À propos du Psaume 122

Versets distillés :
1   Quelle joie quand on m'a dit :
    « Allons à la maison du SEIGNEUR ! »
6   Demandez la paix pour Jérusalem :
    Que tes amis vivent tranquilles ;
7   que la paix soit dans tes remparts
    et la tranquillité dans tes palais !
8   À cause de mes frères et de mes compagnons,
    je dirai : « La paix soit chez toi ! »
9   À cause de la maison du SEIGNEUR notre Dieu,
    je veux ton bonheur.

Le Psaume 122 est le chant des pèlerins qui regardent vers le but : Jérusalem, la ville sur la montagne, image de densité, de sécurité et de paisible abri. Les salutations des pèlerins de la ville contiennent le jeu de mots « Jeru-Shalom » (= ville de paix).

Le sentiment d'enthousiasme et de grande anticipation dans le psaume nous rappelle l'avenir, le moment où, comme le décrit de manière impressionnante l'Apocalypse, la nouvelle Jérusalem descendra du ciel :

Alors je vis un nouveau ciel et une nouvelle terre. Le premier ciel et la première terre ont disparu, et il n'y a plus de mer. Et je vis la ville sainte, la nouvelle Jérusalem, qui descendait des cieux, envoyée par Dieu, prête comme une épouse qui s'est faite belle pour son mari. J'enten-

dis une voix forte qui venait du trône et disait : « *Voici, la demeure de Dieu est parmi les êtres humains ! Il demeurera avec eux et ils seront ses peuples. Dieu lui-même sera avec eux, il sera leur Dieu. Il essuiera toute larme de leurs yeux. Il n'y aura plus de mort, il n'y aura plus ni deuil, ni lamentations, ni douleur. En effet, les choses anciennes ont disparu.* »
(Apocalypse 21, 1–4)

Autres voix

« Or, dans les commentaires des Psaumes, une place toute particulière est attribuée à la charité, comme l'atteste le début [du commentaire d'Augustin sur le Ps 122], où le prédicateur adopte une autre image de l'ascension vers Dieu : l'envol de l'âme. Les ailes qui conduisent à Dieu, précise-t-il, sont ‹ les deux préceptes de l'amour de Dieu et de l'amour du prochain ›. (...) Il faut deux ailes pour monter vers Dieu, plus exactement pour voler vers lui. L'ascension vers Dieu que chantent les *Cantica graduum* n'est possible que dans un amour ardent de Dieu et du prochain. »
(Anne-Claire Favry, *Nouvelle revue théologique*, 2018/1 Tome 140 : « Voler sur les deux ailes de la charité. Les Psaumes des montées commentés par saint Augustin »)

« Le grand bonheur s'avère toujours être le grand bonheur seulement quand on s'en souvient. »
(Robert Spaemann)

« L'adoration ne satisfait pas notre faim pour Dieu – elle nous met en appétit. »
(Eugene Peterson) [29:58]

« Quitte à courir le risque que certains trouvent l'expression un peu fruste, je préfère appeler cela ‹ appétit pour Dieu › – qu'amour pour Dieu. Car cette dernière expression suggère le mot ‹ spirituel › dans tous les sens restrictifs et négatifs dont il s'est malencontreusement paré. »
(C.S. Lewis) [74:75]

« *Shechina,* la demeure, signifie : le charisme de Dieu est ici puissant et dangereusement présent pour toute personne non autorisée, un mystère *tremendum et fascinosum.* »
(Hans Küng)

« Pour ceux qui choisissent de ne plus vivre comme des touristes, mais comme des pèlerins, les cantiques des montées présentent le double avantage d'être des chants entrainants pour la route et des guides pratiques pour le voyageur. »
(Eugene Peterson) [29:19]

« Turbulences »

À propos du Psaume 123

Versets distillés :
1 J'ai levé les yeux vers toi
   qui sièges dans les cieux :
2 Oui, comme les yeux des esclaves
   vers la main de leurs maîtres,
   et les yeux d'une servante
   vers la main de sa maîtresse,
   ainsi nos yeux sont levés
   vers le SEIGNEUR notre Dieu,
   dans l'attente de sa pitié.
3 Pitié, SEIGNEUR, pitié !
   car nous sommes saturés de mépris.

Le Psaume 123 est une profession de foi et une prière.

Ce petit psaume est simple et produit pourtant un grand effet. Il vit du motif des yeux qui lèvent le regard dans l'attente.

« Dans un psaume, nous observons les conséquences, chez une personne de foi, de sa décision de mener sa vie en suivant Dieu, avec confiance et amour. Il ne s'agit pas d'un recueil de règles du jeu qui définiraient la marche à suivre, mais d'un aperçu

du match et des joueurs en action. Dans le Psaume 123, nous observons cette facette de la vie du disciple qui consiste à se comporter en serviteur. »
(Peterson) [29:63]

Autres voix
« Pour être bref, peu de mots et des mots forts font une bonne prière. On vous a encouragé à des prières courtes et fréquentes, mais ça doit être des prières solides qui traversent les nuages avec puissance. C'est le cas quand un ardent désir les porte ou qu'une grande détresse les motive. Alors ce sont des soupirs indicibles qui portent notre cri au ciel. Un tel cri n'advient pas pour des broutilles, mais quand les choses les plus hautes, les plus sacrées sont touchées. »
(Martin Luther)

« La caractéristique du Psaume 123 est le désir et l'attente du Dieu maître de l'univers. Les serviteurs attendent un geste de leur maître. C'est une expression de la foi d'une Église qui doit vivre sous le mépris et les attaques. L'individu ne prie ici pas pour lui-même. Son destin est entièrement tissé dans l'avenir de la communauté. À l'image des yeux des serviteurs et servantes qui lèvent les yeux vers [la main de leur] le Seigneur, la pointe du psaume n'est pas la soumission muette, mais la tension qui attend l'acte de miséricorde. Cette attente tendue exclut toute possibilité de s'aider soi-même. Elle s'exprime dans la prière de supplication : ‹ Prends pitié de nous ›. »
(H. J. Kraus) [64]

« Le sens du texte pourrait signifier que Dieu ‹ se penche › vers nous, ou qu'il ‹ se courbe › vers nous. L'esprit de service dont il est question n'est ni un vague geste symbolique en direction de Dieu, ni la soumission abjecte par crainte des coups de son fouet. Le service dont il est question est spécifique dans ses attentes, et ce qu'il attend, c'est la grâce. »
(Peterson) [29:67]

« Esprit Saint,
Mystère d'une présence,
À chacun de nous tu dis :
Pourquoi t'inquiéter ?
Une seule chose est nécessaire :

Un cœur à l'écoute
Pour comprendre
Que Dieu t'aime
Et toujours te pardonne. »
(Frère Roger) [15:53]

« Barque »

À propos du Psaume 124

Versets distillés :
2   Sans le SEIGNEUR qui était pour nous
    quand des hommes nous attaquèrent,
3   dans leur ardente colère contre nous,
    ils nous avalaient tout vifs,
4   des eaux nous entraînaient,
    un torrent nous submergeait ;
7   Comme un oiseau, nous avons échappé
    au filet des chasseurs ;
    le filet s'est rompu,
    nous avons échappé.
8   Notre secours, c'est le nom du SEIGNEUR,
    l'auteur des cieux et de la terre.

Le Psaume 124 est un chant d'action de grâce pour avoir été libéré d'un très grand danger.

La description des menaces particulières arrive comme par vagues toujours nouvelles. Ces redoublements montrent qu'il ne s'agit pas seulement de dangers pour quelques individus, mais qu'ils peuvent affecter le monde entier.

Chaque année, Genève célèbre une sorte de fête populaire, où le Psaume 124 ne peut manquer. Il se donne en effet à lire comme un écho de ce qui s'est passé en 1602 : un soir de décembre, des mercenaires ennemis se glissent dans l'enceinte de la ville de Genève. Une petite troupe de combat escalade les murs sur des échelles (c'est pourquoi la fête s'appelle « Escalade ») lorsque l'alarme est déclenchée. La Mère Royaume, aux fourneaux et en l'absence d'armes masculines classiques, empoigne sa marmite de soupe chaude en fonte et la fait tomber sur les attaquants grimpeurs. La prise de Genève par la Savoie a pu être évitée. Les habitants de la ville ont échappé au piège (des chasseurs), « le filet est déchiré et nous sommes libres ». De nos jours, à la fête de l'Escalade, on brise une marmite en chocolat remplie de légumes en massepain ou autres douceurs.

Le chant « Cé qu'è lainô » est l'hymne officiel de la République et canton de Genève, en Suisse. Il se trouve aussi dans « Psaumes et Cantiques ».

Version originale en arpitan	Traduction française
Cé qu'è lainô, le Maitre dé bataille,	Celui qui est en haut, le Maître des batailles,
Que se moqué et se ri dé canaille,	Qui se moque et se rit des canailles
À bin fai vi, pè on desande nai,	A bien fait voir, par une nuit de samedi,
Qu'il étivé patron dé Genevouai	Qu'il était patron des Genevois.

Autres voix

« Qui supporte les mauvaises choses qui l'affligent fera un jour l'expérience du réconfort. Qui doit encore et encore endurer des choses désagréables fera aussi de temps en temps la rencontre de l'agréable. »
(Evagre le Pontique)

« On profitera mieux de la relecture du poème si l'on passe en revue le film de tous les dangers auxquels on a échappé de justesse au cours de sa propre existence. L'examen peut se faire à titre personnel, certes, mais encore et surtout, si l'on veut rester fidèle à la lettre du psaume, à titre collectif [groupe, société régionale, ethnie, peuple, paroisse, communauté, Église, voire humanité tout entière]. Ce peut être une excellente façon d'apprendre à déchiffrer les petits signes d'intervention divine dans la vie des personnes et des collectivités. »
(Girard) [6:320]

« Le Psaume veut mener Israël à une nouvelle compréhension et à une prière qui corresponde à cette compréhension. Dans les dangers mortels des peuples, le peuple de Dieu ne vit que du fait d'être entouré de la puissance protectrice de son Dieu et fait l'expérience du miracle de son nom qui aide et protège. Si le Dieu d'Israël se détournait, ne serait-ce qu'un instant, de son peuple élu, ce dernier serait poussé à la destruction totale par des ennemis avides. Ainsi, le Psaume 124 parle du besoin incessant de protection d'Israël, mais surtout du soutien sans fin avec lequel Dieu était et est ‹ pour nous ›. »
(H. J. Kraus) [64]

« Recentrer »

À propos du Psaume 125

Versets distillés :
1. *Ceux qui comptent sur le Seigneur*
   sont comme le mont Sion :
   il est inébranlable,
   il demeure toujours.
2. *Jérusalem ! des montagnes l'entourent !*
   Ainsi le SEIGNEUR entoure son peuple
   dès maintenant et pour toujours.
5. *La paix sur Israël !*

Le Psaume 125 est un autre chant de pèlerins (ou chant de pèlerinage).

Il contient les pensées d'un pèlerin de Jérusalem. Il pensait que le Mont Sion, le Mont du Temple avec son rocher sacré, entouré et dominé par des collines protectrices, comme le Mont des Oliviers et le Mont Sion aujourd'hui, était une bonne image pour le peuple de Dieu.

Autres voix
« L'oraison n'est proprement que ce désir intérieur, se convertissant et s'adressant à Dieu, qui connaît les cœurs. »
(Jean Calvin) [46:25]

« Nous savons que notre Seigneur, dès son jeune âge, est monté à Jérusalem pour les fêtes annuelles (Luc 2.41–42). Nous continuons à nous reconnaitre dans les premiers disciples, qui ‹ étaient en chemin pour monter à Jérusalem, et Jésus allait devant eux. Les disciples étaient angoissés et ceux qui suivaient étaient dans la crainte. › (Marc 10.32). Il nous arrive aussi d'être perplexes, voire angoissés, et quelque peu craintifs, car la route que nous empruntons nous réserve des surprises, des émerveillements, mais aussi des spectres épouvantables. Chanter ces quinze psaumes est une manière d'exprimer la grâce merveilleuse de Dieu et d'apaiser nos craintes. »
(Eugene Peterson) [29:16]

Selon Simone Weil, l'attention est une voie sûre pour accéder à la vérité, car elle nous met en état de disponibilité et de réceptivité, alors que le travail forcé peut nous égarer. « L'attention absolument sans mélange est prière. » Pour y parvenir, « l'effort ici est de n'en faire point, de ne pas être actif. (...) C'est le plus grand de tous les efforts ». Il ne s'agit pas « de conquérir, mais au contraire de contenir assez de vide, assez d'espace pour devenir une terre d'accueil ». [75]

« **Mystère** »

À propos du Psaume 126

Versets distillés :
1   *Au retour du SEIGNEUR, avec le retour de Sion, nous avons cru rêver.*

2   *Alors notre bouche était pleine de rires*
    et notre langue criait sa joie ;
    alors on disait parmi les nations :
    « Pour eux le SEIGNEUR a fait grand ! »
5   *Qui a semé dans les larmes*
    moissonne dans la joie !
6   *Il s'en va, il s'en va en pleurant,*
    chargé du sac de semence.
    Il revient, il revient avec joie,
    chargé de ses gerbes.

Le Psaume 126, un psaume de pèlerinage, est un chant mélancolique, plein de désir et de nostalgie, mais sans amertume.

L'homme qui prie a autrefois fait l'expérience d'un retournement de situation, pour un plus grand bonheur. Mais à présent, il ne ressent plus rien de ce grand bonheur. Il implore Dieu pour un nouveau retournement.

L'éloge du désir :
- « Devant toi est tout mon désir. Ton aspiration est devant lui, et ton Père, qui voit dans le secret te le rendra. Car ce désir ardent est ta prière. Et si c'est un désir continu, alors c'est aussi une prière continue ... Si tu ne veux pas interrompre la prière, n'interromps pas le désir ... car tu gardes le silence quand tu arrêtes d'aimer ... Quand l'amour refroidit, c'est le cœur qui se tait. L'amour ardent est le cri du cœur. » (Augustin)
- « Alors qu'est-ce qu'ils chantent ? Car ils aiment, et ils chantent avec amour, et ils aiment avec désir. En marchant, nous devons chanter de manière à ardemment désirer. Chante, mais avance d'un bon pas. Dans le malheur, console-toi en chantant, n'aime pas être renfrogné. Chante et marche d'un bon pas. Fais des progrès dans ce qui est bon. Chante et marche. » (Augustin)
- La spiritualité des psaumes est une spiritualité du désir. Désirer, c'est reconnaître un manque, aspirer à l'avenir. Le cœur est chaud.
- La spiritualité des psaumes, c'est chanter ce désir. Aménager l'attente, donner forme au désir. Il faut être à plusieurs pour chanter. Chanter les psaumes, c'est ce que font ceux qui ensemble aspirent à la présence de Dieu.
- La spiritualité des psaumes, c'est toute notre vie, toute notre prière qui peut devenir un psaume.

Autres voix

« Cette image des Hébreux chantant les quinze psaumes des montées alors qu'ils quittaient les routines de la vie de disciples, laissant leurs villes et villages, leurs fermes et leurs terroirs, pour cheminer vers Jérusalem, s'est profondément ancrée dans l'imaginaire de la piété chrétienne. Nous avons là un contexte idéal pour comprendre la vie comme un chemin de foi. »
(Eugene Peterson) [29:16]

« Comme la patience de l'attente, le temps est question, recherche, demande et prière. »
(Emmanuel Lévinas)

« Dans Esaïe 40–55 en particulier, mais aussi dans le ‹ livre des consolations › en Jérémie 30–31, l'on rencontre sans cesse le champ sémantique de la jubilation à l'annonce de ce grand tournant du salut qui mettra fin à l'exil, la rédemption d'Israël, le rassemblement des dispersés, le retour de Sion, le retour de YHWH lui-même à Sion et la reconnaissance étonnée par le monde des nations de cette preuve du règne de YHWH. »
(Erich Zenger) [41]

« La joie du présent vient du passé et va vers le futur. »
(Eugene Peterson) [29:105]

« Souvent dans le psautier, il est question du retour des déportés et chaque fois pour reconnaître que c'est sous la conduite de Dieu (Ps 126,1). *Dieu fait revenir les déportés* : intérioriser ce verset, c'est l'entendre ainsi : Dieu fait revenir les pensées dispersées. »
(Daniel Bourguet) [11:18]

« Fleur »

À propos du Psaume 127

Versets distillés :
1   *Si le SEIGNEUR ne bâtit la maison,*
    ses bâtisseurs travaillent pour rien.
    Si le SEIGNEUR ne garde la ville,
    la garde veille pour rien.
2   *Rien ne sert de vous lever tôt,*
    de retarder votre repos,
    de manger un pain pétri de peines !
    À son ami qui dort, il donnera tout autant.

Le Psaume 127 est un autre psaume de la collection du « Psautier des petites gens », avec ses scènes de la vie quotidienne des pauvres.

Ce psaume fait une part belle au repos et à la pause (v. 2), tout comme la sieste que prévoit Benoît de Nursie dans le rythme *d'ora et labora* (voir le chapitre 48 de la Règle de Saint Benoît).

Autres voix
« Les psaumes sont une de mes nourritures les plus importantes. Je les mange, je les bois, je les mâche, parfois je les crache, parfois je les répète en pleine nuit. Pour moi, c'est du pain. Sans eux, c'est l'anorexie spirituelle qui est très répandue parmi nous et qui conduit souvent à un appauvrissement fatal de l'esprit et du cœur. La richesse matérielle et la connaissance technologique créent, dans notre partie du monde, les conditions de mort spirituelle des surdéveloppés. Et c'est pourquoi la première chose que je veux vous dire, c'est : mangez les psaumes. Chaque jour un. Avant le petit-déjeuner ou avant le coucher, peu importe. Ne vous attardez pas longtemps sur ce que vous trouvez étrange, incompréhensible ou malveillant, ré-

pétez les versets qui donnent de la force, ceux qui augmentent la liberté de dire oui ou non. »
(Dorothee Sölle)

« La poésie des psaumes nous éloigne de la superficialité de la vie quotidienne. C'est une question d'émotivité. Elle veut mettre notre Je en mouvement pour que nous nous retrouvions dans les psaumes : avec nos désirs et nos peurs, avec nos souffrances et nos espoirs. »
(Erich Zenger) [41]

« Nous faisons fausse route lorsque nous travaillons avec anxiété, comme lorsque nous ne travaillons pas du tout, lorsque nous œuvrons dans la compulsion et la frénésie (Babel) et lorsque nous cédons à l'indolence et la léthargie dans notre activité (Thessalonique). Le travail est fondamentalement bon, voilà la vérité. Si Dieu travaille, il ne peut en être autrement. Le travail possède une dignité : il ne peut être dégradant si Dieu lui-même travaille. Il a un sens : il ne peut être futile si Dieu travaille. »
(Eugene Peterson) [29:120]

« Le cerveau du ciel »

À propos du Psaume 128

Versets distillés :
1   Heureux tous ceux qui craignent le SEIGNEUR
    et suivent ses chemins !
2   Tu te nourris du labeur de tes mains.
    Heureux es-tu ! À toi le bonheur !
3   Ta femme est une vigne généreuse
    au fond de ta maison ;
    tes fils, des plants d'oliviers
    autour de ta table.

*4 Voilà comment est béni l'homme
   qui craint le SEIGNEUR.*

Dans le Psaume 128, un psaume de pèlerinage lui aussi, un pèlerin pense au bonheur et à la bénédiction.

Être prêt, être réceptif, c'est tout. C'est comme ça qu'on peut être heureux. Cela peut créer une idylle familiale.

Autres voix
« En premier lieu, il parle du ménage et du mariage, mais ensuite, il souhaite aux époux et aux autorités la paix et la bénédiction. Elles concernent aussi la vie politique, car c'est de la maison que vient la ville, de la ville que viennent les provinces et les empires. C'est ainsi qu'on pourrait appeler ce psaume un chant de noce, mais c'est aussi un chant de réconfort et une prière pour le bonheur et la paix des époux et de la vie politique. Ici, le Saint-Esprit apparaît aussi comme le meilleur poète et orateur qui connaît bien les règles de l'art du discours et de la persuasion. Car il évite avec la plus grande attention tout ce qui encombrerait ou ferait obstacle à ce dont il veut persuader, et avec une grande diligence il ne met l'accent que sur le bon et le meilleur du mariage. »
(Martin Luther)

« Je sais ce qu'est une conscience. Une seule goutte de tristesse de la conscience engloutit toute une mer de joie. Mais quand la conscience est joyeuse, et certaine de la bénédiction et de la faveur de Dieu, c'est une joie éternelle qui triomphe des gouttes de peine et de travail. »
(Martin Luther)

« Lorsque Jean Calvin s'adressait à ses paroissiens à Genève, il soulignait que les chrétiens doivent développer une approche du bonheur qui soit meilleure et plus profonde que celle du monde ambiant. »
(Eugene Peterson) [29:130]

« L'humilité est l'avers de la confiance en Dieu, alors que l'orgueil est l'avers de la confiance en soi. »
(John Baillie) [29:166]

« En forme de coupe »

À propos du Psaume 129

Versets distillés :
2   Que de fois, dès ma jeunesse, on m'a combattu
    sans rien pouvoir contre moi.
3   Des laboureurs ont labouré mon dos.
    ils ont tracé leurs longs sillons.
4   Le SEIGNEUR est juste,
    il a brisé les cordes des infidèles.

Le Psaume 129 est le rapport d'un homme torturé.

L'esquisse du miracle vécu a ensuite été appliquée allégoriquement à l'ensemble du peuple.

Autres voix
« Ne te réjouis pas des louanges vides des autres si tu ne veux pas que de mauvaises personnes ne te labourent pas seulement le dos, mais aussi le visage. Au moment de la prière, ils font de toi un jouet, et les pensées absurdes qu'ils ont déclenchées et que tu suis t'égareront. »
(Evagre le Pontique)

« Il ne faut pas oublier l'optimisme de ce ‹ Bréviaire de Sion › ; il est régulièrement souligné et facilement transmis dans la prière, le chant et la parole de ces psaumes : le psautier des pèlerinages est né dans une période de déception, voire de provocation et d'oppression politique, comme un chant d'espoir au milieu d'un quotidien dur et désespéré. Durant le pèlerinage ou simplement en se tournant vers Sion comme le lieu auquel YHWH a lié sa bénédiction une fois pour toutes, ces chants,

surtout dans leur simplicité, étaient une louange et une demande insistante ‹ même dans les nuits › qu'Israël vivait à cette époque. »
(Erich Zenger) [41]

« Car la persévérance n'est pas la résignation à tolérer le statu quo, ou le maintien des anciennes habitudes coûte que coûte, ou l'acceptation que les gens nous traitent comme des êtres inférieurs. L'endurance n'est pas une tentative désespérée de se cramponner, mais une progression de force en force. »
(Eugene Peterson) [29:146]

« Nos prières doivent être fréquentes, mais courtes, de peur que, si elles se prolongent, l'ennemi qui nous guette, n'eût la faculté d'y glisser quelque distraction. »
(Jean Cassien) [11:57]

« Mais si les psaumes sont la prière de gens en chemin, ils sont aussi une prière du corps. Car ce qui rend l'être humain capable de louange et de supplication, ce qui lui permet de parcourir le chemin qui les traverse l'une et l'autre, c'est aussi ce qui le rend vulnérable à ce qui menace la louange : souffrance, attaques, emprisonnement, mort. Ce point vulnérable, c'est le corps où tout se joue au point que les mouvements de l'âme se traduisent en changements du corps (…) C'est sur le corps que le chemin de l'homme s'inscrit (…) et laisse des cicatrices – une histoire qui prend fin pour l'individu bien qu'elle se prolonge pour le corps social auquel il appartient, le peuple. »
(André Wénin) [70:61]

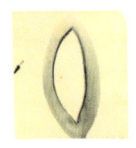

« Initiation aujourd'hui »

À propos du Psaume 130

Versets distillés :
1   Des profondeurs je t'appelle, SEIGNEUR :
3   Si tu retiens les fautes, SEIGNEUR !
    Seigneur, qui subsistera ?
4   Mais tu disposes du pardon
    et l'on te craindra.
5   J'attends le SEIGNEUR,
    j'attends de toute mon âme
    et j'espère en sa parole.
6   Mon âme désire le Seigneur,
    plus que la garde ne désire le matin,
    plus que la garde le matin.
7   Le SEIGNEUR dispose de la grâce
    et, avec largesse, du rachat.

Le Psaume 130, qui fait partie des psaumes de pèlerinage, est un appel *des profondeurs.*

Le « Psaume des profondeurs » (« DE PROFUNDIS », comme on l'appelle généralement) est largement connu, même au-delà du contexte ecclésiastique, chrétien ou juif ; il a inspiré de nombreux artistes, auteurs et compositeurs.

Le Psaume 130 est le sixième psaume pénitentiel. L'homme qui prie sait qu'il ne peut rien offrir et ne peut rien produire. Tout dépend de Dieu et de son pardon. Six fois il appelle Dieu sous des noms différents – Seigneur, YHWH, YHWH, YH. *Du fond de l'abîme, je t'appelle* : Jonas prie aussi dans le ventre de la baleine au fond de l'abîme (Jonas 2). Il réalise lui aussi qu'il est entièrement dépendant de Dieu, même à sa merci. Les priants du Psaume 130 et le prophète Jonas remontent tous deux à la surface.

Le dernier verset est merveilleux : *auprès du Seigneur est la grâce, auprès de lui le salut en abondance.* Il est possible de le chanter comme une antienne ou de l'utiliser comme une courte prière, une prière du cœur ou une prière de repos.

« Du fond des profondeurs, je t'appelle, Seigneur. Ce psaume est l'un des plus exquis et des plus importants qui traite de l'article principal de notre doctrine, la justification. Vous avez souvent entendu et il vous a souvent été prêché que cet article à lui seul maintient l'Église du Christ. Avec cet article, le Christ et l'Église sont perdus et il n'y a plus ni connaissance ni esprit. Cet article est le soleil, le jour, la lumière de l'Église et de toute confiance. »
(Martin Luther)

« Et mon âme a attendu, c'est-à-dire qu'elle est devenue quelque chose qui attend ou persévère dans son attention, comme si il [le psaume] disait : tout l'être et la vie de mon âme n'ont été rien d'autre qu'une pleine attente de Dieu et persévérance dans celle-ci, mon âme est devenue attente attentive. »
(Martin Luther)

Chant que Martin Luther a composé en 1523/1524 (première strophe, reprise dans « Psaumes et cantiques ») :

Aus tiefer Not schrei ich zu dir,	Du fond de ma souffrance,
Herr Gott, erhör mein Rufen.	mon Dieu je crie à toi,
Dein gnädig Ohr neig her zu mir	je n'ai qu'une espérance,
und meiner Bitt es öffne;	ne m'abandonne pas
denn so du willst das sehen an,	Regarde ma misère,
was Sünd und Unrecht ist getan,	ma faute et mon malheur
wer kann, Herr, vor dir bleiben?	Accueille-moi, bon Père, parmi tes serviteurs.

Autres voix

« Depuis la veille du matin jusqu'à tard dans la nuit, Israël espère le Seigneur. Car il faut espérer le Seigneur dans le malheur, par conséquent pas seulement à la veille du matin, quand la situation donnée n'est pas brillante, mais aussi quand les circonstances sont sombres. »
(Athanase)

« Auprès de toi est le pardon. *IPSE EST REMISSIO OMNIUM PECCATORUM*, voilà ce qu'on dit du Saint Esprit (dans un temps liturgique après la Pentecôte). Il est lui-même le pardon de tous les pécheurs. S'approcher de Dieu, c'est recevoir le pardon. »
(d'après Robert Spaemann)

« Il est illustré dans ce Psaume par le premier mot : les abîmes. Ce terme évoque les eaux abyssales et contient quatre fois la lettre hébraïque M qui à l'origine désigne les eaux. Il fait aussi symboliquement allusion à l'épreuve et à l'oppression, à la souffrance et à la mort, et finalement à tout ce qui appartient au registre du mal risquant de nous engloutir. »
(Thérèse Glardon) [3:54]

« Voici les deux grandes affirmations du Psaume 130: la souffrance est réelle ; Dieu est réel. La souffrance est une marque de notre authenticité existentielle ; Dieu est la démonstration de notre humanité essentielle et éternelle. Nous acceptons la souffrance ; nous croyons en Dieu. L'acceptation et la croyance naissent l'une et l'autre de ces moments où nous nous trouvons ‹ dans les profondeurs ›. »
(Eugene Peterson) [29:158s]

« Les mystiques de toutes religions écrivent des poèmes qui tentent de dire le Tout qu'ils appellent Dieu, des poèmes qui font apparaitre le langage sur les bords du vide où ils pressentent la présence, et ces poèmes de jaillissement sont l'acte même de création, la *poiesis*, la création du langage par son surgissement même, la création par le langage. ‹ Que la lumière soit, dit-il, et la lumière fut ›, et le monde fut, mais dans cette courte phrase les mots les plus importants sont ‹ dit-il ›. »
(Alexis Jenny) [51:139]

Lors d'un projet autour de proches aidants, une participante à l'issue d'un cours « santé et spiritualité » relatait comment la spiritualité des psaumes avait été pour elle source de soulagement et d'encouragement : « Je suis revigorée. – Et à l'avenir, je sais que je veux garder cette bonne humeur le plus longtemps possible, et je sens que j'en ai la force. Que je peux me recentrer sur quoi j'ai déjà travaillé ... je sens toujours un tel élan sous mes pieds, un élan venu des profondeurs. C'est d'ailleurs pour cette raison que j'ai sélectionné pour moi le Psaume ‹ *De profundis* ›. Il me correspond tellement, avec ce titre, cette expérience ; c'est le Psaume 130. Et il y est écrit : Des profondeurs ... je monte vers toi. J'apparais dans la lumière. Et je ne suis

pas englouti ... Je prends ensuite dans les profondeurs tellement d'élan et vois que je remonte – avec mon cœur. Oui, je peux à nouveau me tourner vers M. (mari atteint de démence qui réagit parfois avec violence), alors qu'il vient par exemple de me balancer un objet à la tête. »
(A. Bischoff, dans le cadre d'un projet de recherche sur les proches aidants et les bénévoles de paroisses)

« Loué soit le Saint Esprit !
Il se tient aux profondeurs
De notre être
Et il consume les peines
De notre vie
Au feu de sa présence. »
(Frère Roger de Taizé) [15:63]

« **Paysage au printemps** »

À propos du Psaume 131

Versets distillés :
1   SEIGNEUR, *mon cœur est sans prétentions ;*
    mes yeux n'ont pas visé trop haut.
    Je n'ai pas poursuivi ces grandeurs,
    ces merveilles qui me dépassent.
2   *Au contraire, mes désirs se sont calmés*
    et se sont tus,
    comme un enfant sur sa mère.
    Mes désirs sont pareils à cet enfant.

Le Psaume 131 fait lui aussi partie du livret des pèlerinages, prière silencieuse de la personne en chemin.

D'après Zenger, ce psaume en particulier doit être compris comme la prière d'une femme qui médite et chemine. Derrière ses mots, nous devinons qu'elle a retrouvé la paix après une longue lutte. Peut-être avait-elle réagi de façon excessive, qu'elle en voulait trop, que tout soit bon, juste et parfait ? Sans y parvenir ? Lâchant prise, elle s'en remet à Dieu et trouve alors le calme intérieur.

Comme une mère caresse son enfant, ainsi je vous consolerai, je vous porterai sur mon sein et je vous cajolerai sur mes genoux (Esaïe 66, 12–13).

Une grande sérénité se dégage de ce psaume.

« *Gelassenheit* » (le lâcher prise) est un mot inventé par Maître Eckhart († 1328). Pour vivre « *gelassen* » (sereinement), il faut avoir « *gelassen* » (lâché) beaucoup de choses, pour être plus précis : les avoir lâchées à Dieu, ce qui n'est possible que si l'on se confie entièrement à Dieu.

Et Eckhart de noter : « Avoir une vie tranquille ou reposante en Dieu est une bonne chose ; supporter patiemment une vie pénible, c'est mieux ; mais trouver la sérénité dans une vie pénible, c'est le meilleur ».

Autres voix

« Ce psaume est un des psaumes les plus courts à lire et les plus longs à apprendre. » (Charles Spurgeon)

« On peut voir dans ce nom de YHWH, une forme verbale causative du verbe être : Dieu serait ainsi Celui qui nous *donne d'exister* en nous mettant au large ! C'est pourquoi, fort de cet appui, l'auteur va agir comme au premier Psaume du livre des *Louanges* : il commence par dégager son espace en s'écriant trois fois non, rendu dans la traduction par une triple négation. Son activité priante revient … à un processus de ‹ dé-prise ›, de ‹ ne-plus-faire ›. »
(Thérèse Glardon) [3:56]

« Le mot traduit par âme désigne la gorge, le cou, lieu de la communication mais aussi de la fragilité, de la respiration et des émotions, de la faim et la soif fondamentales : il englobe tout notre être avec ses manques et ses désirs, dont on peut se couper par les phénomènes mentaux compensatoires écartés au premier verset. Le psalmiste se penche vers lui-même comme vers un tout-petit, et il s'apaise. Comment calme-t-on un bébé ? Non pas en lui imposant silence, ses pleurs ne feraient qu'augmenter, mais en répondant à son besoin. Au lieu de fuir dans le mental ou les fantasmes mégalomanes, le souffle de la personne s'apaise et tout son être devient silencieux. Son enfant intérieur est reconnu, accepté et comblé. »
(Glardon) [3:58]

« Le Ps 131 pave la voie à ce qu'on a appelé par après la spiritualité de ‹ l'enfance ›, fondement, fleuron et terme de toute spiritualité. En témoigne, dans le sillage direct du Jésus des évangiles, une longue cohorte de mystiques, dont la ‹ petite › Thérèse n'est pas la moindre ! Toute tracée, donc, de longue haleine, la piste de relecture. »
(Girard) [6:368]

Thérèse de Lisieux parle de sa « petite voie » : après des années de marche lente et pénible, elle comprend qu'elle n'a pas avant tout besoin d'efforts, (« de moi-même je n'y arrive … ! »), mais d'abandon à l'initiative de Dieu.

« Ceux que j'ai croisés m'ont appris le silence, m'ont appris à ne plus craindre le vide, à écouter cette parole tenue qui y flotte encore, trace perpétuelle de l'origine vivante, vie éternelle encore là, déjà là, toujours là. Ceci qu'ils m'ont appris par leur présence est à mon goût. »
(Alexis Jenny) [51:168]

Thérèse d'Avila (1515–1582) :

Nada te turbe,	Que rien ne t'inquiète,
nada te espante,	que rien ne t'effraie ;
todo se pasa,	sache que tout passe ;
Dios no se muda ;	Dieu, lui, demeure ;
la paciencia todo lo alcanza ;	la patience vient à bout de tout ;
quien a Dios tiene	qui tient à Dieu
nada le falta :	ne manque de rien :
Sólo Dios basta.	Dieu seul suffit.

« À l'état de gros œuvre »

À propos du Psaume 132

Versets distillés :
*13 Car le SEIGNEUR a choisi Sion,
il l'a voulue pour résidence :
14 Elle sera toujours mon lieu de repos,
j'y résiderai ; c'est elle que j'ai voulue.
15 Je bénirai, je bénirai ses ressources,
je rassasierai de pain ses pauvres.*

Le Psaume 132 est un psaume narratif pour les pèlerins.

Comme par touches successives dans un tableau ou comme des éléments de construction rassemblés, le psaume raconte aux pèlerins la fondation de la royauté à Sion, le lieu que les pèlerins ont pour but : lieu de repos de Dieu (v. 14), lieu de bénédiction et de ressourcement (v. 15), lieu de célébration (v. 16) et lieu de résidence (v. 17).

Le Ps 132 serait un des plus vieux de la Bible. Il a été inclus parmi les chants de pèlerinage pour développer les aspects d'une vie avec Dieu. Le psaume « dépeint l'obéissance comme la réponse de la foi, vive et remplie d'un esprit d'aventure, enracinée dans l'histoire et ouvrant sur une perspective de promesse et d'espérance ». (Eugene Peterson) [29:185]

À ses méditations sur les psaumes des montées, Eugene Peterson a donné pour titre : *A long obedience in the same direction – discipleship in an Instant Society,* titre qui fait allusion à une remarque de Friedrich Nietzsche : l'essentiel est « qu'on obéisse longtemps et toujours dans un même sens ; c'est ainsi qu'il en résulte et qu'il en a

toujours résulté, à la longue, quelque chose pour quoi il vaille la peine de vivre. »
(*Par-delà le bien et le mal*).

Autres voix
« Choisis en toute sécurité l'amitié du Christ. Il veut que tu lui offres l'hospitalité : donne-lui un espace. »
(St Augustin, en commentant le Ps 132, v. 13 et 5)

« *Habitari secum* » – c'est ainsi que Grégoire le Grand décrit l'attitude de Benoît de Nursie : vivre auprès de soi, être à sa place et se reposer en soi.

« Dieu ne se réjouit ni de l'agitation ni non plus de la tristesse, parce que l'agitation et la tristesse vont de pair. Une bonne conscience qui se repose en Dieu ne peut être perturbée par personne. Mais celui qui a une mauvaise et triste conscience n'a pas la paix. »
(Martin Luther)

« C'est étrange que le pain ou la nourriture de tous les jours s'appelle ici ‹ butin ›. Pourquoi ? Le Christ l'interprète correctement dans le Notre Père en parlant du pain quotidien, c'est-à-dire que nous devons accepter nos biens temporels comme un animal accepte sa proie ou un oiseau son grain. Car les animaux et les oiseaux ne sèment pas, ne moissonnent pas, ne ramassent pas dans les greniers, ne travaillent pas et ne filent pas (Mt 6,26–28), mais ce qu'ils attrapent, ils le reçoivent comme un butin. Voilà qui est dit contre le souci sans foi qui n'est pas satisfaite de ce qui est disponible aujourd'hui. »
(Martin Luther)

« Les Psaumes, chemin vers soi, chemin vers Dieu : [...] cette approche permet de sortir les Psaumes de leur écrin religieux pour les mettre à la portée de tous, et leur rendre par une transculturation toute leur épaisseur existentielle à l'intérieur de nos situations contemporaines. Cette démarche épouse le caractère vivant du Psautier, toujours relu, revu, retraduit et réinterprété au fil des siècles, tant durant sa lente élaboration qu'après la fixation de sa forme définitive. »
(Thérèse Glardon) [3:19]

« Rayons »

À propos du Psaume 133

Versets distillés :
1   *Oh ! quel plaisir, quel bonheur*
    de se trouver entre frères !
2   *C'est comme l'huile qui parfume la tête,*
3   *C'est comme la rosée de l'Hermon,*
    qui descend sur les montagnes de Sion.
    Là, le SEIGNEUR a décidé de bénir :
    c'est la vie pour toujours !

Très court, ce psaume de pèlerinage chante la vie en communauté.

Le psaume décrit l'unité vécue de façon très poétique : elle est comme la rosée, elle sent bon comme le baume.

St Augustin témoigne à quel point la tradition de l'Église primitive appréciait ce psaume : « Le psaume est court, mais bien connu et souvent cité : Il sonne si doux à l'oreille que même ceux qui ne connaissent pas le Psautier aiment le chanter. Il est doux comme l'amour qui rapproche les frères et les sœurs. Ce son doux, cette mélodie si agréable au cœur, a donné naissance aux monastères. Cet appel a été suivi par les frères qui ont voulu vivre ensemble. Le psaume a été la trompette qui les a convoqués. »

Athanase († 373) : « C'est là que le Seigneur a envoyé la bénédiction et la vie pour les siècles des siècles, ... car c'est à Sion, que la rosée vivifiante du Saint-Esprit a été envoyée sur les saints apôtres, elle par laquelle tous les croyants récoltent la bénédiction éternelle. Car leur âme n'était qu'une. »

Autres voix

D'après un psaume de Qumran : « Ceux qui, parmi les hommes, appartiennent à ton Église diront encore et encore tes merveilles à toutes les générations. Et ils méditeront sans fin tes grandes oeuvres. Les nations connaîtront ta fidélité, et toutes les tribus ta gloire. Car tu as apporté ta fidélité et ta gloire à tous ceux qui appartiennent à ton Église, là où ils se tiennent devant toi avec les anges, là où tes saints n'ont pas besoin d'un interprète. Et ils répondent à la parole qui sort de ta gloire, et ils règnent avec toi dans l'espace de l'éternité. » [76]

« Le psaume sent comme une belle rose. »
(Johann Gottfried Herder, 1744–1803)

« Toute vie réelle est rencontre. »
(Martin Buber)

En toute humilité et douceur, avec patience, supportez-vous les uns les autres dans l'amour.
(Épître aux Éphésiens 4,2)

« Croissant de lune »

À propos du Psaume 134

Versets distillés :
1 *Allons ! bénissez le SEIGNEUR,*
   vous tous, serviteurs du SEIGNEUR,
   qui vous tenez dans la maison du SEIGNEUR
   pendant les nuits.
2 *Levez les mains vers le sanctuaire*
   et bénissez le SEIGNEUR.

*3 Qu'il te bénisse depuis Sion, le SEIGNEUR,
l'auteur des cieux et de la terre.*

Le Psaume 134, le dernier des quinze psaumes des pèlerins, appelle à la prière et à la bénédiction.

Le mot hébreu pour bénir, racine « b-r-k », est utilisé ici dans les deux sens : Dieu dira de bonnes choses aux hommes (v. 3), et les hommes diront de bonnes choses à Dieu.

« Qu'est-ce que prier pour autrui ? N'est-ce pas lui vouloir du bien, demander au maître de la Vie de lui donner le meilleur ? Et n'est-ce pas *dire-du-bien* de lui à Dieu, le bénir (béné-diction) ? [...] Chaque fois que, dans la prière, je vois autrui, en particulier autrui blessant, comme Dieu le voit – un être semblablement démuni et exclu de la vie, qui dépérit d'absence de relation –, je sors de la prison de la culpabilité et du perfectionnisme dans laquelle la souffrance me tenait enfermé-e. »
(Lytta Basset, *Au-delà du pardon – Le désir de tourner une page*) [77:54]

Autres voix
« Nous devons aimer Dieu tendrement et affectueusement, comme un enfant qui ne peut se séparer de sa mère et crie : ‹ maman ! › dès qu'elle veut s'éloigner. »
(Vincent de Paul, 1581–1660) [61 :262]

« La bénédiction de Dieu est la force qui nous permet de dire oui à la vie quotidienne dans ses hauts et ses bas – comme l'expriment notamment les psaumes du pèlerinage. Finalement, le pèlerinage à Sion a un sens : apprendre à dire oui dans la communauté liturgique pour pouvoir le vivre dans la vie quotidienne. »
(Erich Zenger) [41]

« Il n'existe aucun ‹ chant pour la route › qui soit plus approprié que ceux-ci (les psaumes de pèlerins) pour effectuer le voyage de la foi en Christ. »
(Peterson) [29:16]

« Qu'il nous soit accordé la bénédiction, au fil des années, de connaître une grâce après l'autre, et d'avancer en un parcours ascendant, pas à pas, sans négliger l'inférieur après être parvenu au supérieur, et sans viser le supérieur sans avoir d'abord

passé par l'inférieur. La première grâce est la foi. La dernière est l'amour. D'abord, le zèle ; puis, la bienveillance affectueuse. Après l'humiliation, la paix. Et la résignation suit l'application. Apprenons à faire mûrir toutes les vertus en nous, dans la crainte et le tremblement, la vigilance et le repentir, car le Christ vient ; soyons joyeux, pleins de gratitude, sans souci pour le futur, car II est venu. »
(John Henri Newman) [29:222]

« En relecture, le petit poème, dénué de prétention mais ciselé comme un joyau, a le pouvoir irremplaçable de mettre tout priant en communion de cœur et d'âme avec la cohorte des nombreux adorateurs de nuit qui, partout dans le monde et même dans toutes les religions, veillent dans le service de leur Dieu, la lampe allumée. »
(Girard) [6:389]

« Alors dans le silence qui se fait quand on veut bien écouter, dans le vide qui s'ouvre alors prêt à accueillir, qui n'est plus du tout effrayant car orienté sur une parole qui le traverse, qui le traverse de part en part, dans les deux sens en même temps, parole sensible qui agit et qui perçoit et qui relie, son visage est là, qui vient jusqu'à nous. »
(Jenny) [51:154]

« Aller à droite aller en bas »

À propos du Psaume 135

Versets distillés :
1   *Alléluia !*
    Louez le nom du SEIGNEUR.
    Louez-le, serviteurs du SEIGNEUR,

3   Alléluia ! que le SEIGNEUR *est bon* !
    Chantez son nom, qu'il est aimable !
5   *Oui, je le sais* : *le* SEIGNEUR *est grand* ;
    notre Seigneur surpasse tous les dieux.
6   *Tout ce qu'a voulu le* SEIGNEUR, *il l'a fait,*
    dans les cieux et sur la terre,
    dans les mers et dans tous les abîmes.

Le Psaume 135 est un psaume de remerciements qui sert à s'entraîner à la gratitude. Le suivant, le Ps 136, lui ressemble.

Les deux psaumes contiennent une compilation de textes ressemblant à des hymnes, en un sens des « formulaires liturgiques », compilées à partir de diverses sources et réparties entre diverses voix. Ce sont des formulaires que les priants d'aujourd'hui peuvent aussi utiliser. Tout cela dans le but d'adorer le Dieu suprême et de ne pas être confondu ou perverti par les dieux de bas étage.

Autres voix
« Tout ce dont nous ne pouvons remercier Dieu, nous l'accusons. »
(Dietrich Bonhoeffer)

« La psalmodie est une méthode de méditation. Elle crée un climat de paix intérieure, de sérénité et de révélation – cette révélation réceptive à la Parole de Dieu, qui est la condition préalable à une prière authentique et qui est déjà prière. En d'autres termes, la psalmodie peut faire quelque chose qui correspond à ce que l'on attend des méthodes de méditation anciennes et modernes. »
(Notker Füglister) [47:63]

« Il ne dépend pas de nous de croire en Dieu, mais seulement de ne pas accorder notre amour à de faux dieux. »
(Simone Weil, 1909–1943, *Pensées sans ordre concernant l'amour de Dieu*) [61:179]

« L'action de Dieu ne tombe pas hors de l'âme, mais en son centre. Ce que nous recevons ainsi n'est pas externe, mais consiste en une énergie, une puissance de création (...) La bénédiction comprend donc la capacité de vivre dans le sens le plus profond et englobant. Rien qui relève de l'action et de l'enracinement de la vie

dans la réalité ne peut tomber en dehors de la bénédiction (…) La bénédiction est la puissance vitale sans laquelle aucun être vivant ne peut exister. »
(Johannes Pedersen) [29:129]

« Si tu scrutes avec attention les psaumes, tu y trouveras une prière si profonde que jamais de toi-même tu n'aurais pu l'imaginer. (…) Tu trouveras aussi dans les psaumes une intime action de grâce pour tout ce qui t'arrive. Dans les psaumes, tu confesses ta faiblesse et ta misère et, par la même, tu appelles sur toi la miséricorde de Dieu. Car tu trouveras toutes les vertus dans les psaumes si tu obtiens de Dieu qu'il te révèle leurs secrets. »
(Alcuin, 735–804) [28:714]

« Superposition des rythmes »

À propos du Psaume 136

Versets distillés :
1. *Célébrez le SEIGNEUR, car il est bon
   et sa fidélité est pour toujours.*
2. *Célébrez le Dieu des dieux,
   car sa fidélité est pour toujours.*
3. *Célébrez le Seigneur des seigneurs,
   car sa fidélité est pour toujours.*
4. *Il est le seul auteur de grands miracles,
   car sa fidélité est pour toujours,*
5. *l'auteur intelligent des cieux,
   car sa fidélité est pour toujours.*

Le Psaume 136 est, comme le Ps 135 et avec beaucoup de similitudes, un psaume d'action de grâce.

Le refrain en différentes traductions :

- *Oui, sa bonté dure éternellement* (Segond 21)
- *Son amour toujours* (La bible)
- *Son amour est éternel* (Les Psaumes, Calame & Lalou)
- *Oui, en pérennité son chérissement !* (Chouraqui)
- *Denn seine Güte währet ewiglich* (Luther)
- *Denn seine Huld währt ewig* (Einheitsübersetzung)
- *Ja, für immer bleibt seine Gnade bestehen* (Basisbibel)
- *Denn ewig währt seine Verbundenheit* (Kurt Marti)
- *For his steadfast love endures for ever* (English Student Bible)
- *His love never quits* (Eugene Peterson, The Message)
- *Perché la sua bontà dura in eterno* (La sacra Bibbia, nuova riveduta)
- *Su gran amor perdura par siempre* (Nuéva versión internacional)
- ὅτι εἰς τὸν αἰῶνα τὸ ἔλεος αὐτοῦ (LXX)
- *quoniam in æternum misericordia ejus* (Vulgata)
- כִּי לְעוֹלָם חַסְדּוֹ

Cf. aussi les traductions suivantes [34:533] :
- *Oui pour toujours sa bonté* (Meschonnic)
- *Car sa miséricorde dure à toujours* (Segond)
- *Car sa grâce est éternelle* (le Rabbinat)
- *Car éternel est son amour* (Bible de Jérusalem)
- *Car sa grâce dure à jamais* (Dhorme)
- *Parce que sa miséricorde est éternelle* (Maistre de Sacy)
- *Car sa miséricorde dure éternellement* (Ostervald)
- *Car sa bonté est éternelle* (Samuel Cahen)

Il y a l'action de grâce pour toutes sortes de choses, pour la création, pour la libération de l'esclavage, pour le chemin à travers le désert et pour la libération de l'humiliation. Un refrain suit chaque verset ; il était probablement chanté par la communauté (ou un chœur) comme une antienne : *Car sa bonté est pour toujours*.

Autres voix

« La vie active est la voie d'accès à la contemplation. »
(Nicéphore le Solitaire, 13ᵉ siècle, *Petite Philocalie de la prière du cœur*) [23:140]

Béatrice à Dante, en route vers la Montagne du Paradis : « Pensez avec reconnaissance à Dieu. »
(Dante Alighieri, *La Commedia,* III Paradiso, Canto II)

« Tout ce que tu peux compter ne compte pas. Tout ce qui compte ne peut être compté. »
(Aphorisme d'origine inconnue)

« Nous ne pouvons éviter le speed de nos jours, mais nous pouvons donner au temps son rythme. Nous pouvons porter avec soin le souci que notre vie ne tourne pas autour du speed, mais que le speed tourne autour des piliers de notre vie. »
(Dominic Klenk)

« De façon étrange, l'élément le plus évident au sujet de la louange – qu'elle soit de Dieu ou de quoi que ce soit d'autre – m'échappait. J'y pensais en termes de compliment, d'approbation, ou d'honneur rendu. Et je n'avais jamais remarqué que tout plaisir débordait spontanément en louange, à moins que (et parfois bien que) la timidité ou la crainte d'ennuyer les autres ne tentent de l'en empêcher délibérément. Le monde résonne de louanges : des amants louent leur maîtresse, des lecteurs leur poète favori, des marcheurs font l'éloge de la campagne et des joueurs celle de leur jeu favori ; on loue le temps, les vins, les plats, les acteurs, les moteurs, les chevaux, les collèges, les pays, les personnages historiques, les enfants, les fleurs, les montagnes, les timbres de collection, les insectes rares, et même quelquefois les politiciens ou les érudits. Je n'avais pas remarqué à quel point les esprits les plus humbles et, en même temps, les plus équilibrés et les plus capables louent beaucoup tandis que les excentriques, les inadaptés et les mécontents louent peu. »
(C. S. Lewis) [25:135s]

« Montant »

À propos du Psaume 137

Versets distillés :
1   *Là-bas, au bord des fleuves de Babylone,
    nous restions assis tout éplorés
    en pensant à Sion.*
2   *Aux saules du voisinage
    nous avions pendu nos lyres.*
4   *Comment chanter un chant du SEIGNEUR
    en terre étrangère ?*
5   *Si je t'oublie, Jérusalem,
    que ma droite oublie … !*
6   *Que ma langue colle à mon palais
    si je ne pense plus à toi.*

Le Psaume 137 doit être lu comme un souvenir du désastre de Jérusalem.

Le Ps 137 est un psaume très émouvant et très poétique. C'est l'un des rares psaumes dont nous connaissons un peu mieux le contexte. Un groupe (groupe de chanteurs ?) en exil à Babylone apprend la chute de Jérusalem (586 av. J.-C.). Le message est une horreur paralysante. Ils ne peuvent plus chanter, ils ne peuvent plus faire de la musique, les instruments sont accrochés dans les arbres. Écrire un psaume est la meilleure chose qu'ils puissent faire. En rédigeant ce chant, leur blocage se dénoue. C'est ainsi qu'on peut continuer à vivre en tant qu'artiste.

La fin du psaume est terrible. S'agit-il d'une stratégie du groupe pour surmonter l'horreur, ou d'une rechute, si elle entraîne tant de malédictions, de tirades de haine et de vengeance ? Le plus compréhensible est pour nous d'imaginer des gens poussés dans un coin et mortellement menacés, agissant en légitime défense –

non, ils n'agissent pas, parce qu'ils n'écrasent pas *les enfants sur une pierre*, mais ils crient en légitime défense pour que Dieu agisse. Ils hurlent à Dieu une accusation ; que Dieu permette une telle chose les met hors d'eux (Zenger compte le texte parmi les psaumes de théodicée). Ils appellent à l'aide face à la machine de guerre de Babylone, réclamant la fin du gouvernement terroriste. Ils crient pour un ordre mondial juste.

« Le langage passionné des psaumes est donc l'expression d'un amour passionné. » (Erich Zenger)

Dans « Gloires », l'écrivain et traducteur Meschonnic note au sujet du Psaume 137 : « Ce poème est des plus célèbres, sinon peut-être le plus célèbre, du recueil. C'est dire d'emblée que le problème est un problème poétique » (p 534). Le début de sa traduction du psaume [34:342] :

> *Sur les fleuves* de Babylone   où dans nos chaînes   oui
> dans nos larmes
>   Nous nous souvenions   de Sion
>
> *Sur les saules de là-bas*
>   Nous avions suspendu   nos cithares

Autres voix
On the rivers of Babylon : c'est une chanson phare du groupe reggae Melodians, inspirée du mouvement rasta (Jamaïque en 1969). Ce style de musique a été créé dans une situation politique tout aussi troublée.

« *By the rivers of Babylon / There we sat down / Ye-eah, we wept / When we remembered Zion / When the wicked carried us away in captivity / Required from us a song / Now, how shall we sing the Lord's song / In a strange land /Let the words of our mouth / And the meditation of our heart / Be acceptable in thy sight / Here tonight* »

« Si tu as mal à la tête, étudie la Torah » (Talmud, Erouvine 54a). Explication d'Elie Wiesel : « Cela signifie que quelqu'un qui souffre, quelqu'un qui ne comprend pas, quelqu'un qui est affligé ... doit étudier ! Dans l'étude il trouvera non seulement la

réponse aux questions qu'il se pose, mais aussi il découvrira d'autres questions. Et il se rendra compte bientôt que ces petitesses qui rendent parfois la vie si mesquine ne comptent pas : que derrière tout cela, il y a autre chose en vérité. »
(Josy Eisenberg & Elie Wiesel, *Job ou Dieu dans la tempête*) [78]

« Je n'étais pas absent, mais je ne suis pas intervenu car je savais que tu vaincrais. » (St Antoine du désert, 4ᵉ siècle, ayant réclamé à Dieu des explications sur son absence). Daniel Bourguet de commenter : « Aimer c'est parfois s'absenter ; c'est ainsi qu'on peut rendre adulte. » [7:58]

« **Flower** »

À propos du Psaume 138

Versets distillés :

3   Le jour où j'ai appelé et où tu m'as répondu,
    tu as stimulé mes forces.
6   Si haut que soit le SEIGNEUR,
    il voit le plus humble
    et reconnaît de loin l'orgueilleux.
7   Si je marche en pleine détresse,
    tu me fais revivre,
    tu portes la main
    sur mes adversaires,
    et ta droite me rend vainqueur.
8   Le SEIGNEUR *fera tout pour moi.*
    SEIGNEUR, *ta fidélité est pour toujours !*
    N'abandonne pas les œuvres de tes mains.

Le Psaume 138 est une prière d'action de grâce.

Quelqu'un a connu la libération. Ce psaume ouvre un nouveau et dernier groupe (Pss 138–145) des Psaumes de David ; ils thématisent des destins individuels.

Qu'il s'agisse d'une maladie grave, d'une captivité ou d'un procès, il faut beaucoup de force. L'énergie est revenue. *Tu as créé la force de ma vie. Tu éveilles la puissance de mon âme.* La personne qui prie est heureuse du Seigneur grand et élevé qui tient compte des humbles.

Par rapport à la classification en trois familles de psaumes, voici un dernier groupe qui fait partie de la première famille (appels au secours) :

« Les prières de reconnaissance individuelles sont relativement peu nombreuses (9 ; 10 ; 30 ; 32 ; 34 ; 40,2–12 ; 41 ; 92 ; 116 ; 138 ; voir 107). Déjà, dans les appels au secours, s'annonçait et s'ébauchait l'action de grâce (22,23–32 ; 56,13–14). Après exaucement, le fidèle monte au Temple, accompagné de ses parents et amis, pour accomplir ses vœux. Une cérémonie liturgique a donc constitué, semble-t-il, le milieu d'origine des psaumes d'action de grâce tant individuelle que collective (66 ; 67 ; 118 ; 124 ; voir 65 ; 68). Leur structure comprend d'ordinaire les éléments suivants. Après une introduction ou proclamation qui, parfois, développe des thèmes hymniques (9,3–12 ; 92,2–7 ; 118,5–18), le psalmiste évoque le danger couru, sa prière dans l'épreuve, le revirement de la situation grâce au secours divin et termine par une invitation adressée à l'assistance. »
(TOB) [1:1085]

Autres voix

« Je me confesserai à toi, Seigneur, de tout mon cœur. Que tout mon cœur, dit-il, s'enflamme à la flamme de ton amour, qu'il ne reste rien en moi, rien par lequel je pourrais regarder en arrière, c'est comme un tout que je veux brûler en toi, comme un tout flamber en toi, t'aimer entièrement, enflammé par toi. »
(Augustin d'Hippone)

« Risque ou pas, la réalité fondamentale dans laquelle nous vivons et que le Seigneur est ‹ pour nous ›, et notre secours se trouve auprès de lui. »
(Peterson) [29:82]

« Celui qui prie sans cesse enveloppe tout dans sa prière. »
(Simon le Nouveau Théologien, 917–1022) [23:129]

« [Le Père] en nous devenant toujours plus intérieur, il nous fait grandir en lui et nous rend spirituellement plus vivants, au point de donner à chacun un visage unique et vraiment personnel. S'il est, lui, réellement présent en nous, nous devenons aussi réellement nous-mêmes en lui. »
(Frère François, *Le don d'une présence déposé en chacun*) [16:72]

« Fleur sauvage »

À propos du Psaume 139

Versets distillés :
SEIGNEUR, *tu m'as scruté et tu connais,*
2   *tu connais mon coucher et mon lever ;*
    de loin tu discernes mes projets ;
5   *Derrière et devant, tu me serres de près,*
    tu poses la main sur moi.
6   *Mystérieuse connaissance qui me dépasse,*
    si haute que je ne puis l'atteindre !
23 *Dieu ! scrute-moi et connais mon cœur ;*
    éprouve-moi et connais mes soucis.
24 *Vois donc si je prends le chemin périlleux,*
    et conduis-moi sur le chemin de toujours.

Le Psaume 139 est né d'une situation de conflit.

Bien que tout parle contre elle, la personne en prière lutte jusqu'à ce qu'elle puisse surmonter les images sans visage de Dieu (les images sans « tu », les images n'invitant pas à contempler au-delà) et renouer une nouvelle relation familière avec Dieu.

Le chemin de la foi passe par « l'émerveillement radical », écrit Abraham Heschel : « *radical amazement* » !

Le Ps 139 est un texte merveilleusement conçu, écrit dans une confrontation existentielle, d'une compréhension artistique si élevée et si raffinée que des « théopoètes » (Kurt Marti) auraient pu être à l'œuvre.

Au milieu de la belle poésie, l'homme qui prie (encore ? de nouveau ? pour la première fois ?) est inondé d'une rage destructrice et du désir de tuer, de sorte qu'il voit rouge. *Ma haine est incandescente* ! C'est tellement choquant que ce psaume est souvent censuré et par conséquent absent de la Liturgie des Heures.

Autres voix
« Dieu ne s'éloigne jamais, il reste toujours près, et s'il ne peut pas rester à l'intérieur, il ne va pas plus loin que jusqu'à la porte. »
(Meister Eckhart)

« Tout en faisant mon travail manuel, je prie sans cesse. Je m'assois avec Dieu, mouillant mes petits rameaux de palmier et tressant la corde en disant : Aie pitié de moi, ô Dieu, selon ta grande pitié. »
(Abba Lucius, Apothegme 446) [11:19]

« Faire oraison, c'est faire l'expérience que Dieu t'échappe toujours, mais que toi tu lui échappes de moins en moins. »
(A.-M. Besnard)

Solomon Ibn Gabirol (1021–1070) :

« Si mon péché tu cherches
Je fuis de toi – vers toi
Source, où je me jette
Toi proche et loin de moi

Que je me tourn' ou détourne
je vais de toi – vers toi
distance et proximité
ici se rejoignent

De toi – vers toi va mon pas
mon chemin et mon repos
Tu es grâce et jugement
les deux toujours tu es »

Meschonnic écrit (dans ses notes sur le Ps 139) : « Poème lumineux et obscur à la fois, par ses difficultés de langage et ses divergences ponctuelles d'interprétation » [538]. Et sur *j'ai été fait une merveille* (v. 14) : « Ce passage a donné du mal (…) Le choix du Rabbinat : *Je te rends grâce de m'avoir si merveilleusement distingué*. Ont choisi la *merveille*, avec des effets de sens variables, Segond : *je te loue de ce qui je suis une créature si merveilleuse* ; la Bible de Jérusalem : *merveille que je suis* ; Chouraqui : *parce qu'en prodiges je suis fait de merveilles* ; et la TOB : *je confesse que je suis une vraie merveille*. Dhorme a refusé que *je soit une merveille* et l'a mis à le seconde personne : *tu as accompli des prodiges merveilleux.* »
[34:539s]

« Bol bleu clair »

À propos du Psaume 140

Versets distillés :
7 J'ai dit au SEIGNEUR : « *Tu es mon Dieu !* »
   SEIGNEUR, *prête l'oreille à ma voix suppliante.*
8 DIEU Seigneur, *la force qui me sauve,*
   tu as protégé ma tête le jour du combat.

*13 Je sais que le SEIGNEUR fera justice au malheureux,
qu'il fera droit aux pauvres.
14 Oui, les justes célébreront ton nom
et les hommes droits habiteront en ta présence.*

Le Psaume 140 est une prière en position défensive.

Les Pss 138–145 forment un petit groupe à recevoir comme une composition programmatique. Le thème principal de chacun de ces psaumes est un destin individuel qui doit lutter contre le malheur ou le danger.

Autres voix
« Seigneur, Seigneur, puissance de mon salut. Cela signifie : qui me donne les forces pour mon salut … Il s'étend pour persévérer et voit un long chemin, et parce que la persévérance est quelque chose de grand et de difficile, il demande à celui dont il a reçu le commandement de persévérer, de parfaire sa persévérance. Bien sûr que j'obtiendrai le salut si je persévère, mais la persévérance fait partie de la force de vertu par laquelle je mérite le salut : ‹ Tu es la puissance de mon salut ! › »
(Saint Augustin)

« Je vous le dis : on peut s'exténuer tant qu'on voudra dans son office : si l'on se prive de la prière, on souffre un grave détriment. »
(Siméon le Nouveau Théologien) [23:130]

« Avec une audace incroyable, Dieu est toujours à nouveau mis au défi de sauver ici et maintenant, c'est-à-dire de rendre justice aux pauvres et à ceux et celles qui sont frappés par la misère. C'est pourquoi les psaumes – comme les textes prophétiques – sont d'une force explosive extrême, théologique et sociale. Ce sont des textes qui attaquent de front la résignation et l'apathie. »
(Kurt Marti) [60]

« La patience consiste à puiser dans des forces cachées. Elle est une puissance positive, même si à l'œil nu, elle ressemble à de la passivité ou de l'attente. La patience exerce une influence positive sur les autres ; parce qu'en présence d'une personne patiente, les gens sont revivifiés et repartent de plus belle. Celui ou celle qui fait preuve de patience joue le rôle d'un gyroscope dans le bateau, c'est un marqueur de stabilité. Mais la personne patiente n'apprécie pas forcement sa patience. » (Eugene Peterson) [29:138]

« **Ruisselet** »

À propos du Psaume 141

Versets distillés :
1   SEIGNEUR, je t'ai appelé : vite ! à moi !
    prête l'oreille à ma voix quand je t'appelle.
2   Que ma prière soit l'encens placé devant toi,
    et mes mains levées l'offrande du soir.
8   Les yeux sur toi, DIEU Seigneur,
    je me suis réfugié près de toi ;
    ne me laisse pas rendre l'âme.

Le Psaume 141 est une prière avant un interrogatoire.

La fluidité du texte n'est pas tout à fait limpide. Les pièces de la mosaïque sont toutes là, mais leur ordre est perturbé. Pourtant, par fragments, le tableau se laisse deviner. Luther juge assez sèchement : « C'est un petit psaume embrouillé ». Cela n'empêche pas que ce psaume soit souvent chanté pour introduire les prières du soir, les vêpres : *Ma prière monte vers toi, Seigneur, comme de l'encens devant ta face* (v. 2).

Les célébrations célestes, telles qu'elles sont décrites dans l'Apocalypse, utilisent, elles aussi, de l'encens : Et *quand il prit le livre, les quatre êtres vivants et les vingt-quatre vieillards se prosternèrent devant l'Agneau, et chacun avait une harpe et des coupes d'or remplies d'encens, ce sont les prières des saints.* (Apocalypse 5,8).

« C'est pourquoi l'on dit aussi : Quand les quatre créatures vivantes, ce sont les quatre évangiles, donnèrent gloire, honneur et bénédiction à celui qui est assis sur le trône, elles chantèrent un chant nouveau après avoir offert leur musique et des coupes remplies d'encens. C'est pourquoi la prière après le Benedictus, l'hymne de louange de Zacharie, est habituellement répétée afin de recommander ainsi à Dieu la prière qui précède. »
(Amalaire de Metz, 775–850)

« La prière ne remplace pas le sacrifice. La prière est le sacrifice. Ce qui change, c'est seulement l'objet du sacrifice : ma personne remplace la chose. »
(Abraham Heschel)

Autres voix
« Un homme qui prie a un point de référence. »
(Frère Roger, 1915–2005, Communauté de Taizé)

« Le poème peut fort bien soutenir la spiritualité d'un individu ou d'un groupe pris au piège de l'iniquité humaine, sociale et/ou politique. »
(Girard) [6:471]

« Rechercher simplement ce qui fait naître la confiance, alors que tant de paroles, de pensées ou d'évènements anodins viennent piétiner cette pousse fragile ; pratiquer comme le pèlerin russe la ‹ prière de Jésus ›, c'est une façon de cultiver la confiance pour qu'elle puisse s'enraciner et fleurir au jardin de notre cœur. Elle mène à la joie d'être, dit Olivier Clément, cette *plérophorie* si chère à la spiritualité orientale. »
(Glardon) [3:98]

« Aucune littérature n'est plus terre-à-terre et honnête dans son approche des dures réalités de la vie que la Bible. Jamais elle ne suggère que la vie de la foi nous épargnerait les difficultés. Mais elle nous promet la délivrance de leur puissance pour réaliser le mal. Chaque page de la Bible admet que la foi est éprouvée. La sixième requête de la prière ‹ Notre Père › est la demande : ‹ Ne nous fais pas entrer dans l'épreuve, mais délivre-nous du Mauvais › (Matthieu 6,13). Cette prière trouve un exaucement chaque jour, parfois plusieurs fois par jour, dans la vie de ceux qui marchent dans les sentiers de la foi. »
(Peterson) [29:41]

« En effet, cela signifie que la meilleure préparation à la prière, c'est la prière ! Avant de prier, commence par prier ! Curieux paradoxe ! (...) Dieu donne la prière à celui qui prie (Evagre le Pontique). La prière est notre effort, notre part, mais la prière est aussi la part de Dieu, le don qu'il nous fait. Ainsi, commencer la prière de l'office par ‹ Dieu, viens à mon aide ... › c'est l'expression de ce paradoxe, puisque dans cette phrase, il s'agit de ma propre prière, tout autant que de la prière que Dieu me donne. »
(Bourguet) [11:17]

« Le citron »

À propos du Psaume 142

Versets distillés :

2   *À pleine voix, je crie vers le SEIGNEUR ;*
    à pleine voix, je supplie le SEIGNEUR.
3   *Je répands devant lui ma plainte,*
    devant lui j'expose ma détresse.
4   *Quand je suis à bout de souffle,*
    c'est toi qui sais où je vais :
6   *J'ai crié vers toi, SEIGNEUR !*
    en disant : « C'est toi mon asile,
    ma part sur la terre des vivants ! »
7   *Sois attentif à mes cris,*
    car je suis si faible !

Le Psaume 142 est une prière pour être libéré de la prison.

Les chants de louange prédominent dans la dernière partie du psautier, mais peu avant la « Grande Finale » des cinq derniers psaumes, un thème réapparait qui avait si souvent été évoqué dans les deux premiers livres du psautier, celui de la peur et de l'angoisse.

Entre les appels qui implorent, une consolation jaillit ; par exemple, *quand défaille sur moi mon esprit, toi tu connais ma route* (v. 4). Les Ps 141 et 142 sont des prières de supplication en grande détresse et sont souvent priées ou chantées le Vendredi Saint pour commémorer la souffrance et la mort du Christ.

Autres voix
« La christologie de l'Église primitive est largement une christologie des psaumes. Dans cette christologie, Jésus-Christ est attesté par les psaumes d'Israël et interprété par eux. Les psaumes remplissent déjà cette fonction dans les écrits du Nouveau Testament, même s'ils n'y sont pas seulement utilisés dans ce rapport au Christ. » (Braulik) [47]

« La vie de l'homme peut être comparée à une succession de descentes et de montées dans et hors de l'abime, dans et hors des ténèbres, car elle est faite des fluctuations de la force de vie. »
(Georges Pidoux)

« La lecture ‹ prophétique › du Psautier reposait sur trois principes.
- Le psaume pouvait être ‹ prophétique › du Christ par en bas, en tant que c'est le psalmiste lui-même, on disait David, qui est le ‹ type › du Christ. Le psalmiste n'est autre que le Christ. Il parle en son nom. En entendant le psaume, on entend la voix du Christ. *Psalmus, vox Christi.*
- Le psaume pouvait aussi être ‹ prophétique › par en haut, en tant que c'est lui, le Christ, le *Kyrios* des psaumes. Les psaumes pouvaient ainsi être adressés au Christ. Le Dieu des psaumes, c'est le Christ. *Psalmus, vox ad Christum.*
- Les psaumes à la troisième personne, dans lesquels on ne pouvait voir des prières à proprement parler, étaient enfin interprétés comme des psaumes qui parlaient du Christ. Le psaume devenait alors une voix qui s'exprimait à propos du Christ. *Psalmus, vox de Christo.* »
(Vesco) [28:711]

« Le psaume est un cri avant d'être un écrit ; en lisant le psaume, il faut retrouver le cri sous l'écrit. »
(Didier Rimaud) [31:38]

« **Orange bleue** »

À propos du Psaume 143

Versets distillés :
4   *Je suis à bout de souffle,*
    j'ai le cœur ravagé.
5   *J'évoque les jours d'autrefois,*
    je me redis tout ce que tu as fait,
    je me répète l'œuvre de tes mains.
8   *Dès le matin, annonce-moi ta fidélité,*
    car je compte sur toi.
    Révèle-moi le chemin à suivre,
    car je suis tendu vers toi.
9   *SEIGNEUR, délivre-moi de mes ennemis ;*
    j'ai fait un abri près de toi.
10 *Enseigne-moi à faire ta volonté,*
    car tu es mon Dieu.
    Ton esprit est bon,
    qu'il me conduise sur un sol uni !
11 *Pour l'honneur de ton nom, SEIGNEUR, tu me feras vivre.*

Le Psaume 143, recherche, implorant, suppliant, la bonté.

Le psalmiste demande la bonté qui se manifeste dans la fidélité et la justice, la grâce du pardon, la bonté de la sauvegarde, la bonté de l'affirmation de vie au petit matin et la grâce de la libération de la captivité.

Car je suis ton serviteur. C'est ainsi que se termine le psaume. Être serviteur – un titre honorifique ? Être serviteur est peut-être ce qu'il y a de plus haut (et non de plus bas). Les prophètes parlent souvent d'être serviteur, serviteur de Dieu (voir les chants des serviteurs de Dieu), mais aussi de l'homme qui devient serviteur de Dieu. Il se peut que l'on ne soit pas serviteur au premier essai, mais qu'on le devienne en l'apprenant. Une confirmation en serait ce que Dieu dit : *Toi mon serviteur, je t'ai façonné serviteur pour moi* (Esaïe 44,21).

Le Psaume 143 est le dernier des sept des « psaumes pénitentiels » de l'Église ancienne (après Pss 6, 32, 38, 51, 102, 130).

Autres voix
« Le recueil (le psautier) commence, presque (en 1,2) sur une notion, ou un mot, remarquable, une des nombreuses expressions étonnantes de ces textes, un verbe qui signifie à la fois ‹ murmurer › et ‹ méditer ›. J'ai choisi, chaque fois qu'il se présente, du début à sa dernière apparition (en 143, 5) – il tient tout le recueil – ‹ murmurer ›. »
(Henri Meschonnic) [34:42]

« Frère Roger, fondateur de la communauté de Taizé, ne donne pas de règles de conduite à son successeur désigné, frère Alois, mais seulement ceci : ‹ Pour le prieur comme pour les frères, le discernement, l'esprit de miséricorde et une bonté de cœur inépuisable sont des dons irremplaçables. C'est pourquoi j'aime dire la prière : *Que ton Esprit de bonté me guide* › (Ps 143, 10). »
(Yves Chiron, *Frère Roger, fondateur de Taizé, une biographie*)

« L'être de Dieu est miséricorde manifestée dans son empressement à partager par sympathie la détresse d'autrui, un empressement qui jaillit des profondeurs de sa nature, et caractérise tout son être et son faire. Sa miséricorde se trouve donc dans sa volonté, jaillissant des profondeurs de sa nature et la caractérisant, de prendre l'initiative lui-même pour soulager cette détresse. Car le fait que Dieu participe à cette détresse par sympathie implique sa présence réelle dans les circonstances pénibles. Il en découle encore que la détresse est contraire à sa volonté, et qu'il désire donc la soulager. »
(Karl Barth) [30:158]

« Un homme se perd dans la forêt. Il fait sombre et le voyageur a peur. Le danger se cache derrière chaque tronc d'arbre. Un orage brise le silence. L'insensé regarde l'éclair de la foudre. Le sage regarde la route, illuminée, devant ses pas. »
(raconté par Elie Wiesel, *Contes d'Israël de Rizhim*) [30:29]

« Occlusion cérébrale
sentimentale
spirituelle
Tout mon être
comme une machine lourde
chaque matin
plus difficile
à relancer »
(Marion Muller-Colard, *Le plein silence*) [79:14]

« Blindé »

À propos du Psaume 144

Versets distillés :

1 *Béni soit le SEIGNEUR, mon rocher,*
qui entraîne mes mains pour le combat,
mes poings pour la bataille.
2 *Il est mon allié, ma forteresse,*
ma citadelle, et mon libérateur,
mon bouclier, et je me réfugie près de lui ;
il range mon peuple sous mon pouvoir.
9 *Dieu, je te chanterai un chant nouveau,*
et pour toi je jouerai de la harpe à dix cordes :
10 *c'est toi qui donnes la victoire aux rois,*
qui sauves ton serviteur David
15 *Heureux le peuple qui a tout cela !*
Heureux le peuple qui a pour Dieu le SEIGNEUR !

Le Psaume 144 est un texte pour ceux qui veulent passer de la défensive à l'offensive.

On peut apprendre à se battre, dit le psaume. La prière rend grâce (au v. 1) : *Loué soit le Seigneur, mon rocher, qui enseigne mes mains à combattre et mes poings à faire la guerre.*

Le Ps 144 est une sorte de collage de textes : des parties de prière et des fragments de psaume qui ont fait leurs preuves trouvent une place nouvelle : des versets de la « cantate du roi » du Ps 18, de l'hymne de création du Ps 8, d'un psaume de lamentation (Ps 39) et du « chant nouveau » (Ps 33). Cela aussi relève du combat : la prière revêt l'armure des grandes déclarations de foi afin de s'encourager et de tenir bon dans la bataille.

Autres voix
« *Manus eius edoctae sunt ad bellum, cum saeculum vincit: Ego enim, ait, vici mundum.* Ses mains se sont exercées pour le combat lorsqu'il a vaincu le siècle, car, dit-il, j'ai vaincu le monde. »
(Hilaire de Poitiers, 315–368)

« Avec les Pères, je plaide pour prier tous ces psaumes, à l'absolue condition d'avoir pris conscience de la réalité du combat spirituel et de le vivre, sans confondre les ennemis humains et les ennemis spirituels, sinon il ne faut pas les prier. [...] Le Psautier me montre aussi qu'il est le plus souvent préférable de fuir l'adversaire trop rusé et de se réfugier auprès de Dieu dont le soutien et le secours sont sans faille, comme un rocher ou une forteresse. Le Psautier m'apprend que je peux parfois subir une défaite, mais jamais totalement, jamais jusqu'au désespoir ; que le Christ a mené victorieusement les mêmes combats et qu'il me fait partager sa victoire. Alors de tels psaumes deviennent lumineux. Ils n'ébranlent pas, par leur violence, ma foi en l'amour de Dieu ; au contraire ils la fortifient. »
(Daniel Bourguet) [9:65]

Voici comment Christian Vez traduit le début du psaume tout en se le réappropriant [38:183] :

Que l'on dise le plus grand bien de notre Dieu ! / Je sais d'expérience qu'on peut s'y fier. Pour moi, / il est comme un entraîneur qui me prépare en vue / des combats que je dois mener. Plus encore, il m'aime quoi / qu'il m'arrive. Je peux me réfugier auprès de lui. Il est à la fois / ma forteresse imprenable, mon libérateur et mon armure. / Bref, je peux m'abriter en lui en tout temps. / Du coup, je maîtrise la situation.

« Mystérieux »

À propos du Psaume 145

Versets distillés :
3   Le SEIGNEUR *est grand, comblé de louanges ;*
    sa grandeur est insondable.
4   *D'une génération à l'autre on vantera tes œuvres,*
    on proclamera tes prouesses.
5   *Je répéterai le récit de tes miracles,*
    la gloire éclatante de ta splendeur.
7   *On célébrera le souvenir de tes immenses bienfaits,*
    on acclamera ta justice.
8   *Le SEIGNEUR est bienveillant et miséricordieux,*
    lent à la colère et d'une grande fidélité.
9   *Le SEIGNEUR est bon pour tous,*
    plein de tendresse pour toutes ses œuvres.

Le Psaume 145 est hymne et charnière ; hymne, puisqu'il chante la règle royale de Dieu (et cela aussi alphabétiquement), et charnière, parce qu'il est le dernier de la série de psaumes associés à David (Pss 138 à 145), et qu'il mène à la grande finale : « Les six derniers psaumes forment un impressionnant crescendo de la louange aboutissant à un ultime et retentissant alléluia au Psaume 150, conviant toutes les musiques et ‹ tout ce qui respire › à louer Yahvé. »
(Prévost) [31:40]

Le Ps 145 devait être l'un des psaumes préférés de Jésus. Le Notre Père, qu'il recommande comme prière à ses disciples, s'inspire de ce psaume. On peut en effet faire correspondre les demandes du Notre Père avec les versets de ce psaume comme suit :

– Que ton nom soit sanctifié – Je te louerai jour après jour, et je louerai ton nom pour les siècles des siècles (v. 2).

- *Que ton règne vienne – Ton règne est un règne éternel, et ton empire dure d'âge en âge (v. 13)*
- *Donne-nous aujourd'hui notre pain quotidien – Tournés vers toi ils attendent ; toi tu leur donnes à manger au bon moment (v. 15)*
- *Pardonne-nous nos offenses – le Seigneur fait grâce, il est plein de compassion, il est lent à la colère et d'une grande fidélité. Le Seigneur est bon pour tous, plein de tendresse pour toutes ses œuvres (v. 8s.)*
- *Ne nous soumets pas à la tentation, mais délivre-nous du mal – Il fait la volonté de ceux qui le craignent, il écoute leurs cris et les sauve (v. 19).*

Au roi des siècles, au Dieu immortel, invisible et unique, honneur et gloire pour les siècles des siècles ! Amen. (1 Timothée 1,17)

On pourrait mieux décrire Dieu, dit Clément d'Alexandrie, en disant ce qu'il n'est pas. C'est ainsi que commence le Psaume 145 : par l'impénétrabilité de sa bonté (v. 3). Lumière inconcevable ! Non-créé ! Inexprimable ! Inouï ! Infini sans commencement ! C'est ainsi que Dieu est adoré dans le Livre d'Heures du Sinaï (l'ancien « Horologion » qui contient de merveilleuses hymnes en grec [72]). Inséparable Trinité ! Dieu indivisible ! Immortel ! Indestructible !

Autres voix

La scène est à Cassiciacum, en 386 : Augustin a trente-deux ans, et vient de se convertir : « Quels éclats de voix, mon Dieu, j'ai poussé vers toi en lisant les psaumes de David, chants de foi, accents de piété où n'entre aucune enflure de l'esprit ! J'étais alors un novice dans ton authentique amour. Quels éclats de voix je poussais vers toi dans ces psaumes, et comme je prenais feu pour toi à leur contact ! Et je brûlais de les déclamer, si j'avais pu, à toute la terre. »
(Saint Augustin)

Bonhoeffer à la fin de son « Livre de prières de la Bible » : « Nous avons parcouru brièvement le Psautier afin d'apprendre à peut-être mieux prier certains psaumes. Il ne serait guère difficile d'intégrer au Notre Père tous les psaumes évoqués. Et il n'y aurait que peu de choses à changer dans la succession des extraits que nous avons passés en revue. Mais ce qui seul importe, c'est que nous nous remettions, avec fidélité et amour, à prier les psaumes au nom de notre Seigneur Jésus Christ. »
(Dietrich Bonhoeffer) [2:132]

« Que notre bien-aimé Seigneur, qui nous a appris à prier et nous a fait don du Psautier et du Notre Père, nous donne également l'esprit de prière et de grâce pour bien prier et prier sans cesse dans la joie, d'une foi assurée, car nous en avons besoin ; c'est ainsi qu'il nous l'a ordonné et c'est ainsi qu'il veut que nous le fassions. À lui louange, honneur et action de grâce. Amen »
(Martin Luther) [2:132]

« Les six ou sept derniers psaumes sont le pays des délices du psautier, là où le soleil brille jour et nuit et où la tourterelle fait entendre sa voix. En concluant ainsi, après tous les tons de deuil, de lamentation, de pénitence et de supplication entendus dans les précédents, ces psaumes préfigurent inconsciemment la joie et la tranquillité de la gloire. »
(George Gilfillan † 1878)

« Partout où l'on omet de parler de beauté divine, la proclamation de cette gloire contiendra toujours, même si peut-être très légèrement, un aspect sans joie, terne, sans humour, pour ne pas dire ennuyeux et finalement peu exaltant, peu convaincant en soi. On néglige alors précisément l'évangélique dans l'Évangile. »
(Karl Barth)

« En relecture, l'hymne de louange bien classique peut s'adresser tout aussi bien au Christ, Roi de l'univers, qu'à Dieu le Père, munificent pourvoyeur de nourriture et suprême justicier favorable à la cause des courbés et des fidèles. Du même coup, le poème subordonne au pouvoir divin tous les régimes politiques de la terre, en prophétisant la destruction inexorable de tous les systèmes injustes et oppressifs. »
(Girard) [6:506]

« En terre cuite »

À propos du Psaume 146

Versets distillés :
1   Alléluia ! Je veux louer le Seigneur !
2   Je veux l'acclamer toute ma vie,
    célébrer mon Dieu par mes chants tant que j'existerai.
6   Auteur de la terre et des cieux,
    de la mer, de tout ce qui s'y trouve,
    il est l'éternel gardien de la vérité :
7   il fait droit aux opprimés,
    il donne du pain aux affamés ;
    le SEIGNEUR délie les prisonniers,
8   le SEIGNEUR ouvre les yeux des aveugles,
    le SEIGNEUR redresse ceux qui fléchissent,
    le SEIGNEUR aime les justes,
9   le SEIGNEUR protège les immigrés,
    il soutient l'orphelin et la veuve.

Le Psaume 146 est un hymne à Dieu reconnu comme vis-à-vis, assistant juste, soutien, créateur, médecin, militant pour la justice sociale et comme roi.

Le Ps 146 ouvre la grande finale des cinq derniers psaumes qui sont tous encadrés par des alléluias. « Malgré la présence de nombreuses prières (environ une centaine) dans les autres livres de l'AT, on n'y trouve aucun alléluia. Le Psautier en compte 25, tous dans le dernier tiers des Psaumes. » (Jean-Pierre Prévost) [31:40]

« Les psaumes sont si souvent portés à faire eux-mêmes la louange de la louange, car elle est le commencement et la fin de la prière, elle en est l'alpha et l'oméga. » (Paul Beauchamp) [31:40].

Autres voix

« Nous sommes maintenant dans les psaumes d'alléluia. Le reste de notre voyage se déroule au pays des ‹ douces collines ›, d'où les pèlerins peuvent, si leurs yeux le leur permettent, voir les portes de la cité céleste à travers le télescope de la foi. Jusqu'à la fin du livre, tout n'est que louanges. Les sons sont aigus, la mélodie est portée par la cymbale au son brillant … »
(Charles Haddon Spurgeon, 1834–1892)

« Nous ne savons rien de la nature de Dieu, mais nous savons ce qu'il nous fait. »
(Simone Weil)

« La raison ne peut que parler ; c'est l'amour qui chante. »
(Joseph de Maistre)

Dans « Le Psautier de Jésus », Jean-Luc Vesco écrit : « Aussi, tout naturellement emprunta-t-on à l'Ecriture des chants pour les assemblées fraternelles, psaumes, hymnes et cantiques du Nouveau Testament. Mais l'introduction massive et systématique des psaumes dans les prières liturgiques ne se fera qu'au IVe siècle, alors que, dans la prière personnelle des chrétiens, les psaumes occupent très tôt une place privilégiée, comme suffiraient à le prouver les cinquante et une citations de psaumes faites par Origène dans son *Traité de la prière,* preuve évidente qu'il trouvait dans le Psautier le livre de sa propre oraison. N'oublions pas que, selon Ac 4, 24–31, la première prière de la communauté chrétienne de Jérusalem utilise déjà les Ps 146,6 et 2,1–2. » [28:711]

« Faire la cuisine »

À propos du Psaume 147

Versets distillés :
15 Il envoie ses ordres à la terre,
    et aussitôt court sa parole.
16 Il répand la neige comme des flocons de laine,
    il éparpille le givre comme de la cendre.
17 Il jette ses glaçons comme des miettes ;
    devant ses gelées qui résistera ?
18 Il envoie sa parole, c'est le dégel ;
    il fait souffler le vent, les eaux s'écoulent.

Le Psaume 147 est un autre hymne. C'est une triade de thèmes qui y résonne : Dieu – créateur et soutien, Dieu – protecteur de Jérusalem, et Dieu – aide des faibles et des opprimés. Tous ont des raisons de fêter.

Même l'hiver s'en sort bien. Il est nécessaire à la fertilité de la terre. C'est YHWH qui envoie la neige et le givre et qui finalement fait couler l'eau de la fonte des neiges.

Autres voix
« Nous venons de prêter une oreille attentive au chant de ce psaume, mais pour l'avoir tous entendu, nous ne l'avons pas forcément tous compris. Il nous faut maintenant redoubler d'attention : Dieu va peut-être, comme je l'espère et le désire et grâce aux prières de tous les auditeurs, éclairer généreusement ce qui a pu demeurer obscur. Ainsi aurons-nous écouté avec fruit et nul ne s'en ira avec l'impression d'avoir dépensé en vain son attention. »
(St Augustin) [31:13]

Antonio Fragoso, évêque de Crateus au Brésil, disait au sujet des communautés de base brésiliennes : « On parle beaucoup de travail et de pain, mais pour le monde du peuple, la fête est fondamentale. »

« C'est beau de le louer. Ce qui veut dire : la louange de Dieu ne sert pas d'abord à quelque chose, ni n'est d'abord une action de grâce pour les bienfaits reçus. C'est simplement beau. Dieu est beau. Chanter sa beauté est beau en soi, et rend l'humain beau. Ce qui est beau, c'est la SPLENDOR VERI, la splendeur du vrai. Louer Dieu, c'est ‹ l'agir de la vérité ›. C'est pourquoi c'est aussi la tâche la plus noble de la liturgie que d'être belle. »
(Robert Spaemann)

« Comme une trompe d'éléphant, la parole en son vrai rôle est sensible et forte, elle explore le monde et le soulève. Ce n'est bien sûr pas toujours le cas, il est des paroles dures comme des pierres, d'autres limitées comme des cailloux, d'autres encore négligeables comme des gravillons, mais je ne parle ici que de la parole *in principio*, celle qui était au début, dès le début, celle qui réapparait toujours quand la parole neuve surgit, la parole sensible qui essaie de comprendre quelque chose. Quoi ? Quelque chose. Cette parole, c'est celle que l'on écoute quand on fait silence, c'est celle qui parfois vient quand on écoute, c'est celle que l'on essaie de fixer à mesure de son apparition quand on se mêle d'écrire. »
(Alexis Jenny) [51:134]

Un psaume pour l'hiver (Dominique Cerbelaud) :

> la neige du désir
> le sable du savoir

> tout ce qui fut mon bien s'y désagrège

> dans la distance qui s'aggrave
> permets que les bords de la nuit s'éclairent

> donne à chacun sa part de gloire

« Les lignes tracées suscitaient en moi le mot Orion – je regardais et ne pouvais qu'entrer dans les étoiles »

À propos du Psaume 148

Versets distillés :
1   Alléluia !
    Louez le SEIGNEUR depuis les cieux :
    louez-le dans les hauteurs ;
2   *louez-le, vous tous ses anges ;*
    louez-le, vous toute son armée ;
3   *louez-le, soleil et lune ;*
    louez-le, vous toutes les étoiles brillantes ;
4   *louez-le, vous les plus élevés des cieux,*
    et vous les eaux qui êtes par-dessus les cieux.
5   *Qu'ils louent le nom du SEIGNEUR,*
    car il commanda, et ils furent créés.

Le Psaume 148 est un remerciement enthousiaste.

Son nom seul est sublime (v. 13) : en son nom, YHWH s'est fait connaître comme Créateur et Roi de l'univers. Pour la communauté du Nouveau Testament, cela s'est éclairci plus tard : le nom auquel toute la création se réfère est Jésus Christ.

Carlos Mesters explique [42] :
« En hébreu, les quatre lettres du nom de Dieu Yhwh sont associées aux lettres du verbe HYH ou HWH, qui signifie être. La variété des invocations révèle la richesse, comprise (‹ encapsulée ›) dans le Nom.
- YHWH : Il est certainement avec nous ! – Un cri de louange, qui confesse et célèbre la certitude de la présence de Dieu.

- YHWH : Il était avec nous ! – Un cri de remerciement, devant l'expérience libératrice de Dieu.
- YHWH : Il sera avec nous ! – Cri d'espoir, dans la certitude d'être libéré.
- YHWH : Est-il ou n'est-il pas avec nous ? – Cri de doute et angoisse de la foi en crise.
- YHWH : Il est avec nous ! – Un cri de douleur et de souffrance, demandant de l'aide, qui ne manquera pas d'être entendu.
- YHWH : Que nous soyons avec vous ! – Je crie pour le désir d'être toujours avec Dieu.
- YHWH : Il est parmi nous qui sommes vivants ici ! – Un cri d'engagement, né de la volonté d'être fidèle.

Sept significations du même nom. Sept invocations ! Sept cris nés de situations différentes, tous dirigés vers le même Dieu YHWH. Sept expressions d'un même cri, né de la douleur et de la foi, de l'espoir et du désir d'être fidèle. »

Autres voix
« Ceux qui récitent les Ps 146–150 l'un après l'autre et se laissent saisir par leur dynamique feront l'expérience du double mouvement dans lequel, par des cercles toujours plus puissants, tout se concentre sur YHWH source créatrice de vie. Le Ps 146 commence par un individu qui s'exhorte à louer Dieu. Le Ps 147 lance l'invitation à Jérusalem/Sion. Le Ps 148 s'adresse à tout ce qui est dans le ciel et sur la terre et se termine, avec un grand effet, sur la perspective de l'Église des fidèles de YHWH. Le deuxième mouvement commence au Ps 149 avec l'invitation adressée à cette Église de louer Dieu, invitation qui s'étend à nouveau dans le Ps final 150 à l'invitation à participer à la grande fête de la création pour YHWH. »
(Erich Zenger) [41]

En résumé et vers la fin du psautier, nous pouvons dire : « Le Livre des Psaumes est la réponse reconnaissante à l'action salvifique de YHWH dans la création et l'histoire. »
(Erich Zenger) [41]

« Le catéchisme écossais dit que le but principal de l'homme est de glorifier Dieu et de trouver son plaisir en lui pour toujours. Mais nous saurons alors que c'est là une seule et même chose. Trouver une joie parfaite, c'est glorifier. En nous commandant de lui rendre gloire, Dieu nous invite en même temps à trouver notre plaisir en lui. En attendant, nous ne faisons, bien sûr, qu'accorder nos instruments, comme l'écrit donne. Le moment où l'orchestre s'accorde peut être, en soi, délicieux, mais seulement pour ceux qui savourent à l'avance la symphonie, même dans une faible mesure. » (C.S. Lewis) [25:139]

« Templeblocks »

À propos du Psaume 149

Versets distillés :
1   *Alléluia !*
    Chantez pour le SEIGNEUR un chant nouveau ;
    chantez sa louange dans l'assemblée des fidèles.
2   *Qu'Israël se réjouisse de son Auteur,*
    que les fils de Sion fêtent leur roi.
4   *Car le SEIGNEUR favorise son peuple ;*
    il pare de victoire les humbles.
5   *Que les fidèles exultent en rendant gloire,*
    que sur leurs nattes ils crient de joie

Le Psaume 149 est un hymne (l'avant-dernier du groupe 145–150).

Le psaume est situé à la fin du psautier et invite encore à un nouveau chant.

Le psaume n'est pas seulement beau, il est un chant de combat percutant. L'injustice n'est pas acceptée, elle n'est pas non plus taboue, dans le sens que nous pourrions chanter un grand Alléluia en l'ignorant.

Le Ps 149 est un chant nouveau parce que Dieu est en train de construire une Église nouvelle qui n'est pas construite selon le principe du pouvoir, mais selon celui de la fraternité. Quand le psaume invite à la prière, il n'exclut pas « l'option pour les pauvres » (cf. la théologie de la libération), bien au contraire ! Comme dans les Pss 1 et 2, spiritualité et engagement politique vont de pair.

« Le début du Psautier décrit une tension dont il annonce déjà la résolution. On y met en place les acteurs du drame : face au Seigneur (Dieu), d'une part l'homme qui murmure la Loi, juste en devenir ou messie, figure d'Israël, et d'autre part les méchants, les nations et leurs rois. Ensuite la prière peut commencer. À la fin du livre, on retrouve les mêmes acteurs, mais cette fois, au terme de la lutte décrite au début. On en annonce d'ailleurs le dénouement : la défaite définitive des forces de mort et des fauteurs de mal, ainsi que l'éclatement de la louange à laquelle chacun a été convié en son temps. D'un bout à l'autre cependant, d'un psaume à l'autre, un combat a lieu et continue d'avoir lieu, lutte où s'affrontent la vie et la mort et où *l'homme qui murmure la Loi* passe de la supplication à la louange selon qu'il est écrasé par le mal auquel il a choisi de résister, ou au contraire qu'il est délivré de la morsure du mal par le Dieu en qui il met sa confiance. »
(André Wénin) [70:96]

Autres voix
« Alors que les deux psaumes initiaux forment le portail à deux pans, qui a pour but de mettre la personne qui entre dans le psautier dans le bon état d'esprit, les deux derniers psaumes résument ce qui se passe quand on prie, chante et vit les psaumes. ... Pour le psaume 149, dire les ‹ louanges › caractérise la vie de la communauté de YHWH à la fin des temps: quand les psaumes qui louent Dieu forment la mélodie de la vie, le Royaume de Dieu commence. »
(Erich Zenger) [41]

« Une éducation à l'autonomie doit lancer cette injonction apparemment paradoxale : Sois autonome, demande de l'aide ! En ce sens, Jésus est un maître dans le sens d'autonomiser ceux qu'il rencontre car il ne cesse de les inciter à formuler leur demande : Que veux-tu que je fasse pour toi ? »
(G. Le Cardinal, *Vivre la paternité – Construire la confiance*) [77:56]

« Trois personnages dans la fournaise ardente »

À propos du Psaume 150

Versets distillés :
1   *Alléluia !*
    Louez Dieu dans son sanctuaire ;
    louez-le dans la forteresse de son firmament.
3   *Louez-le avec sonneries de cor ;*
    louez-le avec harpe et lyre ;
4   *louez-le avec tambour et danse ;*
    louez-le avec cordes et flûtes ;
5   *louez-le avec des cymbales sonores ;*
    louez-le avec les cymbales de l'ovation.
6   *Que tout ce qui respire loue le SEIGNEUR !*
    Alléluia !

Le Psaume 150 est le dernier du psautier, le dernier des psaumes/hymnes qui commencent par Alléluia (Pss 146–150), et le dernier des cinq livres des Psaumes.

Alors qu'à la fin des quatre autres livres du psautier il y a toujours une doxologie, le Ps 150 ne s'achève pas sur une doxologie. Il consiste tout entier en une doxologie, une glorification unique, grande, débordante et enthousiaste du Dieu éternel.

Ce psaume n'est pas vraiment une prière, mais une invitation à un hymne de louange. Il contient dix appels à la louange ! Le nombre dix n'indique pas seulement la plénitude, mais aussi la beauté ordonnée de la vie. En arrière-plan, ce sont aussi les dix commandements qui transparaissent, et plus loin encore les dix paroles de la création (en Genèse 1, l'on trouve dix fois « *et Dieu dit* »).

La raison principale de la louange de Dieu n'est pas un acte spécial de Dieu ; la raison principale est que Dieu est Dieu, comme le dit la devise du Grand Théâtre Mondial de Calderón : « *Obrar bien que Dios es Dios* » (« Fais le bien, car Dieu est Dieu »). On entend de loin le philosophe Karl Jaspers dire : « Que Dieu soit Dieu, suffit ».

Le Ps 150 donne aux psaumes précédents une perspective d'ensemble qui peut être condensée en trois thèmes (d'après Zenger [41]) :
(1) Les psaumes sont une expression de la joie en Dieu. Même dans la plainte se ressent la certitude de sa proximité.
(2) Les psaumes par leurs textes et leurs chants représentent en quelque sorte la musique de cour pour le roi céleste.
(3) Les psaumes anticipent et exercent la fête à venir de la fin des temps vers laquelle tend toute la création et l'histoire du Dieu de miséricorde.

Autres voix
« Et remarquez que tous les psaumes de remerciement sont des promesses pour les consciences éprouvées et misérables et elles veulent à peu près transmettre : Dieu est bon, il veut pardonner tous les péchés et consoler chacun. C'est pourquoi un psaume d'action de grâce ouvert est en même temps un psaume de consolation, oui, un psaume d'enseignement et une prophétie, car il proclame, par son exemple, la grâce de Dieu et apprend à lui faire confiance et à le croire. Que ce même Dieu de bonté, notre Roi et Seigneur Jésus-Christ, nous aide en cela, lui qui reçoit notre louange avec le Père et l'Esprit Saint pour l'éternité, Amen. »
(Martin Luther)

« Nous avons brièvement parcouru le Psautier afin d'apprendre à peut-être mieux prier certains psaumes. Il ne serait guère difficile d'intégrer au Notre Père tous les psaumes évoqués. Et il n'y aurait que peu de choses à changer dans la succession des extraits que nous avons passés en revue. Mais ce qui seul importe, c'est que nous nous remettions, avec fidélité et amour, à prier les psaumes au nom de notre Seigneur Jésus Christ. ‹ Que notre bien-aimé Seigneur, qui nous a appris à prier et nous a fait don du Psautier et du Notre Père, nous donne également l'esprit de prière et de grâce pour bien prier et prier sans cesse dans la joie, d'une foi assurée, car nous en avons besoin ; c'est ainsi qu'il nous l'a ordonné et c'est ainsi qu'il veut que nous le fassions. À lui louange, honneur et action de grâce. Amen. › »
(Martin Luther) [2:132]

« Nous avons maintenant atteint le dernier sommet de la noble chaîne de montagnes des Psaumes. Elle s'élève haut dans l'air clair du ciel, et son sommet baigne dans la lumière du soleil du monde du culte éternel. Le poète est rempli d'un enthousiasme céleste. Il ne s'arrête pas pour donner des raisons, enseigner ou expliquer, mais il appelle avec un zèle ardent : Louez-le, louez-le, louez-le, louez le Seigneur ! »
(Charles Haddon Spurgeon)

« Cette perle qui complète la chaine d'or du psautier nous rappelle encore aujourd'hui que toute liturgie comporte une double dimension. Une dimension tout humaine et active, faite d'efforts d'apprentissage et de pratique, pour créer une ambiance festive et esthétique, avec toutes les ressources les plus variées des musiques instrumentales et de la voix humaine, parlante aussi bien que chantante... Mais aussi une dimension plus mystique et contemplative, qui se laisse bercer, impressionner ... de manière à plonger quelque peu dans le mystère du Dieu tout autre ... , tout-puissant ..., infini ... »
(Girard) [6:549]

« La louange y figure entièrement pour elle-même, elle ne sert à rien d'autre. Elle n'a pas d'autre but et est apparemment pleinement justifiée par elle-même. »
(Harald Schweizer)

« Le psaume réduit la vie à la louange de Dieu. Voici, selon le psaume, le but et l'accomplissement de la vie : Dire oui à la présence et à l'immensité de Dieu, non pour recevoir quelque chose, mais par émerveillement, joie et admiration. »
(Erich Zenger) [41].

« Le Fils prie, l'Esprit Saint prie, et voilà que le Père lui-même prie également. La Sainte Trinite est prière. Dieu est prière. Le Psautier nous fait entrer dans ce si grand mystère, Le Psautier nous conduit jusque dans la profondeur du cœur priant de Dieu. L'être de Dieu est prière ! »
(Daniel Bourguet) [9:99]

« Avec tous mes proches, qu'ils vivent ou soient déjà morts, que Sion me reçoive, ville de David, ville de paix. Votre maître bâtisseur est le créateur de la lumière. Sa porte est le bois de la croix, son mur est une pierre vivante, son gardien le roi de la

fête. Dans cette ville il y a de la lumière solennelle, le printemps éternel, la paix éternelle. Il y a un parfum qui remplit le ciel, une musique festive. »
(Hilderbert de Lavardin, † 1136, à propos de la Jérusalem céleste)

Postface

En tant que psychiatre et face à la maladie psychique, je suis convaincu que les psaumes peuvent être d'un grand secours.

En effet, l'une des méthodes thérapeutiques proposées par Viktor E. Frankl est la logothérapie, une thérapie en quête de sens, à la recherche du sens de la vie pour chaque individu, et je crois que les psaumes et la version actualisée (« distillée ») de ceux-ci parle à l'âme pour l'ancrer et lui permettre d'avancer à nouveau.

Les patients peuvent également parler d'un manque de chez-soi, d'un manque de sécurité interne et même, dans la psychose, d'un manque de reconnaissance de soi, d'être étranger à soi-même. Les psaumes donnent un lieu de refuge pour le vécu de l'humain dans sa globalité et face à Dieu. Ils peuvent permettre une réappropriation de soi, un nouvel enracinement en LUI, comme le dit le distillat du Psaume 11, « éternel refuge » :

> quand les bases sont détruites
> les fondements érodés
> il reste Dieu
> en face-à-face

Dr méd. Matthias Schubert, psychiatre

Abréviations

Ac	Actes des Apôtres
Ap	Apocalypse
AT	Ancien (ou Premier) Testament
Av. J.C.	avant Jésus Christ
cf.	confer (à comparer)
Col	épître aux Colossiens
Eph	épître aux Ephésiens
Es	Ésaïe (ou Isaïe)
Ex	Exode
Ez	Ézéchiel
fr.	frère
Gn	Genèse
He	épître aux Hébreux
Jr	Jérémie
Jn	évangile selon Jean
Mc	évangile selon Marc
Mi	Michée
Mt	évangile selon Matthieu
Lc	évangile selon Luc
NFC	Nouvelle Français Courant
NT	Nouveau Testament
Ph	épître aux Philippiens
Ps	Psaume
Pss	Psaumes
s	suivant, suivante
ss	suivants, suivantes
1 Th	épître aux Thessaloniciens
TOB	Traduction œcuménique de la Bible
v.	verset(s)
†	mort en

Références bibliographiques

1. TOB, *Traduction oecuménique de la Bible, avec notes intégrales*. 12ème édition 2011, Paris : Les Éditions du Cerf & Bibli'O – Société biblique française.
2. Bonhoeffer, D., *De la vie communautaire et Le livre de prières de la Bible*. 2007, Genève : Labor et Fides.
3. Glardon, T., *Ces Psaumes qui nous font vivre. Le spirituel au coeur de l'existentiel*. 2014, Le Mont-sur-Lausanne : Éditions Ouverture.
4. Girard, M., *Les Psaumes – Analyse structurelle et interprétation. 1–50* 1984, Montréal : Bellarmin.
5. Girard, M., *Les Psaumes redécouverts – de la structure au sens. 51–100*. 1994, Montréal : Bellarmin.
6. Girard, M., *Les Psaumes redécouverts – de la structure au sens. 101–150*. 1994, Montréal : Bellarmin.
7. Bourguet, D., *Sur un chemin de spiritualité*. 2000, La Bégude-de-Mazenc : Réveil Publications.
8. Bourguet, D., *Des ténèbres à la lumière*. 2004, Lyon : Éditions Olivétan.
9. Bourguet, D., *Prions les Psaumes*. 2007, Lyon : Éditions Olivétan.
10. Bourguet, D., *La méditation de la Bible*. 2007, Lyon : Éditions Olivétan.
11. Bourguet, D., *Le soir, le matin et à midi, je loue et je médite*. 2012, Lyon : Éditions Olivétan.
12. Bourguet, D., *Les maladies de la vie spirituelle*. 2012, Lyon : Éditions Olivétan.
13. Bourguet, D., *Nos frères les Pères du Désert*. 2019, Lyon : Éditions Olivétan.
14. Frère Roger de Taizé, *Les écrits fondateurs – Dieu nous veut heureux*. 2011, Taizé : Les Ateliers et Presses de Taizé.
15. Frère Roger de Taizé, *Prier dans le silence du coeur – cent prières*. 2005, Taizé : Les Ateliers et Presses de Taizé.
16. Frère François de Taizé, Frère Pierre-Yves, *Le don d'une présence*. 1975, Taizé : Les Presses de Taizé.
17. Frère François de Taizé, Frère Pierre-Yves, *La grâce de ta loi. Lecture spirituelle du Psaume 118*. 1988, Bégrolles en Mauges : Abbaye de Bellefontaine.
18. Dysinger, L., *Psalmody and Prayer in the Writings of Evagrius Ponticus*. Oxford Theological Monographs. 2005, Oxford : Oxford University Press.
19. Guy, J.-C., *Les apophtègmes de pères – collection systématiques. Chapitres I–IX*. 1993, Paris : Les Éditions du Cerf.

20. Guy, J.-C., *Les apophtègmes de pères – collection systématiques. Chapitres X–XVI*. 2003, Paris : Les Éditions du Cerf.
21. Guy, J.-C., *Les apophtègmes de pères – collection systématiques. Chapitres XVII–XXI*. 2005, Paris : Les Éditions du Cerf.
22. Regnault, L., *Les pères du désert à travers leurs apophtegmes*. 1987, Solesmes : Abbaye Saint Pierre de Solesmes.
23. Gouillard, J., *Petite Philocalie de la prière du coeur*. 1979, Paris: Editions du Seuil.
24. Luther, M., *D. Martin Luthers Psalmen-Auslegung. Band 1–3*. 1965, Göttingen : Vandenhoeck und Ruprecht.
25. Lewis, C. S., *Réflexions sur les Psaumes*. 1999, Le Mont-Pèlerin : Editions Raphaël.
26. Arminjon, B., *Sur la lyre à dix cordes – à l'écoute des Psaumes au rythme des Exercices de saint Ignace*. 1990, Paris : Bellarmin/Desclée de Brouwer.
27. Vesco, J.-L., *Le psautier de Jésus – Les citations des Psaumes dans le Nouveau Testament I*. 2012, Paris : Les Éditions du Cerf.
28. Vesco, J.-L., *Le psautier de Jésus – Les citations des Psaumes dans le Nouveau Testament II*. 2012, Paris : Les Éditions du Cerf.
29. Peterson, E., *Méditations sur les psaumes des montées*. 2011, Marne La Vallée : Éditions Farel.
30. Peterson, E., *A long obedience in the same direction. Discipleship in an instant society*. 1980, Illinois : Intervarsity Press.
31. Prévost, J.-P., *Psaumes pour tous les temps – lire, comprendre et prier*. 2014, Montrouge : Bayard.
32. Boyer, F., *la bible*. 2001, Paris & Montréal : Bayard & Médiaspaul.
33. Chouraqui, A., *Louanges*. 1976, Vesoul : Desclée de Brouwer.
34. Meschonnic, H., *Gloires – traduction des Psaumes*. 2001, Paris : Desclée de Brouwer.
35. Calame, P., F. Lalou, *Les Psaumes – nouvelle traduction bilingue et interlinéaire*. Spiritualités Vivantes. 2009, Paris : Albin Michel.
36. Rougier, S., *Entre larmes et gratitude – les Psaumes revisités*. 2013, Paris : Desclée de Brouwer.
37. Lerbret, A., *Chants du silence – Les psaumes pour aujourd'hui*. 2006, Genève : Labor et Fides.
38. Vez, C., *Les psaumes tels que je les prie*. 2019, Le Mont-sur-Lausanne/Lausanne/Lyon : Éditions Ouverture/OPEC/Olivétan.
39. Evangelisch-reformierte Landeskirche des Kantons Zürich, *Erklärt – Der Kommentar zur Zürcher Bibel*. 2010, Zürich : Theologischer Verlag Zürich.

40. Delbrêl, M., *Alcide – Guide simple pour simples chrétiens*. 1968, Paris : Éditions du Seuil.
41. Zenger, E., *Psalmen Auslegungen*. 2011, Freiburg-Basel-Wien : Herder.
42. Mesters, C., F. Orofino, L. Weiler, *Rezar os Salmos hoje: a lei orante do povo de Deus*. 2017, São Paulo : Paulus Editora.
43. Câmara, H., *Mille raisons pour vivre*. 1980, Paris : Éditions du Seuil.
44. Câmara, H., *O deserto é fértil – roteiro para minorias abraâmicas*. 1985, Rio de Janeiro: civilização brasileira.
45. Brueggemann, W., *Praying the Psalms – Engaging Scripture and the Life of the Spirit*. 2007, Eugene OR : Cascade Books.
46. Frère François de Taizé, Frère Pierre-Yves, *Méditation de l'Écriture. Prière des Psaumes*. 1975, Bégrolles en Mauges: Abbaye de Bellefontaine.
47. Braulik, G., *Psalmen beten mit dem Benediktinischen Antiphonale*. Österreichische biblische Studien. Vol. 40. 2011, Frankfurt am Main : Peter Lang.
48. Nachama, A.,M. Gardei, *Du bist mein Gott, den ich suchte. Psalmen lesen im jüdisch-christlichen Dialog*. 2012, München : Gütersloher Verlagshaus.
49. D'Ors, P., *Biographie du silence – Petit essai sur la méditation*. 2018, Montrouge : Bayard.
50. Pacot, S., *L'évangélisation des profondeurs*. 2000, Paris : Les Éditions du Cerf.
51. Jenny, A., *Son visage et le tien*. 2014, Paris : Albin Michel.
52. Hamman, A.G., *La prière dans l'Église ancienne*. Traditio christiana – Thèmes et documents patristiques. 1989, Berne : Peter Lang.
53. Holzherr, G., *Die Benediktsregel – eine Anleitung zu christlichem Leben*. 2005, Freiburg : Paulusverlag.
54. Spaemann, R., *Meditationen eines Christen. Ueber die Psalmen 1–51*. 2014, Stuttgart : Klett-Cotta.
55. Bader, G., *Psalterspiel – Skizze einer Theologie des Psalters*. 2009, Tübingen : Mohr Siebeck.
56. Magirius, G., *Gesänge der Leidenschaft – Die befreiende Kraft der Psalmen*. 2015, München : Claudius Verlag.
57. Sundén, H., *Luthers Vorrede auf den Psalter von 1545 als religionspsychologisches Dokument : Einige Bemerkungen*. Archiv für Religionspsychologie / Archive for the Psychology of Religion, 1982. 15(1) : p. 36–44.
58. Fournier, C.-A., *Crise, construction identitaire et vocation. Emprise maternelle. Quand Dieu vient au secours d'une narrativité confisquée*. Revue d'éthique et de théologie morale, 2013(276) : p. 183–209.

59. Zenger, E., *Mit meinem Gott überspringe ich Mauern. Psalmen Auslegungen*. 2011, Freiburg-Basel-Wien : Herder.
60. Marti, K., *Die Psalmen – Annäherungen*. 2004, Stuttgart : Radius
61. Duhamel, J., J. Mouttapa, *Dictionnaire inattendu de Dieu*. 1998, Paris : Albin Michel
62. Gueullette, J.-M., *L'assise et la présence – la prière silencieuse dans la tradition chrétienne*. 2017, Paris : Albin Michel.
63. Spaemann, R., *Meditationen eines Christen. Eine Auswahl aus den Psalmen 52–150*. 2016, Stuttgart : Klett-Cotta.
64. Kraus, H.-J., *Psalmen*. 1978, Neukirchen-Vluyn : Neukirchener Verlag.
65. Brueggemann, W., *Reality, Grief, Hope – Three urgent prophetic tasks*. 2014, Grand Rapids : William B. Eerdmans Publishing Company.
66. Frère Richard, *Tu es avec moi – Rencontrer Dieu avec les psaumes*. 2006, Taizé : Les Presses de Taizé.
67. Carillo, F., *Vers l'inépuisable*. 2002, Genève : Labor et Fides.
68. Carillo, F., *L'imprononçable – ce nom scellé au revers de notre nom*. 2014, Genève : Labor et Fides.
69. Bianchi, E., *Prier la parole*. 2014 : Bose
70. Wénin, A., *Le livre des louanges – entrer dans les Psaumes*. 2001, Bruxelles : Éditions Lumen Vitae.
71. Gomringer, E., *POEMA – Gedichte und Essays*. Vol. Wädenswil. 2018 : Nimbus.
72. Ajjoub, M., *Livre d'heures du Sinaï (Sinaiticus graecus 864)*. 2004, Paris : Les Éditions du Cerf.
73. Weber, B., A. Moster, *Le caractère poétique des Psaumes et son incidence sur leur interprétation. Quelques considérations sur une approche littéraire des Psaumes*. Revue des Sciences Religieuses, 2003. 77(4).
74. Lewis, C.S., *Reflections on the Psalms*. 1981, London : HarperCollins.
75. Weil, S., *Le notre père*. 2017, Montrouge : Bayard.
76. Berger, K., *Psalmen aus Qumran – Gebete und Hymnen vom Toten Meer*. 1997, Frankfurt am Main : Insel-Verlag.
77. Basset, L., *Au-delà du pardon. Le désir de tourner une page*. 2006, Paris : Presses de la Rennaissance.
78. Eisenberg, J., E. Wiesel, *Job ou Dieu dans la tempête*. 1986, Paris : Fayard/Verdier.
79. Muller-Colard, M., *Le plein silence*. 2018, Genève : Labor et Fides.

Les auteurs

Xandi Bischoff, né à Boston en 1956, est membre de la communauté Don Camillo à Montmirail (Neuchâtel) où il habite. Spécialiste en santé publique, il a d'abord travaillé dans la coopération internationale en Angola et d'autres pays africains, puis aux Hôpitaux Universitaires de Genève, à l'Université de Bâle et à la Haute École de santé de Fribourg. Ses recherches portent sur la santé des migrants, l'interprétariat communautaire et le *spiritual care*.

Nadine Seeger, née en 1960 à Buenos Aires, vit à Riehen près de Bâle. Artiste et performeuse, elle compte à son actif différentes expositions et performances en Suisse et en Allemagne.

Béatrice Perregaux Allisson vit au Val-de-Travers. Fascinée du passage entre langues et cultures après des études à Bâle, Neuchâtel et Princeton (USA), elle est spécialisée dans la formation d'adultes et l'accompagnement pastoral.